Breuer · Finanzierungstheorie

DIE WIRTSCHAFTSWISSENSCHAFTEN

Horst Albach (Hrsg.)

Wolfgang Breuer

Finanzierungs-theorie

Eine systematische Einführung

GABLER

Prof. Dr. Wolfgang Breuer lehrt Internationales Finanzmanagement und Finanzierungstheorie an der Rheinischen Friedrich-Wilhelms-Universität Bonn.

Die Deutsche Bibliothek - CIP-Einheitsaufnahme

Die **Wirtschaftswissenschaften** / Horst Albach (Hrsg.)
- Wiesbaden : Gabler
Breuer, Wolfgang: Finanzierungstheorie. - 1998

Breuer, Wolfgang:
Finanzierungstheorie : eine systematische Einführung / Wolfgang Breuer.
- Wiesbaden : Gabler, 1998
(Die Wirtschaftswissenschaften)
ISBN 3-409-12942-1

Lektorat: Ralf Wettlaufer

Der Gabler Verlag ist ein Unternehmen der Bertelsmann Fachinformation.

http://www.gabler-online.de

Höchste inhaltliche und technische Qualität unserer Produkte ist unser Ziel. Bei der Produktion und Auslieferung unserer Bücher wollen wir die Umwelt schonen: Dieses Buch ist auf säurefreiem und chlorfrei gebleichtem Papier gedruckt.

Druck und Buchbinder: Lengericher Handelsdruckerei, Lengerich/Westf.
Printed in Germany

ISBN 3-409-12942-1

Vorwort

"Noch ein Lehrbuch im Bereich Investition - ist das nötig?" So begann vor einiger Zeit eine Rezension zu einem investitionstheoretischen Lehrbuch, die in der Zeitschrift für betriebswirtschaftliche Forschung erschienen ist. Diese Frage läßt sich natürlich ohne weiteres auf finanzierungstheoretische Lehrbücher übertragen: "Noch ein Lehrbuch zur Finanzierungstheorie - ist das nötig?" Aus Sicht des jeweiligen Autors ist dies natürlich erforderlich, da er sonst das entsprechende Lehrbuch nicht verfaßt hätte. Doch ist dies auch im Hinblick auf die potentielle Leserschaft erforderlich?

Würden nicht ständig neue Lehrbücher zu letzten Endes den gleichen Themen verfaßt, so könnten sich Fortschritte in der Forschung kaum in der Lehre niederschlagen. Denn selbst wenn die Fragen dieselben bleiben, muß dies für die Antworten noch lange nicht gelten.[1] Aus dieser Überlegung heraus gelangt man zu einem grundsätzlichen Erfordernis des Verfassens stets neuer Lehrbücher. Natürlich kann trotz dieses grundsätzlichen Erfordernisses der Originalitätsgrad oder die didaktische Qualität eines Lehrbuchs als unzureichend erscheinen. An derlei Maßstäben muß man sich aber stets messen lassen, wenn man als Autor in Erscheinung tritt. Gebiete, auf denen zahlreiche Abhandlungen veröffentlicht werden, wie also etwa die Investitions- oder Finanzierungstheorie, mögen hier natürlich höhere Ansprüche rechtfertigen. Dies ist aber nur ein gradueller und kein prinzipieller Unterschied zu anderen Forschungsrichtungen, in denen es nicht so viele geeignete Lehrbücher gibt. Somit stellt sich letzten Endes nur die Frage, inwiefern sich das vorliegende Lehrbuch von der zugegebenermaßen beeindruckenden Masse anderer Lehrbücher zu dem gleichen Themenkomplex unterscheidet.

---

1 Vgl. etwa *Copeland/Weston* (1992), S. 401. Erst recht besteht natürlich ein Bedarf an neuen Lehrbüchern, wenn auch die als relevant angesehenen Fragen im Zeitablauf variieren.

Vergleichsweise grob lassen sich Lehrbücher zur betriebswirtschaftlichen Finanzierungslehre in solche einteilen, die sich schwerpunktmäßig der Beschreibung der verschiedenen möglichen unternehmerischen Finanzierungsinstrumente widmen, also deskriptiv orientiert sind, und solche, bei denen Erklärungs- und Empfehlungsziele für unternehmerische Finanzierungsentscheidungen im Vordergrund stehen, die sich also der eigentlichen Finanzierungstheorie widmen. Das vorliegende Buch ist weitgehend der zweiten Kategorie zuzuordnen und soll hier einführenden Charakter haben.

Das vorliegende Lehrbuch zur Finanzierungstheorie grenzt sich von anderen dadurch ab, daß sich sein Aufbau weitgehend an der zeitlichen Entwicklung der finanzierungstheorischen Erkenntnisse in der Literatur orientiert, die ihrerseits wiederum von der Frage angetrieben wurde, welche Funktionen durch unternehmerische Finanzierungsmaßnahmen zu erfüllen sind. Genau nach dieser Frage erfolgt auch die Kapitelabgrenzung. Großer Wert wurde dabei auf die Präsentation der Überlegungen in möglichst homogenen Modellkontexten gelegt. Statt einer Diskussion vieler unterschiedlicher Detailfragen findet der Leser daher nur eine Erörterung vergleichsweise weniger verschiedener Szenarien. Diese werden dafür aber um so ausführlicher dargelegt. Insbesondere durch den streng funktionsorientierten Aufbau und die in Relation zum Buchumfang vergleichsweise ausführliche Diskussion neuerer Ansätze grenzt sich das vorliegende Buch von vielen anderen Lehrbüchern ab.

Von der Art der Darstellung dürfte das vorliegende Lehrbuch mit seiner ausgeprägten formal-theoretischen Ausrichtung zum Teil eher mit solchen finanzierungstheoretischen Lehrbüchern verwandt sein, die von Volks- statt von Betriebswirten verfaßt wurden.[2,3] Auch im Rahmen der Volkswirtschaftslehre besteht

---

2 Zu denken ist hierbei etwa an die prominente Arbeit von *Hart* (1995).

3 Natürlich soll dies nicht bedeuten, daß in betriebswirtschaftlichen Lehrbüchern generell keinerlei Formalismen anzutreffen sind. Das Gegenteil ist der Fall. Jedoch findet man insbesondere im Zusammenhang mit informationsökonomischen Fragestellungen oder noch jüngeren Ansätzen in vielen be-

nämlich ein durchaus großes Interesse an finanzierungstheoretischen Fragen, und man muß sogar zugestehen, daß ein sehr großer Teil der Erkenntnisfortschritte im Rahmen der Finanzierungstheorie letzten Endes auf (angelsächsische) Ökonomen zurückgeht, die schwerpunktmäßig als Volkswirte zu bezeichnen sind. Finanzierungstheoretischen Lehrbüchern von Volkswirten ist jedoch oft das Fehlen betriebswirtschaftlichen Hintergrundwissens anzumerken.[4] In dieser Hinsicht möchte das vorliegende Lehrbuch auch ein wenig zum Brückenschlag zwischen den beiden ökonomischen Teildisziplinen Betriebswirtschaftslehre und Volkswirtschaftslehre beitragen.

Vom Umfang ist das Buch so aufgebaut, daß der Stoff im Rahmen einer zweistündigen (Hauptstudiums-) Veranstaltung während eines Sommersemesters durchgearbeitet werden kann. Abgesehen vom siebenten Kapitel, zu dessen Besprechung zwei Doppelstunden erforderlich sein dürften, läßt sich dabei jedes der Kapitel 2 bis 8 weitgehend in einer Doppelstunde erörtern. Insgesamt kommt man damit auf 9 Sitzungstermine. Zusammen mit jeweils einer Einführungs- und einer Wiederholungssitzung ergeben sich damit 11 Sitzungen. Ob sich die hier gewählte Konzeption für ein einführendes Lehrbuch der Finanzierungstheorie als brauchbar erweist, wird - wie stets - "der Markt" entscheiden. Dann wird sich zeigen, ob gerade dieses Lehrbuch zur Finanzierungstheorie wirklich "nötig" ist.

---

triebswirtschaftlichen Lehrbüchern zur Finanzierungstheorie vorwiegend verbal gehaltene Ausführungen oder allenfalls Zahlenbeispiele. Noch mit am nächsten dürfte das Lehrbuch von *Swoboda* (1994) mit dem vorliegenden verwandt sein. Dort wird allerdings anders als im folgenden der Schwerpunkt auf die überblicksartige Präsentation möglichst vieler verschiedener Beiträge zur Unternehmensfinanzierung gelegt.

4 Beispielsweise wird man in dem Lehrbuch von *Eichberger* und *Harper* (1997) Arbeiten von *Hax*, einem der prominentesten deutschen Betriebswirte, der sich unter anderem auch mit Finanzierungsfragen auseinandersetzt, vergeblich suchen.

Bei der Fertigstellung dieses Lehrbuchs durfte ich einmal mehr die Hilfe der Mitarbeiter an meinem Lehrstuhl in Anspruch nehmen. Die Hauptlast der Unterstützung in Form des Korrekturlesens von Manuskriptteilen sowie notwendiger Literaturrecherchen lag in diesem Falle bei Herrn Dipl.-Vw. Joachim Schuhmacher. Ihm standen die Herren Dr. Marc Gürtler, Dipl.-Kfm. Thomas Herfs, Dipl.-Vw. Daniel Mahayni und Dipl.-Vw. Thomas Weber bei der Bewältigung dieser Aufgabe zur Seite. Herr Dr. Gürtler hat überdies zusammen mit Frau Annegret Ruston, BA (Hons), die Abbildungen dieses Buches erstellt. Natürlich bin ich allen Genannten sehr zu Dank verpflichtet.

Wolfgang Breuer

Inhaltsverzeichnis

Verzeichnis wichtiger Symbole

α	Beteiligungsquote externer Kapitalgeber
γ	Produktivitätsparameter
ΔI	Mittelüberlassung durch externe Kapitalgeber
η	Kalkulationszinsfuß
$\tilde{\iota}$	(ungewisse) Insolvenzkosten
κ	Kapitalwert erwarteter Einzahlungsüberschüsse
λ	Risikoaversionsparameter
μ	Erwartungswert des Einzahlungsüberschusses einer Unternehmung
π	Preis eines elementaren Wertpapiers
ρ	Verschuldungsgrad einer Unternehmung
σ	Standardabweichung des Einzahlungsüberschusses einer Unternehmung
σ^2	Varianz des Einzahlungsüberschusses einer Unternehmung
$\tilde{\tau}$	(ungewisse) Steuerzahlungen
υ	Unternehmernutzen aus Fortführung der Unternehmung
$\Phi(\cdot)$	Präferenzfunktion
$c(\cdot)$	unternehmerische Kostenfunktion
d	Einzahlungen auf Forderungstitel
e	Einzahlungen auf Beteiligungstitel
f	Finanzierungstitel
F	Forderungshöhe
$\mathcal{F}$	Menge aller von einer Unternehmung emittierten Finanzierungstitel
i	Zinssatz für sichere Anlage (und unter Umständen Verschuldung)
I	Investitionsanfangsauszahlung
ℓ	Liquidationserlös
$M(\cdot)$	Schätzfunktion Externer für μ
p	(Eintritts-) Wahrscheinlichkeit
r	Gesamtkapitalkostensatz
$r^{(f)}$	Kapitalkostensatz für Finanzierungstitel f
s	Umweltzustand
t	Zeitpunkt
V	Marktwert eines Zahlungsstroms/einer Unternehmung
W	monetäre Anfangsausstattung eines Subjekts
$\tilde{z}$	(ungewisser) Einzahlungsüberschuß einer Unternehmung

Ungewisse Größen sind generell durch Tilden ($\tilde{}$) gekennzeichnet.

I. Problemstellung und Aufbau des Buches

Unternehmer benötigen **liquide Mittel**, um ihre Geschäftsideen in konkrete Investitionsprojekte umzusetzen. Diese Mittel können zum einen vom jeweiligen Unternehmer selbst stammen. Wenigstens für den Fall, daß die Anfangsausstattung des Unternehmers an liquiden Mitteln **nicht** ausreicht, um die für die geplanten Investitionen erforderlichen anfänglichen Auszahlungen voll abzudecken, wird die Hinzunahme **weiterer Kapitalgeber** erforderlich. Aber auch andere **Motive** wie etwa das der **Risikoteilung** können einen Unternehmer grundsätzlich zur Beteiligung weiterer Kapitalgeber an der Projektfinanzierung bewegen. Sofern ein Unternehmer weitere Kapitalgeber hinzuzieht, wird auf diese Weise zwischen ihm und den Kapitalgebern eine **Finanzierungsbeziehung** begründet.[1] Eine derartige Finanzierungsbeziehung kann auf vielfältige Weise durch die beteiligten Parteien entsprechend ihren Vorstellungen und Rahmenbedingungen ausgestaltet werden. **Ziel** im Rahmen der betriebswirtschaftlichen Finanzierungstheorie ist es letzten Endes, **Empfehlungen** für **optimale** unternehmerische **Finanzierungsentscheidungen** herzuleiten. Weil diese Empfehlungen stets auch an den real beobachtbaren Formen der Unternehmensfinanzierung zu messen sind, geht es neben der Herleitung von Handlungsempfehlungen gewissermaßen instrumentell auch um die **Bewertung** der in der **Empirie** anzutreffenden Finanzierungsformen.

Um dieses Ziel zu erreichen, ist als erstes die Kenntnis der grundlegenden **Handlungsalternativen** unumgänglich. Der Beschreibung verschiedener Möglichkeiten der Finanzierung und hierbei insbesondere der beiden wichtigsten Finanzierungsformen, nämlich Fremd- und Eigenfinanzierung, dient das folgende **zweite** Kapitel.

---

[1] Auch für den Fall der vollständigen Projektfinanzierung durch den Unternehmer selbst liegt genaugenommen eine Finanzierungsbeziehung vor. Diese ist jedoch insofern **degeneriert**, als hierbei vollständige Personenidentität von Kapitalgebern und Kapitalnehmern besteht.

Nach Erörterung der grundsätzlichen Finanzierungsmöglichkeiten ist als nächstes zu prüfen, in welchem Umfang beim Unternehmer überhaupt ein Mittelbedarf besteht. In diesem Zusammenhang spricht man auch von "**Kapitalbedarfsrechnungen**". Diese Frage ist ebenfalls noch vergleichsweise leicht zu beantworten und bildet deswegen den zweiten Themenschwerpunkt des **zweiten** Kapitels.

Alle dem zweiten Kapitel nachfolgenden Kapitel setzen sich mit dem weitaus komplexeren Problem einer **optimalen Gestaltung** der Unternehmensfinanzierung auseinander. Um zu dieser Frage Handlungsempfehlungen geben zu können, müssen die möglichen Motive näher erörtert werden, die mit unternehmerischen Finanzierungsmaßnahmen neben der Bereitstellung von Mitteln für investive Zwecke verbunden sein können.

Am ältesten dürfte hierbei der Gedanke sein, daß Maßnahmen der Unternehmensfinanzierung auch dazu dienen, den **Zahlungsstrom** aus der unternehmerischen Tätigkeit sowohl in seiner zeitlichen als auch in seiner Risikodimension in "**Parten**" zu **zerlegen** und den Kapitalgebern gemäß ihren Präferenzen zukommen zu lassen. Die Idee, unternehmerische Finanzierungsentscheidungen unter dem Aspekt dieser **Transformationsfunktion** zu diskutieren, wird im **dritten** Kapitel erörtert.

Obwohl intuitiv gut nachvollziehbar, ist das Argument der Partenteilung wenigstens zwei wesentlichen **Kritikpunkten** ausgesetzt: Zum einen läßt sich die **Vielzahl** real beobachtbarer Finanzierungsinstrumente kaum allein aus Gründen der zeit- und risikobezogenen Transformation von Zahlungsströmen verstehen. Zum anderen wurde ein grundlegender Einwand von *Modigliani* und *Miller* im Jahre 1958 wie folgt formuliert: Unternehmerischen Finanzierungsentscheidungen kommt wenigstens dann **keinerlei** relevante Transformationsfunktion zu, wenn alle Subjekte auf einem **friktionsfrei** arbeitenden **Sekundärkapitalmarkt** als **Mengenanpasser** Handel treiben können, um Zahlungsströme entsprechend ihren Zeit- und Risikopräferenzen zu erwerben. Vielmehr ist die Form der Unternehmensfinanzierung dann **irrelevant** für den **Marktwert** der Unternehmung und damit letztlich auch für die von den an der Unternehmensfinanzierung Beteiligten erreichbaren **Wohlfahrtspositionen**. Dieses **Irrelevanztheorem** ist zentral für die Entwicklung der modernen Finanzierungstheorie seit 1958 und wird dementsprechend im **vierten** Kapitel ausführlich vorgestellt.

Man kann das Irrelevanztheorem von *Modigliani* und *Miller* (1958) auch so verstehen, daß unternehmerische Finanzierungsentscheidungen nur dann von Bedeutung sind, wenn damit Konsequenzen einhergehen, die durch private Kapitalmarkttransaktionen der im Rahmen der Unternehmensfinanzierung involvierten Subjekte **nicht** nachgeahmt werden können. Finanzierungstheoretiker suchten demgemäß nach dem Erscheinen des Beitrags von *Modigliani* und *Miller* genau nach solchen Ursachen, die eine Relevanz unternehmerischer Finanzierungsentscheidungen begründen könnten. Als erstes stieß man dabei auf die Finanzierungsabhängigkeit unternehmerischer **Steuerbelastung** und unternehmerischer **Insolvenzgefahr**. Sofern Insolvenzen mit **(Insolvenz-) Kosten** einhergehen, lassen sich auf der Grundlage dieser beiden Effekte, Steuern und Insolvenzkosten, gehaltvolle Aussagen zu optimalen unternehmerischen Finanzierungsentscheidungen herleiten. Diese Überlegungen sind Inhalt des **fünften** Kapitels.

Unternehmerische Finanzierungsentscheidungen über finanzierungsabhängige Steuern und Insolvenzkosten zu erklären ist aus mehreren Gründen nicht recht befriedigend, weswegen die Suche nach **alternativen** Erklärungs- und Empfehlungsansätzen für unternehmerische Finanzierungsentscheidungen anhielt. Insbesondere ab Mitte der siebziger Jahre wurde dabei herausgearbeitet, daß den ungleichen ("asymmetrischen") **Informationsständen** der gut informierten Geschäftsführung einer Unternehmung und der vergleichsweise schlecht informierten (externen[2]) Kapitalgeber einer Unternehmung eine wesentliche Rolle bei der Analyse der Funktion unternehmerischer Finanzierungsentscheidungen zukommt. Man spricht in diesem Zusammenhang auch von sogenannten **informationsöko-**

---

[2] Externe Kapitalgeber einer Unternehmung sind definitionsgemäß solche, die nicht an der Geschäftsführung beteiligt sind.

nomischen Ansätzen. Im **sechsten** Kapitel wird auf dieser Grundlage untersucht, wie unternehmerische Finanzierungsentscheidungen als "**Signale**" zur Übermittlung von Informationen von der Unternehmensführung an die externen Kapitalgeber dienen können, um auf diese Weise die Begründung einer Finanzierungsbeziehung mit adäquaten Konditionen zu gewährleisten. Es läßt sich zeigen, daß unter bestimmten Bedingungen schon die **Signalisierungsfunktion** von unternehmerischen Finanzierungsmaßnahmen für sich allein genommen geeignet ist, die **Relevanz** der Unternehmensfinanzierung zu begründen. Diese Relevanz kann dabei auch **erhalten** bleiben, wenn der jeweils betrachtete Unternehmer über die Möglichkeit zum friktionsfreien (und anonymen) **Kapitalmarkthandel** von Finanzierungstiteln (auch seiner eigenen Unternehmung) verfügt. Allerdings existieren hierbei stets **weitere Gleichgewichte**, in denen die Form der Unternehmensfinanzierung auch unter expliziter Beachtung der Möglichkeit zur Signalisierung weiterhin **irrelevant** ist. Darüber hinaus wird sich bei allgemeinem Sekundärmarkthandel von Finanzierungstiteln der **ökonomische Gehalt** einer Signalisierung durch die Unternehmensfinanzierung selbst in Gleichgewichten mit Relevanz der Finanzierungsweise doch als stark **eingeschränkt** erweisen. Insofern gelangt man über die Informationsübermittlungsfunktion der Unternehmensfinanzierung allenfalls zu einer **teilweisen Revision** der **Irrelevanzaussage** von *Modigliani* und *Miller* (1958). Um so wesentlicher dürfte daher sein, daß im **Gegensatz** zur Situation im Zusammenhang mit der Transformationsfunktion von unternehmerischen Finanzierungsmaßnahmen der anonyme (und friktionsfreie) Sekundärmarkthandel von Finanzierungstiteln **kein Substitut** für die Signalisierungsfunktion der Unternehmensfinanzierung darstellt. Dies bedeutet, Signalisierungsansätze sind in der Lage, eine Rechtfertigung für die **Beschränkung** der Handelsmöglichkeiten von "**Insidern**" in bestimmten Finanzierungstiteln zu liefern.

Die Bedeutung informationsökonomisch geprägter Ansätze zeigt sich auch im **siebenten** Kapitel, in dem es um die Frage geht, welche **Verhaltensanreize** für die Geschäftsführung einer Unternehmung aus verschiedenen Finanzierungsmaßnahmen resultieren. Tatsächlich kann sich je nach gewählter Finanzierungsform ein unterschiedliches Verhalten aus Sicht der Unternehmensleitung als optimal erweisen. Können die externen Kapitalgeber infolge ihres schlechten Informationsstands das Verhalten der Unternehmensführung **nicht** unmittelbar **beobachten**, dann verfügt die Unternehmensleitung über einen **diskretionären Handlungsspielraum**, der von dieser im eigenen Interesse ausgenutzt wird. Weil damit Schädigungen der Kapitalgeber einhergehen können und sich diese durch entsprechend **schlechtere Finanzierungskonditionen** schützen werden, hat auch der Unternehmer **vor** Begründung der Finanzierungsbeziehung ein Interesse daran, sich an möglichst ausgeprägtes "Wohlverhalten" zu binden. Diesem Zweck kann insbesondere die Wahl der Finanzierungsform dienen. Der Gedanke, unternehmerische Finanzierungsentscheidungen als **Mittel glaubwürdiger Bindung** der Unternehmensleitung gegenüber externen Kapitalgebern zu interpretieren, erweist sich als außerordentlich ergiebig, um viele reale Phänomene zu erklären. Auch hierbei handelt es sich um eine Funktion von unternehmerischen Finanzierungsmaßnahmen, die für sich allein genommen bereits deren **Relevanz** begründen kann und zu einer (allerdings erneut nur **partiellen**) **Revision** der These von der **Irrelevanz** der Unternehmensfinanzierung führt, falls man (friktionsfreien) **Sekundärmarkthandel** von Finanzierungstiteln zuläßt. Insbesondere läßt sich die Verhaltensbeeinflussungsfunktion der Unternehmensfinanzierung grundsätzlich **nicht** durch den Sekundärmarkthandel zwischen den beteiligten Subjekten perfekt substituieren.

Informationsökonomische Ansätze sind damit zwar insgesamt nur begrenzt in der Lage, die Aussage von der Irrelevanz der Unternehmensfinanzierung bei Möglichkeit zum **Handel** von Finanzierungstiteln auf einem (bis auf die unterstellten Informationsasymmetrien) **vollkommenen Kapitalmarkt** zu relativieren. Wohl aber zeigen sie wichtige Funktionen von unternehmerischen Finanzierungsmaßnahmen auf, deren Erfüllung **nicht** durch den Sekundärmarkthandel von Finanzierungstiteln gewährleistet werden kann, und unter diesem Blickwinkel liegen hierbei tatsächlich **wesentliche Modifikationen** der ursprünglichen Irrelevanzaussage von *Modigliani* und *Miller* (1958) vor.

Weil der Aufbau des Buches im wesentlichen der zeitlichen Entwicklung der Finanzierungstheorie folgt, ist das letzte größere Kapitel den **jüngsten Forschungsrichtungen** zur Analyse unternehmerischer Finanzierungsentscheidungen gewidmet. Zum einen wird seit Mitte der achtziger Jahre verstärkt die Frage diskutiert, inwieweit Interdependenzen zwischen den Kapital- und Produktmarktentscheidungen von Unternehmen bestehen. Konkret geht es hierbei um die Frage, inwiefern unternehmerische Finanzierungsentscheidungen bei **oligopolistisch** strukturierten Absatzmärkten als Mittel der **glaubwürdigen Bindung** an bestimmte Produktions- und Absatzentscheidungen gegenüber **Konkurrenten** eingesetzt werden können. Dieser Sachverhalt wird im Abschnitt 1 des achten Kapitels diskutiert. Im Abschnitt 2 des achten Kapitels wird zum ersten Mal explizit berücksichtigt, daß im Rahmen von unternehmerischen Finanzierungsbeziehungen nicht nur die monetären Rechte und Pflichten der Beteiligten festgelegt werden, sondern überdies auch **Verfügungsrechte**, also letzten Endes Entscheidungsbefugnisse, alloziiert werden. Die Konsequenzen verschiedener Formen der Allokation von Verfügungsrechten auf die beteiligten Parteien im Rahmen einer Finanzierungsbeziehung werden im Abschnitt 2 des achten Kapitels dargelegt. Da es hierbei auch zum ersten Mal um die Frage der sachgerechten **Ausgestaltung** von Finanzierungstiteln geht, liefert dieser Abschnitt 2 zugleich ein Beispiel für die Forschungsrichtung des "**Wertpapier-Design**", in der man sich von der Annahme gegebener Charakteristika von Finanzierungstiteln löst und statt dessen die Finanzierungstitel selbst optimal gestalten will. Auch in diesem Bereich halten die Forschungsbemühungen bis zum heutigen Tage an.

Alles in allem hat die moderne Finanzierungstheorie ein außerordentlich **hohes Niveau** erreicht, das die Erklärung zahlreicher real beobachtbarer Phänomene ermöglicht. Gerade in Anbetracht des erreichten Erkenntnisstands fällt die Beantwortung der Frage nach der "**optimalen**" **Finanzierungsweise** einer Unternehmung heute **schwerer** als vor vierzig Jahren. Diese paradox anmutende Erkenntnis ist ein Ausgangspunkt für den im Rahmen des (kurzen) abschließenden **neunten** Kapitels gewährten Ausblick auf die künftige Entwicklung der Finanzierungstheorie.

II. Grundlagen

1 Eigenschaften und Arten von Finanzierungstiteln

Schon im Rahmen des ersten Kapitels wurde das zu analysierende **Ausgangsproblem** der Unternehmensfinanzierung näher beschrieben: Auf der einen Seite steht der **Unternehmer**, der über eine gute Geschäftsidee verfügt, aber nicht willens oder - infolge zu geringer eigener liquider Mittel - nicht in der Lage ist, die Geschäftsidee ohne externe finanzielle Unterstützung in ein Investitionsprojekt umzusetzen. Auf der anderen Seite stehen vermögende (potentielle) **Investoren**, die nach ertragreichen Anlagemöglichkeiten für ihre überschüssigen Mittel suchen. Durch unternehmerische Finanzierungsentscheidungen gilt es nun, die **Kluft** zwischen diesen beiden Personen (-gruppen) zu **überwinden**, das heißt, die potentiellen Kapitalgeber zur Überlassung ihrer Mittel an den Unternehmer zu bewegen. Natürlich wird es hierzu nur kommen, wenn die designierten Kapitalgeber mit hinreichend hohen **Rückflüssen** in späteren Perioden rechnen können. Gegenstand einer **Finanzierungsbeziehung** sind damit alle Maßnahmen der **Mittelbeschaffung** und **-rückzahlung**. In erster Linie müssen demgemäß die **monetären** Rechte und Pflichten der Beteiligten festgelegt werden. Es muß also vertraglich fixiert werden, wer unter welchen Voraussetzungen welche Zahlungen zu leisten bzw. zu erhalten hat. Oft werden unternehmerische Finanzierungsentscheidungen im Rahmen betriebswirtschaftlicher Untersuchungen aus Gründen der Vereinfachung auf diese reine Ausgestaltung der monetären Rechte und Pflichten reduziert. Tatsächlich aber zeigt die Praxis der Unternehmensfinanzierung, daß neben die Festlegung der monetären Rechte und Pflichten zahlreiche weitere Rechte und Pflichten treten, die man kurz als **Informationsrechte** und **-pflichten** einerseits sowie **Einwirkungs-** und **Gestaltungsrechte** andererseits charakterisieren kann.[1] Auch die theoretische Analyse wird zeigen, daß diese zusätzlichen Rechte erhebliche Bedeutung haben und letztlich unterstützend für die primär interessierenden monetären Rechte und Pflichten wirken. **Informa-**

---

[1] Vgl. hierzu z.B. *Franke/Hax* (1994), S. 43 ff.

tionsrechte ermöglichen den Kapitalgebern, sich Informationen zur Beurteilung der wirtschaftlichen Lage des Kapitalnehmers zu beschaffen bzw. derartige Informationen anzufordern. Zu denken ist hierbei etwa an das Recht, Einsichtnahme in Geschäftsbücher zu nehmen. **Informationspflichten** betreffen demgemäß in erster Linie den Unternehmer, der den Kapitalgebern bestimmte Informationen zur Ertragssituation der Unternehmung zur Verfügung zu stellen hat. Beispielsweise unterliegen Unternehmensleitungen unter bestimmten Bedingungen der gesetzlichen Verpflichtung zur Veröffentlichung ihres Jahresabschlusses im Bundesanzeiger.[2] Die Aktivität geht hierbei also primär von der Unternehmensleitung aus. Derartige Informationsrechte und -pflichten sind erforderlich, damit Kapitalgeber die ihnen mit Abschluß der Finanzierungsbeziehung eingeräumten **Entscheidungskompetenzen** wahrnehmen können. Bei den **Einwirkungsrechten** geht es um die Möglichkeit der Kapitalgeber, unmittelbar auf die Geschäftsführung der Unternehmung Einfluß zu nehmen. Im Rahmen der Geltendmachung von **Gestaltungsrechten** kommt es durch einseitige Willenserklärung einer der beiden Vertragsseiten zu einer Änderung der sonstigen Rechte und Pflichten aus der Finanzierungsbeziehung. Zu nennen ist hier etwa die Möglichkeit von Kapitalgebern, die Finanzierungsbeziehung durch Kündigung zu beenden, das heißt, die sofortige Rückzahlung der ehemals überlassenen Mittel zu fordern. Welchem Zweck Einwirkungs- und Gestaltungsrechte dienen, wird insbesondere in den hinteren Kapiteln dieses Buches noch Gegenstand der Erörterung sein.

Eine ganz wesentliche Rolle im Rahmen der Unternehmensfinanzierung spielen sogenannte **Finanzierungstitel**.[3] Hierunter versteht man ein **Bündel** der oben genannten Rechte und Pflichten, das seinem Inhaber in erster Linie unter bestimmten Voraussetzungen einen **Zahlungsanspruch** gegenüber der Unternehmung verschafft. Die Begründung einer Finanzierungsbeziehung kann man auch

---

[2] Vgl. § 325 HGB. Genaugenommen besteht hierbei für die betreffende Unternehmung nicht nur gegenüber den Kapitalgebern eine Informationspflicht, sondern sogar gegenüber der gesamten "Öffentlichkeit". Dies ist aber für alle folgenden Überlegungen nicht weiter von Bedeutung.

[3] Vgl. zu diesem Begriff erneut insbesondere *Franke/Hax* (1994), S. 30 ff.

so interpretieren, daß der jeweilige Kapitalgeber **Finanzierungstitel** vom Unternehmer gegen Zahlung eines Kaufpreises **erwirbt**. Der Unternehmer emittiert demnach Finanzierungstitel zur Beschaffung von Mitteln. Grundsätzlich lassen sich verschiedene Formen der Finanzierung nach den jeweils eingesetzten Finanzierungstiteln unterscheiden. Bevor man die Frage nach der optimalen unternehmerischen Finanzierungsentscheidung beantworten kann, müssen zunächst einmal die **denkbaren Finanzierungsformen** näher beschrieben werden. Es überrascht deswegen nicht, daß auch in der frühen betriebswirtschaftlichen Literatur zu unternehmerischen Finanzierungsentscheidungen vornehmlich die Frage im Vordergrund stand, welche Finanzierungsformen zur Verfügung stehen. Beispielhaft sei etwa das grundlegende Werk "Finanzierungen" von *Schmalenbach* aus dem Jahre 1915 genannt.

Im Rahmen dieses einführenden Lehrbuchs mangelt es schlicht am erforderlichen Platz, um einen allgemeinen Überblick über die mittlerweile doch recht beeindruckende Vielfalt unternehmerischer Finanzierungsmöglichkeiten zu bieten.[4] Im weiteren werden wir uns daher ganz überwiegend auf die Betrachtung zweier idealtypischer Formen der Unternehmensfinanzierung (und ihrer Kombination) beschränken, die durch die Emission von sogenannten **Beteiligungstiteln** bzw. **Forderungstiteln** charakterisiert sind.

Der Erwerber von **Beteiligungstiteln** wird Miteigentümer der Unternehmung. Man bezeichnet die Inhaber von Beteiligungstiteln auch als **Gesellschafter**. Der Erwerber von **Forderungstiteln** wird **Gläubiger** der Unternehmung. Die mit Beteiligungs- und Forderungstiteln verbundenen Rechte und Pflichten unterscheiden sich ganz erheblich. Stellt man zunächst auf die monetären Rechte und Pflichten

---

4 Recht umfangreiche Darstellungen verschiedener unternehmerischer Finanzierungsformen finden sich beispielsweise bei *Wöhe/Bilstein* (1994) und *Drukarczyk* (1996).

ab, so kommt den Inhabern der Forderungstitel ein **unbedingter**[5] **Anspruch** auf Zahlung eines bestimmten Betrags gegenüber der Unternehmung zu. Zur Veranschaulichung sei vereinfacht eine reine Zwei-Zeitpunkte-Betrachtung unterstellt, wobei die Mittelüberlassung an den Unternehmer in $t = 0$ stattfindet und sich in $t = 1$ ein aus Sicht des Zeitpunktes $t = 0$ ungewisser[6] Einzahlungsüberschuß $\tilde{z}_1 \geq 0$ aus der unternehmerischen Tätigkeit realisiert. In $t = 0$ seien Forderungstitel emittiert worden, die ihren Inhabern eine Rückzahlung (incl. Zinsen) in Höhe von F zum Zeitpunkt $t = 1$ versprechen, wobei Zahlungen auf die Forderungstitel nur aus dem Einzahlungsüberschuß $\tilde{z}_1$ erfolgen können sollen. Unter diesen Bedingungen erhalten die Gläubiger der Unternehmung in Abhängigkeit vom realisierten Wert z_1 des Einzahlungsüberschusses zum Zeitpunkt $t = 1$ Rückzahlungen von[7]

$$d(z_1) = \begin{cases} F & \text{für } z_1 \geq F \\ z_1 & \text{für } z_1 < F. \end{cases} \qquad (2.1)$$

Graphisch stellt sich die Rückzahlungsfunktion bzw. **Zahlungsstruktur** d der Gläubiger in Abhängigkeit von z_1 gemäß *Abbildung 2.1* auf der folgenden Seite dar.

---

5 Es existieren auch Forderungstitel, die **bedingte** Ansprüche auf Zahlungen gewähren. Zu nennen sind etwa **variabel verzinsliche Anleihen** (Floating Rate Notes), bei denen die zu leistenden Zinszahlungen von der Entwicklung eines **Referenzzinssatzes** abhängig sind. Vgl. etwa *Büschgen* (1997), S. 214. Typisch ist für solche Forderungstitel allerdings generell, daß die Höhe des jeweiligen Zahlungsanpruchs **nicht** von der wirtschaftlichen Lage der Unternehmung, sondern allenfalls von anderen Größen abhängig gemacht wird. Im weiteren soll auf derartige und andere Varianten, insbesondere auch etwa auf **Mischformen** zwischen Beteiligungs- und Forderungstiteln, nicht näher eingegangen werden.

6 Im weiteren werden **ungewisse** Größen stets durch Tilden (~) gekennzeichnet.

7 Im Zusammenhang mit der Zahlungsstruktur d spricht man auch von einem "**Standardkreditvertrag**". Vgl. *Gale/Hellwig* (1985), S. 654, *Williamson* (1986), S. 166. Das Symbol d stehe hierbei übrigens für englisch "**debt**".

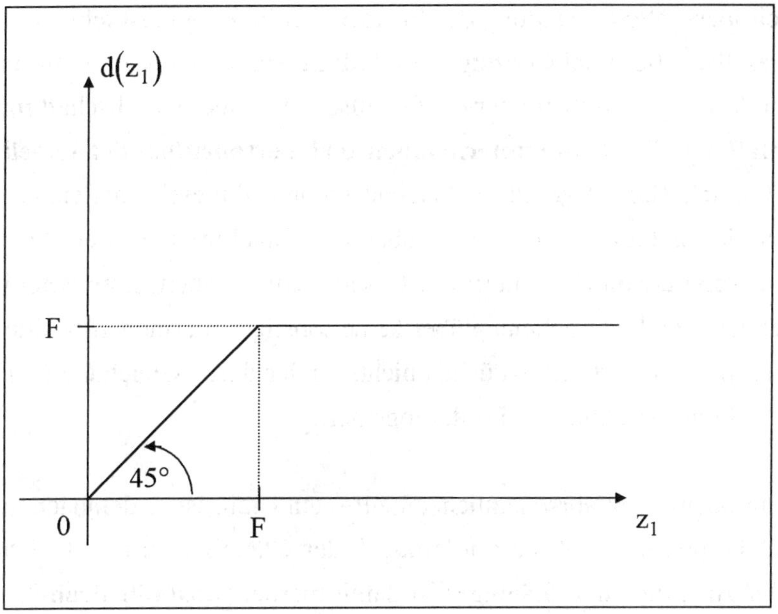

Abbildung 2.1: Zahlungsstruktur eines idealtypischen Forderungstitels bei beschränkter Gesellschafterhaftung

Die Annahme, daß eine Bedienung der Forderungstitel **nur** aus dem Einzahlungsüberschuß der Unternehmung in $t = 1$ erfolgen kann, ist dann korrekt, wenn eine **persönliche** Haftung der Gesellschafter der Unternehmung für die eingegangenen Verbindlichkeiten **nicht** besteht, also letztlich nur die Unternehmung selbst haftet, oder aber die Gesellschafter in $t = 1$ über **keine** (nennenswerten) sonstigen verwertbaren Vermögensgegenstände verfügen. Im ersteren Fall haften die Gesellschafter also nicht persönlich gegenüber den Gläubigern der Unternehmung. Eine persönliche Haftung besteht für sie allenfalls gegenüber der Unternehmung, aber auch hier lediglich beschränkt auf ihre bereits erbrachte (oder gegebenenfalls noch zu erbringende[8]) **Einlage**. Eine derartige Situation mit be-

[8] Im Fall von noch nicht vollständig von den Gesellschaftern geleisteten Einlagen stehen den Gläubigern natürlich neben dem Einzahlungsüberschuß $\tilde{z}_1$ der Unternehmung zusätzlich diese noch ausstehenden Einlagen zur Be-

schränkter, nicht persönlicher Haftung der Inhaber von Beteiligungstiteln ist typisch für die Gesellschafter von **Kapitalgesellschaften** wie beispielsweise für die Aktionäre einer Aktiengesellschaft oder die Gesellschafter einer Gesellschaft mit beschränkter Haftung. Bei **Einzelunternehmen** und **Personen(handels)gesellschaften**, also Offenen Handelsgesellschaften und Kommanditgesellschaften, haften die Inhaber der Beteiligungstitel gegenüber den Gläubigern in der Regel **persönlich** und **unbeschränkt**.[9] Sofern die Gesellschafter neben ihrer Beteiligung an der betrachteten Unternehmung über keine sonstigen Vermögenspositionen in t = 1 verfügen, ändert sich natürlich nichts an der durch Gleichung (2.1) beschriebenen Zahlungsstruktur der Forderungstitel.

Falls $\tilde{z}_1 < F$ mit positiver Wahrscheinlichkeit auftreten kann, ist es demnach im Rahmen von (2.1) möglich, daß die Forderung F der Gläubiger in t = 1 nicht erfüllt wird. Der Anspruch der Gläubiger ist damit hierbei "**ausfallbedroht**".

Im Gegensatz zu Forderungstiteln gewähren **Beteiligungstitel** grundsätzlich keine Ansprüche auf bestimmte feste Zahlungen, sondern den Gesellschaftern kommt vielmehr das sogenannte **Residuum** zu: All das, was nach der Bedienung der Forderungstitel noch an erwirtschafteten Überschüssen vorhanden ist, steht grundsätzlich den Inhabern der Beteiligungstitel zu, wobei die **Aufteilung** dieser Mittel auf die Gesellschafter gemäß ihrer **Beteiligungsquote** an der Unternehmung erfolgt. Hat eine AG beispielsweise 100.000 gleichberechtigte (Stamm-) Aktien emittiert, dann beträgt die Beteiligungsquote eines Aktionärs mit 30.000 Aktien $\omega = 30$ %. Infolge der beschränkten Haftung ergibt sich für den Aktionär in Abhängigkeit von der Höhe des realisierten Wertes z_1 für den Einzahlungsüberschuß der Unternehmung ein Rückfluß, der (mit e für englisch "equity")

---

friedigung ihrer Ansprüche zur Verfügung.

9 Eine Ausnahme bilden insbesondere die **Kommanditisten** einer Kommanditgesellschaft, die zwar persönlich, aber nur beschränkt haften.

$$e(z_1) = \begin{cases} \omega \cdot (z_1 - F) & \text{für } z_1 \geq F \\ 0 & \text{für } z_1 < F \end{cases} \tag{2.2}$$

beträgt. Die entsprechende Graphik findet sich in *Abbildung 2.2*. Betrachtet man alle Gesellschafter zusammen, so ist natürlich $\omega = 1$ zu setzen. Im weiteren sei $\omega = 1$ bei der Definition von $e(z_1)$ stets vorausgesetzt.

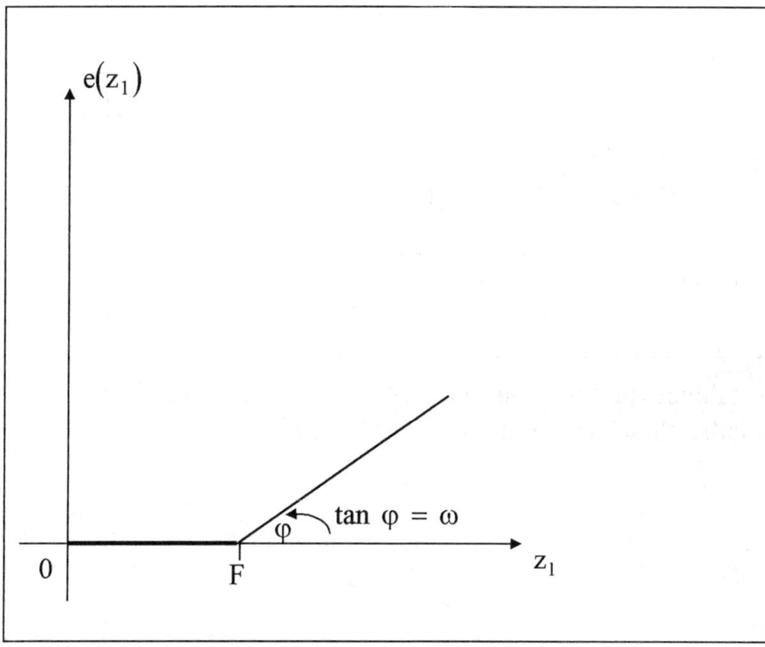

Abbildung 2.2: Zahlungsstruktur eines idealtypischen Beteiligungstitels bei beschränkter Gesellschafterhaftung

Kennzeichnend für die Einzahlungen auf **idealtypische** Beteiligungs- und Forderungstitel sind damit bei beschränkter Haftung oder auf Null beschränkter Vermögensausstattung der Inhaber der Beteiligungstitel in $t = 1$ ganz charakteristische **abschnittsweise lineare** Funktionen.[10] Sofern die Gesellschafter persönlich

10 Vgl. hierzu auch *Breuer* (1995a), S. 3 ff.

haften, aber nur über Mittel m mit F > m > 0 in t = 1 verfügen, erhält man natürlich **immer noch** abschnittsweise lineare Zahlungsstrukturen, die sich jedoch für die Forderungstitel um m nach links und für die Beteiligungstitel um m nach rechts verschieben. Die entsprechenden Graphiken für Forderungs- und Beteiligungstitel (bei ω = 1) finden sich in den *Abbildungen 2.3* und *2.4*.

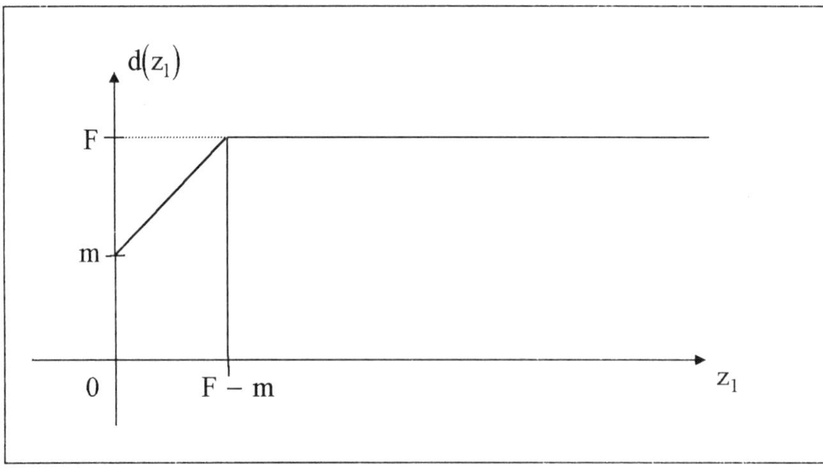

Abbildung 2.3: Zahlungsstruktur eines idealtypischen Forderungstitels bei unbeschränkter Gesellschafterhaftung $(F > m > 0)$

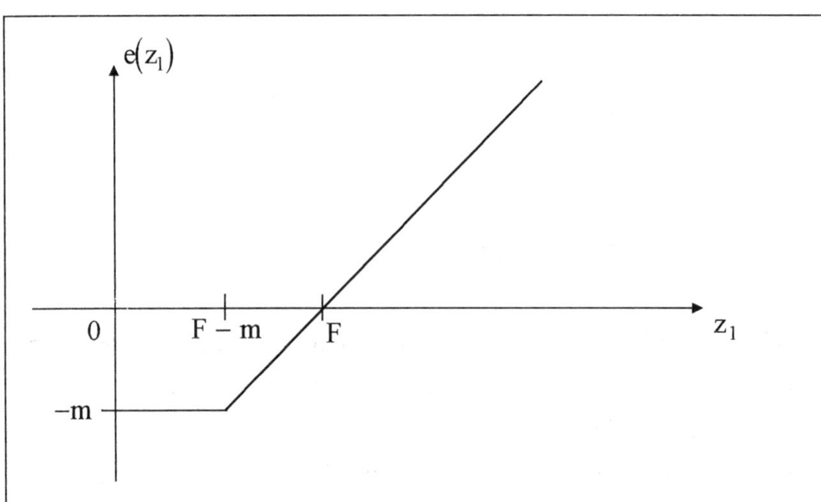

Abbildung 2.4: Zahlungsstruktur eines idealtypischen Beteiligungstitels bei unbeschränkter Gesellschafterhaftung $(F > m > 0)$

Haften die Gesellschafter **unbeschränkt** und verfügen überdies in t = 1 über **unbegrenzte** finanzielle Mittel, dann vereinfachen sich die Zahlungsstrukturen von Beteiligungs- und Forderungstiteln zu **rein linearen** Funktionen:

$$e(z_1) = z_1 - F, \quad d(z_1) = F. \tag{2.3}$$

Natürlich besteht in diesem hypothetischen Grenzfall **keine** Ausfallgefahr mehr für die Inhaber der Forderungstitel.

Die sehr stark unterschiedlichen Zahlungsstrukturen von Beteiligungs- und Forderungstiteln werden uns in den kommenden Kapiteln noch öfters beschäftigen. Besonders augenfällig sind die Unterschiede bei Betrachtung der Zahlungen aus Formel (2.3): Während die Inhaber der Forderungstitel **fixe** Rückzahlungen erhalten, die vollkommen **unabhängig** von der unternehmerischen Ertragssituation sind, schlägt sich **jede** Variation der unternehmerischen Einzahlungsüberschüsse zum Zeitpunkt t = 1 unmittelbar in einer entsprechenden Variation der Einzahlungen auf die Beteiligungstitel nieder. Die Zahlungen auf die **Beteiligungstitel** werden damit ganz erheblich durch die **unternehmerische Ertragssituation** bestimmt. Dieser grundlegende Unterschied zwischen Forderungs- und Beteiligungstiteln hinsichtlich der Relevanz der unternehmerischen Ertragssituation behält auch dann noch im wesentlichen Gültigkeit, obschon abgeschwächt, wenn man die Möglichkeit von Forderungsausfällen etwa wegen beschränkter Haftung der Gesellschafter einer Unternehmung mit in Betracht zieht.

Beteiligungs- und Forderungstitel unterscheiden sich aber **nicht** nur nach den auf sie entfallenden Einzahlungen. Insbesondere bestimmen in erster Linie die Inhaber der **Beteiligungstitel** über die **Geschäftspolitik** der Unternehmung. Das bedeutet, in der Regel sind die Einwirkungsrechte von Gesellschaftern **stärker** ausgeprägt als die von Gläubigern. Diese Zuordnung von Einwirkungsrechten kann nicht sehr überraschen, denn auch schon ohne tiefergehende theoretische Analyse dürfte es sachgerecht erscheinen, daß denjenigen beteiligten Personengruppen die wesentlichsten **Verfügungsrechte** eingeräumt werden, deren Einkommensposition am **stärksten** durch die unternehmerische Ertragssituation bestimmt wird.

Natürlich kann sich dies im Einzelfall auch anders darstellen. Insbesondere bei Unternehmungen, denen **Zahlungsschwierigkeiten** drohen, bei denen also die Bedienung der Forderungstitel spürbar **gefährdet** ist, so daß **Zugeständnisse** seitens der Gläubiger etwa in Form von Stundungen oder der Bereitstellung zusätzlicher Mittel erforderlich werden, nehmen die Möglichkeiten der Gläubiger zur **Einflußnahme** auf die Geschäftsführung infolge ihrer verbesserten Verhandlungsmacht zu. Tatsächlich nähert sich in einem solchen Fall die Position der Gläubiger aber **auch** von ihren künftigen Einzahlungen der Position von Gesellschaftern zunehmend an. Denn wenn die Zahlungsfähigkeit der Unternehmung gefährdet ist und damit die künftigen Einzahlungsüberschüsse der Unternehmung mit hoher Wahrscheinlichkeit **unterhalb** von F liegen werden, dann partizipieren die Gläubiger ceteris paribus in **vollem** Umfang an jeder zusätzlich verdienten Geldeinheit. Das heißt, die (relevante) Zahlungsstruktur für die Inhaber von Forderungstiteln lautet dann noch $d(z_1) = z_1$. Ganz extrem gilt dies bei eingetretener **Zahlungsunfähigkeit** der Unternehmung: Dann sind die bisherigen Gläubiger faktisch **neue Eigentümer** der Gesellschaft und üben die Verfügungsgewalt über die Unternehmung aus. Auch auf dieses Phänomen eines **zustandsabhängigen** Wechsels in der **Verfügungsmacht** über eine Unternehmung von den Gesellschaftern hin zu den Gläubigern wird noch näher eingegangen werden, und zwar im achten Kapitel.

Sofern **Beteiligungstitel** zum Zweck der Unternehmensfinanzierung eingesetzt werden, spricht man von **Eigenfinanzierung**, sofern **Forderungstitel** zum Zweck der Unternehmensfinanzierung eingesetzt werden, von **Fremdfinanzierung**. Finanzierungsmaßnahmen können des weiteren danach unterschieden werden, ob es sich um Maßnahmen der **internen** oder aber der **externen** Finanzierung handelt. Im Rahmen der externen oder **Außenfinanzierung** werden Mittel von "außen", das heißt von den **Kapitalgebern**, der Unternehmung neu zugeführt. Im Rahmen der internen oder **Innenfinanzierung** geht es um die **Einbehaltung** liquider Mittel, die aus der unternehmerischen Geschäftstätigkeit stammen und prinzipiell an Kapitalgeber ausgeschüttet werden könnten. Wird auf diese Ausschüttung an Kapitalgeber verzichtet, dann liegt eine Maßnahme der Innenfinanzierung vor.

Grundsätzlich können Eigen- und Fremdfinanzierung sowohl als Innen- wie auch als Außenfinanzierung auftreten, so daß sich vier grundlegende Kombinationsmöglichkeiten ergeben.[11]

	Eigenfinanzierung	Fremdfinanzierung
extern	(1)	(2)
intern	(3)	(4)

Tabelle 2.1: Grundsätzliche Arten der Unternehmensfinanzierung

Bei **externer Eigenfinanzierung** (1) werden vom Unternehmer neue Beteiligungstitel an Kapitalgeber veräußert und auf diese Weise zusätzliche Mittel beschafft. Die betreffenden Kapitalgeber werden neue anteilige Gesellschafter der Unternehmung. Ein typisches Beispiel für eine externe Eigenfinanzierungsmaßnahme ist die Emission junger Aktien im Rahmen einer **Kapitalerhöhung gegen Einlagen** bei einer Aktiengesellschaft.

Bei **externer Fremdfinanzierung** (2) verkauft der Unternehmer Forderungstitel an Kapitalgeber, die damit Gläubiger der Unternehmung werden. Beispielsweise könnte es sich um die **Ausgabe einer Anleihe** handeln oder aber um die **Aufnahme eines Kredits** bei einer Bank. Auch bei einer Kreditaufnahme ist der vom Unternehmer in $t = 0$ erhaltene Kreditbetrag dabei als Verkaufspreis eines

---

11 Vgl. hierzu *Tabelle 2.1*. Zuweilen wird in der Literatur eine **fünfte** Möglichkeit der Finanzierung abgegrenzt. Vgl. etwa *Hax* (1993a), S. 403 ff. Bei der hier gewählten Definition von interner und externer Finanzierung einerseits sowie Eigen- und Fremdfinanzierung andererseits kann es jedoch zumindest bei Betrachtung des Einsatzes idealtypischer Beteiligungs- und Forderungstitel **rein logisch** schon nicht mehr als vier verschiedene grundlegende Finanzierungsformen geben.

Forderungstitels seitens des Unternehmers interpretierbar.

Bei der **internen Eigenfinanzierung** (3) geht es darum, daß die Unternehmung Einzahlungsüberschüsse **einbehält**, die grundsätzlich bei Ausschüttung den Inhabern der Beteiligungstitel zufließen würden. Als wichtigster Fall ist hier die **Thesaurierung** (der liquiden Entsprechung) von Gewinnen[12] im Rahmen der **Selbstfinanzierung** von Unternehmen zu nennen. Hierbei werden also grundsätzlich ausschüttungsfähige Gewinne gezielt zu Finanzierungszwecken einbehalten. Aber auch andere Finanzierungsformen, beispielsweise die Beschaffung liquider Mittel durch **Verkauf von Anlagegegenständen**, können als Ausdruck interner Eigenfinanzierung interpretiert werden. Denn hier werden ebenfalls liquide Mittel beschafft, die grundsätzlich den Inhabern der Beteiligungstitel zuzurechnen sind.[13]

Im Gegensatz hierzu ist die **interne Fremdfinanzierung** (4) dadurch gekennzeichnet, daß die einbehaltenen Mittel zwar aus der unternehmerischen Geschäftstätigkeit stammen, der Verzicht auf ihre Ausschüttung jedoch (zumindest gedanklich) durch **Gläubiger** der Unternehmung erfolgt. Das am häufigsten genannte Beispiel hierfür ist die Finanzierung über die Gewährung von **Pensionszusagen** an Arbeitnehmer statt aktueller Lohnerhöhungen und die damit verbundene Bildung von **Pensionsrückstellungen**. Hierbei geht es um **Betriebsrenten**, die unter gewissen Voraussetzungen Arbeitnehmern nach ihrem (alters- oder gesundheitsbedingten) Ausscheiden aus dem Unternehmen oder Hinterbliebenen von verstorbenen Arbeitnehmern gewährt werden. Ob und in welcher Höhe aufgrund einer bestimmten Pensionszusage tatsächlich Zahlungen der Unternehmung zu leisten sind, läßt sich im Zeitpunkt der Zusageerteilung noch **nicht** mit Si-

---

12 Im technischen Sinn bezeichnet der Gewinn einer Unternehmung zunächst einmal nur einen Passivposten. Natürlich kann für Finanzierungszwecke nur die Verfügbarkeit **liquider Mittel**, also ein Aktivposten, von Bedeutung sein.

13 Ob rechtliche Vorschriften einer unmittelbaren Ausschüttung entgegenstehen, ist dabei zunächst einmal unerheblich.

cherheit feststellen. Aus diesem Grunde werden Pensionszusagen bilanzmäßig über die Bildung von **Pensionsrückstellungen** erfaßt. Rückstellungen stellen nämlich einen Passivposten dar, den Unternehmen insbesondere bilden, um künftig zu erfüllende Verbindlichkeiten bilanziell auszuweisen, die nach Grund oder Höhe noch **ungewiß** sind.[14] Die Bildung von Rückstellungen erfolgt dabei **gewinnmindernd**. In Höhe der gebildeten Rückstellung wird also der unternehmerische Erfolgsausweis reduziert. Damit werden entsprechende Teile der im Umsatzprozeß erwirtschafteten Mittel vor Ausschüttung geschützt und im Unternehmen gebunden. Weil die Pensionszusagen gewissermaßen einen **Lohnbestandteil** für die Arbeitnehmer darstellen und letzten Endes Pensionszusagen ceteris paribus geringere aktuelle Lohnerhöhungen ermöglichen, sind die hierdurch im Unternehmen gebundenen Mittel den Arbeitnehmern zuzurechnen, die ihrerseits als **Gläubiger** gegenüber der Unternehmung auftreten. Es werden im Rahmen von Pensionszusagen neue **Forderungstitel** geschaffen, so daß die Finanzierung aus Pensionsrückstellungen insofern eine Maßnahme der **internen Fremdfinanzierung** darstellt.

Neben dem **Ausschüttungssperreffekt** wird unter Beachtung von Steuern in der Literatur in der Regel ein weiterer Finanzierungseffekt betont, der sich aus der gewinnmindernden Bildung von Pensionsrückstellungen und der damit resultierenden **geringeren** aktuellen Ertragsteuerbelastung auf seiten einer Unternehmung ergibt. Zu beachten ist allerdings, daß unter **expliziter** Berücksichtigung der unternehmerischen Alternative zur Erteilung einer Pensionszusage, nämlich der Erhöhung der laufenden Bezüge der Arbeitnehmer, natürlich auch diese höheren Entgeltzahlungen mit **geringeren** Steuerbelastungen der Unternehmung einhergehen. Demnach ergibt sich bei alleiniger Betrachtung der unternehmerischen Steuerbelastung ein **Liquiditätseffekt** nur insofern, als die infolge einer Pensionszusage gebildeten Rückstellungen die alternativ denkbare Erhöhung der laufenden Arbeitnehmerbezüge **übersteigen**. Deutlicher wird der erreichbare Steuerspareffekt im Rahmen von Pensionszusagen und der damit einhergehenden

---

14 Vgl. § 249 HGB.

Rückstellungsbildung, wenn man die **Gesamtposition** von Unternehmung und Arbeitnehmern betrachtet. Letztere Sichtweise ist dabei die angemessenere, weil Arbeitnehmer Variationen ihrer Steuerbelastung infolge unternehmerischer Entscheidungen sicherlich zum Gegenstand von **Neuverhandlungen** über ihre Entlohnung machen würden.[15] Weil eine Pensionszusage im Gegensatz zu einer sofortigen Lohn- oder Gehaltserhöhung **keine** zusätzlichen Steuerbelastungen auf seiten der beteiligten Arbeitnehmer auslöst, läßt sich hier ein weiterer Steuerspareffekt konstatieren.

In späteren Zeitpunkten erfolgt allerdings zusammen mit den Pensionszahlungen eine **Auflösung** der vormals gebildeten Rückstellungen. Diese Auflösung der Rückstellungen ist damit grundsätzlich **gewinnerhöhend**. Das bedeutet, in der Gegenwart gebildete Rückstellungen mindern zwar die aktuelle Ertragsteuerbelastung einer Unternehmung. Im generell entsprechenden Umfang nimmt jedoch die zukünftige unternehmerische Steuerbelastung im Vergleich zur Situation ohne Rückstellungsbildung zu. Überdies müssen natürlich auch die (vormaligen) Arbeitnehmer noch Steuern auf ihre Betriebsrenten zahlen. Der dabei für die Arbeitnehmer maßgebliche **Effektivsteuersatz** ist allerdings typischerweise sogar **geringer** als im Falle einer alternativen Erhöhung der laufenden Bezüge.[16] Ohne auf weitere Details im Zusammenhang mit den steuerlichen Konsequenzen von Pensionszusagen und -rückstellungen einzugehen, dürfte doch erkennbar sein, daß auch der **Fiskus** hierbei durch die aktuell erfolgende **Minderung** seiner Steuereinzahlungen zugunsten künftiger Steuermehreinnahmen als **Gläubiger** insbesondere der Unternehmung involviert ist. Auch unter diesem Aspekt liegt

---

[15] Auf die Frage der angemessenen Sichtweise im Zusammenhang mit steuerlichen Fragen wird noch im fünften Kapitel zurückzukommen sein.

[16] Dies ist Folge der in Deutschland gegebenen **Progression** der Einkommensteuer (und der typischerweise geringeren Einkommen von Rentnern im Vergleich zu Erwerbstätigen) sowie der im Rahmen von Betriebsrentenzahlungen bestehenden steuerlichen **Vergünstigungen**. Vgl. 19 II EStG.

demnach eine Form **interner Fremdfinanzierung** vor.[17]

Natürlich gibt es **nicht** nur idealtypische Beteiligungs- und Forderungstitel, sondern es sind auch zahlreiche **Mischformen** denkbar. Bei **Wandelanleihen** etwa handelt es sich um Forderungstitel, die vom Inhaber unter bestimmten Voraussetzungen (unter Umständen auch mit Zuzahlungspflicht) in Beteiligungstitel, typischerweise Aktien, eingetauscht werden können. Bei **Gewinnanleihen** ist die auf den Titel zu leistende (Zins-) Zahlung von dem erzielten Gewinn, also der unternehmerischen Ertragssituation, abhängig.

Derartige Mischformen zwischen Beteiligungs- und Forderungstiteln bezeichnet man auch als **hybride** Finanzierungsinstrumente. Im weiteren werden die Untersuchungen jedoch vor allem auf den Einsatz **idealtypischer** Beteiligungs- und Forderungstitel abstellen. Überdies werden alle Beteiligungs- und alle Forderungstitel im Rahmen der folgenden Ausführungen zumeist jeweils als **völlig gleichartig** angenommen. Auch dies muß natürlich nicht der Fall sein. Beispielsweise könnten die Ansprüche mancher Gläubiger denen anderer Gläubiger **vorgehen**. Man würde die Forderungen der letzteren dann als "**nachrangig**" bezeichnen. Auch können sich Forderungstitel nach der **Fristigkeit** ihrer Rückzahlungsansprüche unterscheiden. Derartige Differenzierungen können im weiteren nicht detailliert untersucht werden, da es sich schon als komplex genug erweisen wird, den Einsatz der beiden idealtypischen Finanzierungsformen zu klären.[18]

---

17 Die finanzwirtschaftliche Analyse von Pensionszusagen und -rückstellungen ist ein beliebtes Thema in der Literatur. Wer sich näher mit diesem Problemkreis befassen will, sei auf die (zum Teil inhaltlich recht **heterogenen**) Arbeiten von *Krahnen/Meran* (1991), *Schneider* (1992), S. 356 ff., und *Wöhe/Bilstein* (1994), S. 305 ff., verwiesen.

18 Häufig zitierte Beiträge zur Rangfolgeproblematik bzw. Fristigkeitsstruktur bei Fremdfinanzierung gehen insbesondere auf *Flannery* (1986), *Sharpe* (1991), *Diamond* (1991, 1993), *Hart/Moore* (1995) und *Winton* (1995) zurück.

2 Kapitalbedarfsrechnung

Nachdem die beiden grundsätzlichen Möglichkeiten unternehmerischer Finanzierung charakterisiert worden sind, ist in einem nächsten Schritt die Frage zu stellen, über welchen **Mittelbedarf** die Unternehmung in den einzelnen Zeitpunkten verfügt und in welchem Umfang **liquide Überschüsse** zu Rückzahlungszwecken zur Verfügung stehen. Diese Frage wird unter dem Stichwort "**Kapitalbedarfsrechnung**" diskutiert und bildete nach der Systematisierung von Finanzierungsinstrumenten historisch gesehen den zweiten wichtigen Themenschwerpunkt in der Literatur.[19] Auch dies ist recht leicht einzusehen. Denn erst wenn die verfügbaren oder fehlenden Mittel in den einzelnen Zeitpunkten spezifiziert sind, ist es möglich, die Art der Unternehmensfinanzierung festzulegen. Zunächst versuchte man dabei, den Kapitalbedarf einer Unternehmung aus der Bilanz zu ermitteln. Man spricht hierbei demgemäß auch von **bilanzbezogenen** Kapitalbedarfsrechnungen. Die zugrundeliegende Vorstellung läßt sich am einfachsten anhand eines Beispiels verdeutlichen.

Beispiel 2.1:

Es sei angenommen, daß in $t = 0$ eine Maschine zu einem Preis von 100.000 DM angeschafft und über zehn Perioden bis $t = 10$ genutzt werden könne. Die Maschine werde in $t = 0$ mit dem Anschaffungspreis von 100.000 DM in der Bilanz aktiviert. Geht man von einer **linearen Abschreibung** des Anschaffungspreises über die 10 Perioden Nutzungsdauer aus, dann beläuft sich der ausgewiesene Maschinenwert in $t = 1$ noch auf 100.000-10.000 = 90.000 DM. Im Rahmen einer **bilanzbezogenen Kapitalbedarfsrechnung** würde man den Mittelbedarf der Unternehmung nun auf **100.000 DM** in $t = 0$ und auf **90.000 DM** in $t = 1$ beziffern. Für die nachfolgenden Zeitpunkte gilt natürlich entsprechendes. Daß die Unternehmung in $t = 0$ über einen Mittelbedarf von 100.000 DM verfügt, dürfte ohne weiteres nachvollziehbar und einleuchtend sein. Warum hin-

---

[19] Vgl. allgemein zur Geschichte der Finanzierungstheorie etwa *Schmidt/Terberger* (1997), S. 9 ff., sowie *Breuer* (1997a).

gegen der bloße Abschreibungsvorgang den Mittelbedarf im Zeitpunkt $t = 1$ auf 90.000 DM reduziert, ist zunächst einmal **ohne** jede Grundlage. Sehr gut erkennt man dies, wenn man statt von einer linearen Abschreibung von einer **geometrisch-degressiven** ausgeht. Hierbei wird in jeder Periode ein bestimmter **fester** Prozentsatz des jeweils noch ausgewiesenen Restwertes des Anlagegegenstands abgeschrieben. Unterstellt man etwa einen Abschreibungsprozentsatz von 30 %, dann beläuft sich der ausgewiesene Maschinenwert in $t = 1$ nur noch auf 70.000 DM statt 90.000 DM. Entsprechend käme man im Rahmen einer bilanzbezogenen Kapitalbedarfsrechnung zum Ergebnis, daß in $t = 1$ nun nur noch ein Mittelbedarf von **70.000 DM** besteht, obwohl sich an den unternehmerischen Ein- und Auszahlungen in den verschiedenen Zeitpunkten durch den Wechsel der Abschreibungsmethode **nichts** ändert.[20] Allein schon aus diesem Grunde muß man der bilanzbezogenen Kapitalbedarfsrechnung **kritisch** gegenüberstehen. □

Da es im Rahmen von Finanzierungsmaßnahmen um die Deckung unternehmerischen Mittelbedarfs geht, ist der einzig **sachgerechte** Ansatz in einer Analyse der unternehmerischen **Zahlungsströme** zu sehen. Diese Erkenntnis setzte sich auch in der Literatur mit der Zeit zunehmend durch und führte zur **(kumulativ-) pagatorischen Kapitalbedarfsrechnung**.[21] Letzten Endes besteht das Ziel im Rahmen der pagatorischen Kapitalbedarfsrechnung in der Ermittlung der unternehmerischen Einzahlungsüberschüsse und den damit verbundenen Defiziten an liquiden Mitteln in den verschiedenen Planungszeitpunkten. Zunächst ist deshalb die Zahlungsreihe z_t $(t = 0, 1, \ldots, T)$ der unternehmerischen Einzahlungsüberschüsse (vor Finanzierungsmaßnahmen) in den Zeitpunkten $t = 0, 1, \ldots, T$ zu ermitteln, wobei $z_t > 0$ für einen Mittelzufluß der Unternehmung steht und $z_t < 0$ für einen Mittelabfluß. Typischerweise werden sich zu Beginn der Geschäfts-

---

[20] Zumindest gilt dies, wenn man von steuerlichen Aspekten abstrahiert, was hier stets gelten soll, sofern nicht explizit etwas anderes angenommen wird.

[21] Vgl. insbesondere *Mülhaupt* (1966). Zum Verhältnis zwischen bilanzbezogener und pagatorischer Kapitalbedarfsrechnung sei auf *Franke/Hax* (1994) verwiesen.

tätigkeit **Mittelabflüsse** ergeben, insbesondere wird also $z_0 < 0$ gelten. $|z_0|$ kann damit unmittelbar als **Kapitalbedarf** des Zeitpunktes $t = 0$ interpretiert werden. Die **kumulierten** Einzahlungen bis zum Zeitpunkt $t = 1$ belaufen sich auf z_0+z_1. Sofern auch dieser Wert kleiner als Null ist, wird als Kapitalbedarf des Zeitpunktes $t = 1$ $|z_0+z_1|$ ausgewiesen. Andernfalls beträgt der Kapitalbedarf bereits in $t = 1$ nur noch Null. In entsprechender Weise wird der Kapitalbedarf zu anderen Zeitpunkten t ermittelt. Aus der **Kumulation** der Zahlungen verschiedener Zeitpunkte erklärt sich dabei die Bezeichnung für diese Art der Kapitalbedarfsrechnung.

Beispiel 2.2:

Ein mittelloser Unternehmer möchte einen kleinen Kiosk eröffnen. Dabei plane er über zwei Perioden, das heißt drei Zeitpunkte, bei Sicherheit. In $t = 0$ fallen 1.000 DM Auszahlungen für Einrichtungsgegenstände wie z.B. Regale an. Außerdem sind 500 DM Miete für den Zeitraum von $t = 0$ bis $t = 1$ vorschüssig zu zahlen. Schließlich beschafft sich der Unternehmer in $t = 0$ Handelswaren für 3.000 DM. Für die Periode von $t = 0$ bis $t = 1$ plant er, seinen gesamten Warenbestand zum Doppelten des Einstandspreises zu veräußern. Den Verkaufserlös ordnet er ebenso wie die um 20 % gestiegene Mietzahlung für die Folgeperiode dem Zeitpunkt $t = 1$ zu. Außerdem beschafft sich der Unternehmer in $t = 1$ im gleichen wertmäßigen Umfang wie in $t = 0$ neue Handelswaren. Für den Zeitraum von $t = 1$ bis $t = 2$ sieht die Planung des Unternehmers den gleichen Umsatz wie in der vorhergehenden Periode vor. Um seine eigene Arbeitsbelastung zu reduzieren, setzt der Unternehmer in der zweiten Periode eine Verkaufshilfe ein, der in $t = 2$ ein Lohn von 2.000 DM zu zahlen ist. Die **Einzahlungsüberschüsse** z_t ($t = 0, 1, 2$) des Unternehmers belaufen sich damit auf

$$\begin{aligned} z_0 &= -1.000-500-3.000 = -4.500 \text{ DM}, \\ z_1 &= 6.000-600-3.000 = 2.400 \text{ DM}, \\ z_2 &= 6.000-2.000 = 4.000 \text{ DM}. \end{aligned} \tag{2.4}$$

Alle Finanzierungsmaßnahmen haben sich nun an dieser Zahlungsreihe z_t aus (2.4) zu orientieren. Augenscheinlich beläuft sich der Kapital- oder Mittelbedarf in t = 0 auf 4.500 DM. Im Rahmen der kumulativ-pagatorischen Kapitalbedarfsrechnung würde man zum Zeitpunkt t = 1 als Kapitalbedarf 4.500-2.400 = 2.100 DM und zum Zeitpunkt t = 2 max(2.100-4.000, 0) = 0 DM ausweisen, da die späteren Einzahlungsüberschüsse zur Mittelrückzahlung und damit Verringerung des Kapitalbedarfs verwendet werden können. Zusammenfassend ergeben sich damit die in *Tabelle 2.2* wiedergegebenen Werte K_t (t = 0, 1, 2) für den **Kapitalbedarf** des Unternehmers in den verschiedenen Zeitpunkten.

	t = 0	t = 1	t = 2
K_t	4.500	2.100	0

Tabelle 2.2: Kapitalbedarf des Unternehmers in DM zu den Zeitpunkten t = 0, 1, 2 □

Sehr hilfreich ist die Ermittlung von Werten K_t für den Kapitalbedarf einer Unternehmung zu den Zeitpunkten t jedoch **nicht**. Denn zum einen stellt sich die Frage, wie zu verfahren ist, wenn nach Erreichen eines Wertes $K_s = 0$ zu einem späteren Zeitpunkt t ein erneutes Finanzierungsdefizit auftritt, das jedoch bei Ermittlung der Summe $\Sigma_{\tau=0}^{t} z_\tau > 0$ nicht besteht, wohl aber, wenn man nur die Summe $\Sigma_{\tau=s+1}^{t} z_\tau < 0$ bildet. Sachgerecht dürfte wohl die erste Größe sein, also damit auch die Verneinung des Ausweises eines Finanzierungsdefizits in t. Damit aber sollten die Größen K_t auch **negative** Werte annehmen können, um so Überschüsse in den einzelnen Zeitpunkten auszuweisen. Mag dieses Problem demnach noch recht leicht zu lösen sein, bleibt der **Informationswert** des Ausweises von Kapitalbedarfen

$$K_t \equiv -\sum_{\tau=0}^{t} z_\tau \quad (t = 0, 1, ..., T) \tag{2.5}$$

trotzdem doch recht **gering**. Denn die jeweiligen Einzahlungsüberschüsse z_t (t = 0, 1, ..., T) können in aller Regel **nicht** in voller Höhe zur Rückzahlung früher erhaltener Mittel verwendet werden. Man denke nur an noch zu erbringende Zinsen auf Forderungstitel. Damit aber wird die Betrachtung der Größen K_t weitgehend **bedeutungslos**.

Beispiel 2.3:
Wenn der Unternehmer aus Beispiel 2.2 etwa in t = 0 einen Kredit mit Fälligkeit in t = 1 zu 15 % Zinsen aufnimmt, um den Kapitalbedarf des Zeitpunktes t = 0 zu decken, dann beläuft sich seine Rückzahlungsverpflichtung im Zeitpunkt t = 1 auf 4.500+0,15·4.500 = 5.175 DM. Unter Beachtung des erzielten Einzahlungsüberschusses von z_1 = 2.400 DM bleibt eine Finanzierungslücke, also ein erneuter Kapitalbedarf, von 5.175-2.400 = 2.775 DM > 2.100 DM in t = 1 bestehen. Nimmt der Unternehmer in t = 0 hingegen einen Kredit auf, der erst in t = 2 zurückzuzahlen ist, wobei in t = 1 nur Zinsen, beispielsweise in Höhe von 400 DM, zu leisten sind, dann besteht im Zeitpunkt t = 1 überhaupt keine Finanzierungslücke und damit auch kein weiterer Kapitalbedarf mehr. □

Auch die **(pauschale) Berücksichtigung** etwa von Zinszahlungen und Ausschüttungen an Anteilseigner bei der Ermittlung der Kapitalbedarfskennzahlen K_t kann an dieser Kritik nichts Grundlegendes ändern.[22] Denn der adäquate Ansatz von Zinsen und Ausschüttungsbeträgen läßt sich wie andere Zahlungen im Zusammenhang mit Finanzierungstiteln **erst** feststellen, wenn die **Finanzierungsentscheidung** bereits (wenigstens hypothetisch) **getroffen** ist. Dann aber ist die Kapitalbedarfsrechnung **nicht** mehr als Ausgangspunkt der anschließenden Finanzierungsentscheidung zu betrachten.

Deswegen läßt sich festhalten, daß die Ermittlung der Zahlungsreihe der unternehmerischen Einzahlungsüberschüsse in den einzelnen Zeitpunkten t = 0, 1,

---

[22] Vgl. zu dieser Vorgehensweise etwa *Hax* (1993a), S. 426, sowie *Franke/Hax* (1994), S. 104.

..., T des Betrachtungszeitraums tatsächlich **Ausgangspunkt** für die Bestimmung unternehmerischer Finanzierungsmaßnahmen sein muß, daß der Ausweis von Kapitalbedarfszahlen K_t im Sinne der kumulativ-pagatorischen Kapitalbedarfsrechnung jedoch **entbehrlich** ist.

In aller Regel findet man in der Literatur nur Beispiele, in denen die Kapitalbedarfsrechnung unter **Quasi-Sicherheit** durchgeführt wird. Grundsätzlich resultieren die praktisch relevanteren Probleme jedoch aus der **Ungewißheit** hinsichtlich der (künftigen) Einzahlungsüberschüsse einer Unternehmung. Unterstellt man Ungewißheit der Einzahlungsüberschüsse $\tilde{z}_t$ (t = 1, ..., T), wird das zu behandelnde Entscheidungsproblem um einiges **komplexer**. Beispielsweise taucht unmittelbar die Frage auf, ob zwischen den einzelnen Einzahlungsüberschüssen **stochastische Abhängigkeiten** bestehen.

Beispiel 2.4:
In Abwandlung von Beispiel 2.2 sei davon ausgegangen, daß die für die Zeitpunkte t = 1 und t = 2 angesetzten Werte der jeweiligen Umsätze tatsächlich nur Erwartungswerte sind. Der Umsatzerlös eines Zeitpunktes t = 1, 2 ist ungewiß. In t = 1 könne sich der Umsatz mit jeweils gleicher Wahrscheinlichkeit p = 0,5 auf entweder 3.000 DM oder aber 9.000 DM belaufen. Die Absatzsituation des Zeitpunktes t = 2 solle sich gemäß der in t = 1 darstellen: Sofern also das schlechte Umsatzergebnis in t = 1 eintritt, soll dies auch in t = 2 der Fall sein. Ist der Umsatz in t = 1 hingegen hoch, soll er sich auch in t = 2 auf 9.000 DM belaufen. □

In vielen Fällen wird die Ermittlung derartiger stochastischer Einzahlungsüberschüsse ihrer quasi-sicheren Schätzung vorzuziehen sein. Unabhängig davon, ob man nun eine Betrachtung bei Sicherheit oder aber bei Risiko wählt, kann **nach** Ermittlung der unternehmerischen Einzahlungsüberschüsse grundsätzlich die eigentliche **Finanzplanung** beginnen. Zu diesem Zweck muß jedoch das Ziel der Finanzplanung geklärt werden. Mit dieser Frage beschäftigen sich ausführlich die nächsten Kapitel. Dabei wird im weiteren stets die **Kenntnis** des Zahlungsstroms aus der unternehmerischen Tätigkeit **vorausgesetzt**. Natürlich ist dessen Ermittlung kein triviales Problem, doch handelt es sich bei dieser Datenbeschaffung und -aufbereitung um **keine** Fragestellung, die spezifisch für unternehmerische Finanzierungsentscheidungen ist. Vielmehr ist im Rahmen unternehmerischer Entscheidungen so gut wie stets eine Analyse der mit verschiedenen Handlungsalternativen jeweils verbundenen künftigen (Zahlungs- oder sonstigen) Konsequenzen erforderlich. Man denke etwa an Investitions- und Preisstellungsentscheidungen. Wichtig dürfte dabei insbesondere sein, die zu schätzende Größe, also etwa einen Einzahlungsüberschuß z_t, zunächst **möglichst fein** in ihre Komponenten zu zerlegen. Den Einzahlungsüberschuß z_t etwa kann man darstellen als Differenz der Umsätze des Zeitpunktes t und der Auszahlungen zu diesem Zeitpunkt, wobei die Umsätze sich ergeben aus den aufsummierten Produkten von Güterabsatzpreisen und -mengen und die Auszahlungen in beschäftigungsabhängige (vor allem Auszahlungen für Material und Akkordlöhne) sowie in beschäftigungsunabhängige (beispielsweise Auszahlungen für Mieten und Zeitlöhne) unterteilt werden können. Im zweiten Schritt ist dann eine **Schätzung** dieser einzelnen Bestimmungsgrößen erforderlich, wobei man unter Umständen auf Erfahrungen aus der Vergangenheit aufbauen kann.

Tatsächlich handelt es sich bei der **Informationsbeschaffung** und **-auswertung** um ein grundsätzliches und sehr komplexes Problem der allgemeinen betriebswirtschaftlichen Entscheidungstheorie, dem in der einschlägigen Literatur dementsprechend auch ein mehr oder weniger breiter Raum gewidmet wird.[23] Aus diesem Grunde soll diese Frage trotz oder gerade wegen ihrer hohen eigenständigen Bedeutung hier **nicht** weiter vertieft, sondern statt dessen auf die entsprechende entscheidungstheoretische Lehrbuchliteratur verwiesen werden, in der insbesondere auch dargelegt wird, wie man zur Schätzung von Wahrscheinlichkeitsverteilungen einzelner künftiger Größen gelangen kann und diese im Rahmen von Risikoanalysen zu Gesamtwahrscheinlichkeitsverteilungen, hier der

---

[23] Vgl. etwa die entsprechenden Ausführungen in den Lehrbüchern von *Mag* (1977, 1990), *Laux* (1993, 1995) sowie *Eisenführ/Weber* (1994).

$\tilde{z}_t$, aggregiert.[24]

3 Zusammenfassung

Gegenstand des vorliegenden Kapitels war die Klärung wesentlicher **Grundlagen**, die der eigentlichen **Finanzplanung** vorauszugehen haben. Zunächst wurde der Begriff des **Finanzierungstitels** eingeführt und auf die idealtypische Unterscheidung von **Beteiligungs-** und **Forderungstiteln** hingewiesen. Die Inhaber von Beteiligungstiteln nennt man auch **Gesellschafter** einer Unternehmung, die Inhaber von Forderungstiteln **Gläubiger**. Die mit diesen beiden Finanzierungstitelarten einhergehenden spezifischen Rechte und Pflichten der Beteiligten wurden erläutert, und es wurde dabei insbesondere auch schon skizziert, inwiefern die einzelnen Komponenten aus dem **Gesamtbündel** der Rechte und Pflichten, die durch einen Finanzierungstitel verbrieft werden, aufeinander **abgestimmt** sind. Einen Schwerpunkt bildete dabei auch die Diskussion der mit Beteiligungs- und Forderungstiteln jeweils verbundenen **Zahlungsstrukturen**, die sich als **(abschnittsweise) linear** im unternehmerischen Ertrag erwiesen, wobei die Einzahlungen auf Beteiligungstitel im Regelfall **sensitiver** auf Variationen des Unternehmensertrags reagieren als die Zahlungen auf Forderungstitel.

Finanzierung über die Ausgabe von Forderungstiteln wird als **Fremdfinanzierung** bezeichnet, Finanzierung über die Ausgabe von Beteiligungstiteln als **Eigenfinanzierung**. Werden Mittel von **außen** neu zugeführt, spricht man von **externer** oder **Außenfinanzierung**, werden Erlöse aus der unternehmerischen Geschäftstätigkeit **nicht** an Inhaber von Finanzierungstiteln **ausgeschüttet**, ist dies unter den Begriff der **internen** oder **Innenfinanzierung** zu fassen. Insgesamt gelangt man damit zu **vier** grundlegenden Finanzierungsformen (externe Eigenfinanzierung, externe Fremdfinanzierung, interne Eigenfinanzierung, interne Fremdfinanzierung), die sämtlich kurz vorgestellt wurden.

---

[24] Vgl. hierzu insbesondere *Eisenführ/Weber* (1994), S. 149 ff., 183 ff.

Den zweiten Darstellungsschwerpunkt dieses Kapitels bildete die Präsentation von **Kapitalbedarfsrechnungen**. Ziel von Kapitalbedarfsrechnungen ist es, die zu verschiedenen Zeitpunkten während des Planungszeitraums jeweils bestehenden **Finanzierungslücken** oder **liquiden Überschüsse** zu ermitteln, da erst auf dieser Grundlage Entscheidungen über Finanzierungsmaßnahmen möglich sind. Historisch gesehen versuchte man zunächst, den unternehmerischen Kapitalbedarf durch Rückgriff auf **Bilanzgrößen** zu bestimmen. Da es im Rahmen von Finanzierungsmaßnahmen um Fragen der Mittelbeschaffung und -anlage geht, erweist sich eine **zahlungsorientierte** oder "pagatorische" Kapitalbedarfsrechnung als weitaus **angemessener**. Letzten Endes geht es hierbei um die Ermittlung der aus der unternehmerischen Tätigkeit in den einzelnen Betrachtungszeitpunkten resultierenden **Einzahlungsüberschüsse**. Nachdem diese Ermittlung vollzogen ist, beginnt die eigentliche **Finanzplanung**, wobei die Determinanten unternehmerischer Finanzierungsentscheidungen Gegenstand der folgenden Kapitel sind.

III. Die Transformationsfunktion von Finanzierungsmaßnahmen

Grundsätzlich ist es mit der Ermittlung des Kapitalbedarfs einer Unternehmung natürlich **nicht** getan. Denn in der Regel gibt es verschiedene Möglichkeiten, den unternehmerischen Kapitalbedarf zu decken, und es stellt sich deswegen die Frage, welche der möglichen Finanzierungsformen als **beste** anzusehen ist.

Diese Frage läßt sich nur beantworten, wenn man festlegt, nach welchen Kriterien die "**Güte**" einer Finanzierungsmaßnahme zu beurteilen ist. Den nächstliegenden Ansatz dürften die **Präferenzen** der an der Unternehmensfinanzierung Beteiligten bilden. Unter der Nebenbedingung, daß die Unternehmensfinanzierung die Deckung des Mittelbedarfs gewährleistet, ist eine solche Finanzierungsform zu wählen, die den Präferenzen aller Beteiligten **am besten** entspricht. Unterschiedliche Finanzierungsformen bewirken dabei, daß der gesamte Einzahlungsüberschuß einer Unternehmung in verschiedene Teile, auch "**Parten**" genannt, zerlegt wird, die sich von ihrem **Risiko** her ebenso wie in ihrer **zeitlichen Struktur** und ihrem **Volumen** unterscheiden. Auch in der Literatur zählt dieser Zugang zur Bestimmung von optimalen unternehmerischen Finanzierungsentscheidungen sicherlich zu den frühesten.

Die Grundidee derartiger Ansätze wird zunächst im **Abschnitt 1** anhand eines Beispiels eingeführt. Der anschließende **Abschnitt 2** präzisiert die Überlegungen im Rahmen eines einfachen Modellkontexts. Typischerweise wurden Gedanken zur optimalen Partenteilung mittels Finanzierungsmaßnahmen in der Literatur allerdings nicht in einem derart formal stringenten Rahmen wie dem des Abschnitts 2 präsentiert. Vielmehr stellten die entsprechenden Autoren in der Regel auf die Möglichkeit der Kapitalkostenminimierung mittels geeigneter Finanzierungsmaßnahmen ab. Im **Abschnitt 3** wird deswegen auch diese Überlegung präsentiert.

1 Die Grundidee

Die Interpretation von Finanzierungsmaßnahmen als Instrumente der "Partenteilung" läßt sich am einfachsten mittels eines konkreten **Beispiels** verdeutlichen.

Beispiel 3.1:
Es sei von einer einfachen **Zwei-Zeitpunkte-Betrachtung** ausgegangen. In t = 0 erfordert das von der Unternehmung angestrebte Investitionsprogramm eine Anfangsauszahlung von I = 20 Geldeinheiten (GE). In t = 1 ergeben sich unsichere Rückflüsse $\tilde{z}_1$, wobei je nach der eintretenden künftigen Umweltentwicklung drei Ergebnisse möglich sind. Mit der jeweils gleichen Wahrscheinlichkeit von 1/3 können sich Rückflüsse von 12 GE, 24 GE oder aber 42 GE ergeben. Es sei angenommen, daß vier Finanzierungstitel zur Beschaffung der benötigten Anfangsauszahlung I emittiert werden. Finanzierungstitel A gewähre seinem Erwerber **zustandsunabhängig** Einzahlungen in Höhe von 6 GE in t = 1. Für Finanzierungstitel B gelte das gleiche. Finanzierungstitel C führe zu Einzahlungen von 0 GE, falls z_1 = 12 GE, zu Einzahlungen von 6 GE, falls z_1 = 24 GE und zu Einzahlungen von 15 GE, falls z_1 = 42 GE eintritt. Finanzierungstitel D wiederum entspreche von seinen Einzahlungen her Finanzierungstitel C. Per saldo wird damit stets der **gesamte** Einzahlungsüberschuß $\tilde{z}_1$ des Zeitpunktes t = 1 auf die emittierten Finanzierungstitel verteilt. Bezeichnet man die (gegebenenfalls ungewissen) Einzahlungen auf einen Finanzierungstitel f mit $\tilde{z}_1^{(f)}$, so gilt damit für dieses Beispiel: $\tilde{z}_1^{(A)}+\tilde{z}_1^{(B)}+\tilde{z}_1^{(C)}+\tilde{z}_1^{(D)} \equiv \tilde{z}_1$. In *Tabelle 3.1* auf der folgenden Seite sind diese Zusammenhänge nochmals zusammengefaßt.

Durch die Emission der vier unterstellten Finanzierungstitel erhält man damit eine ganz spezifische Zerlegung des künftigen Gesamtzahlungsstroms $\tilde{z}_1$ der Unternehmung in **heterogene Parten**. Da die Finanzierungstitel A und B **unabhängig** von der konkreten Ertragslage der Unternehmung in t = 1 zu sicheren Einzahlungen von jeweils 6 GE führen, kann man sie augenscheinlich als **Forderungstitel** mit einem sicher bedienbaren Rückzahlungsanspruch von jeweils 6 GE interpretieren. Auf die Finanzierungstitel C und D hingegen entfallen lediglich diejenigen Teile der unternehmerischen Einzahlungsüberschüsse des Zeitpunktes $t = 1$, die **nach** Erfüllung der Verbindlichkeiten gegenüber den Inhabern der Forderungstitel noch verbleiben. Offenkundig entsprechen die Finanzierungstitel C und D von ihrer Zahlungsstruktur her gleichberechtigten **Beteiligungstiteln**. Während die Einzahlungen auf die Forderungstitel für das gewählte Beispiel sicher sind, erhalten die Inhaber der Beteiligungstitel nur **unsichere** Rückzahlungen.[1] In Zuständen mit geringem Einzahlungsüberschuß der Unternehmung bedeutet dies generell, daß die Inhaber der Beteiligungstitel niedrigere Rückflüsse als die Inhaber der Forderungstitel realisieren. In Zuständen mit hohen Einzahlungsüberschüssen hingegen kehrt sich dieses Bild wegen der nach oben auf die jeweilige Forderungshöhe beschränkten Einzahlungen auf Forderungstitel um.

	$s^{(1)}$	$s^{(2)}$	$s^{(3)}$
$\tilde{z}_1^{(A)}$	6	6	6
$\tilde{z}_1^{(B)}$	6	6	6
$\tilde{z}_1^{(C)}$	0	6	15
$\tilde{z}_1^{(D)}$	0	6	15
$\tilde{z}_1$	12	24	42

Tabelle 3.1: Einzahlungen auf einzelne Finanzierungstitel und kumuliert je nach eintretendem Umweltzustand $s^{(j)}$ ($j = 1, 2, 3$)

Die gerade beschriebene Partenteilung ist natürlich **nur eine** von beliebig vielen grundsätzlich denkbaren. Beispielsweise hätten auch drei Finanzierungstitel emittiert werden können, die jeweils 4 GE Einzahlung für $z_1 = 12$ GE, 8 GE für

---

1 Natürlich ist es **nicht** möglich, nur Finanzierungstitel mit sicheren Rückzahlungen zu generieren, wenn der zur Bedienung der Finanzierungstitel insgesamt zur Verfügung stehende Einzahlungsüberschuß **ungewiß** ist.

z_1 = 24 GE und 14 GE für z_1 = 42 GE gewähren. Unschwer erkennt man, daß in diesem Fall eine **reine** externe Eigenfinanzierung in Form der Emission von drei gleichberechtigten **Beteiligungstiteln** vorliegt. Augenscheinlich kann durch die gewählte Finanzierungsweise auf die **Risikostruktur** einzelner Finanzierungstitel Einfluß genommen werden. Entsprechend läßt sich durch eine geeignete Stückelung der Finanzierungstitel deren **Rückzahlungsvolumen** in gewünschter Weise beeinflussen. Statt der zuletzt beschriebenen drei Beteiligungstitel könnte die Unternehmung etwa dreißig Beteiligungstitel emittieren, wobei auf jeden nur ein Zehntel der zuvor genannten Einzahlungen entfällt. Schließlich kann man im Rahmen einer Mehr-Perioden-Betrachtung auch Finanzierungstitel generieren, die sich in der **zeitlichen Struktur** ihrer Einzahlungsüberschüsse unterscheiden. Zur Veranschaulichung muß man nur annehmen, daß die bislang unterstellten drei möglichen unternehmerischen Einzahlungsüberschüsse nicht verschiedene Realisationen zu einem einzigen Zeitpunkt t = 1 beschreiben, sondern den Einzahlungsüberschuß der Unternehmung zu den Zeitpunkten t = 1, 2 und 3 jeweils mit Sicherheit charakterisieren. Das heißt, in t = 1 trete mit Sicherheit ein Einzahlungsüberschuß von 12 GE ein, in t = 2 ergebe sich mit Sicherheit eine Einzahlung von 24 GE, und in t = 3 resultieren 42 GE. Der (neu definierte) Finanzierungstitel A liefere nun Rückzahlungen nur in t = 1 in Höhe von 6 GE, Finanzierungstitel B Rückzahlungen in t = 1 von 2 GE und in t = 2 in Höhe von 20 GE und Finanzierungstitel C Rückzahlungen in t = 1 sowie t = 2 von jeweils 4 GE und in t = 3 in Höhe von 42 GE. Ohne weiteres kann man die drei Finanzierungstitel als **Forderungstitel** mit **unterschiedlicher Fristigkeit** auffassen, deren Tilgung in t = 1, 2 oder aber 3 erfolgt, wobei laufende Zinszahlungen in allen Zeitpunkten bis zur jeweiligen endfälligen Tilgung gewährt werden. □

Beispiel 3.1 belegt, wie Finanzierungsmaßnahmen **Transformationsfunktionen** erfüllen. Diese Transformationsfunktion bezieht sich auf die Höhe der Zahlungen auf Finanzierungstitel **(Losgrößentransformation)**, deren zeitlichen Anfall **(Fri-**

stentransformation) und deren Risiko **(Risikotransformation)**.[2] Finanzierungstitel sind nun zweckmäßigerweise so auszugestalten, daß insgesamt eine ***pareto*-effiziente** Konsumallokation unter den Beteiligten ermöglicht wird. Das bedeutet, daß es durch die Wahl einer anderen Finanzierungsweise **nicht möglich** ist, wenigstens einen der an der Finanzierungsbeziehung Beteiligten **besserzustellen**, **ohne** einen anderen **schlechterzustellen**. Solange ein solcher Wechsel von einer Finanzierungsbeziehung zu einer anderen nämlich vollzogen werden könnte, würden dies die Beteiligten zweifelsohne auch realisieren wollen, da niemand durch eine solche Änderung der Unternehmensfinanzierung verlöre, wohl aber **wenigstens** ein Beteiligter gewönne. Aus diesem Grunde kann man die Betrachtung sinnvollerweise auf derartige Finanzierungsmaßnahmen beschränken, die zu *pareto*-effizienten Konsumallokationen führen.[3]

Der im Beispiel 3.1 beschriebene Gedanke der Transformationsfunktion von Finanzierungsmaßnahmen kann sehr leicht durch ein einfaches Modell präziser verdeutlicht werden, in dem es konkret um **Risikotransformation** durch Finanzierungsmaßnahmen geht und das in verschiedenen Varianten noch öfter in dem vorliegenden Lehrbuch aufgegriffen wird.

2 Optimale Risikotransformation durch Finanzierungsmaßnahmen in einem einfachen Modellansatz

Betrachtet werden ein **Unternehmer U** und ein **Kapitalgeber K**. Zur Durchführung eines Investitionsprogramms benötigt der Unternehmer Mittel in Höhe von I in t = 0, die von ihm selbst und/oder dem Kapitalgeber aufzubringen sind. Im

---

[2] Es sollte darauf hingewiesen werden, daß insbesondere der Begriff der **Fristentransformation** von unternehmerischen Finanzierungsmaßnahmen in der Literatur auch in anderen Formen verwendet wird. Vgl. z.B. *Drukarczyk* (1993), S. 417.

[3] Vgl. zum Konzept (*pareto*-) effizienter Ausgestaltung von Finanzierungsbeziehungen auch etwa *Franke/Hax* (1994), S. 416 f.

weiteren sei angenommen, daß sich der Kapitalgeber K mit dem Betrag ΔI an der Unternehmensfinanzierung in t = 0 beteiligen soll.

Die **Anfangsausstattung** des Kapitalgebers sei $W^{(K)} \geq \Delta I$, die des Unternehmers $W^{(U)} \geq I-\Delta I$. Der unsichere Rückfluß aus der Investition in t = 1 beläuft sich auf $\tilde{z}_1$ mit Erwartungswert μ und Varianz σ^2. Beide Beteiligte orientieren sich allein an Erwartungswert und Varianz ihrer jeweiligen Gesamteinzahlungen $\tilde{z}_1^{(U)}$ bzw. $\tilde{z}_1^{(K)}$ im Zeitpunkt t = 1. Sie handeln somit nach dem sogenannten ***μ-σ*-Prinzip**. Konkret lauten die **Zielfunktionen** von Kapitalgeber K und Unternehmer U wie folgt:

$$\begin{aligned} \Phi^{(K)} &= E(\tilde{z}_1^{(K)}) - 0{,}5 \cdot \lambda^{(K)} \cdot Var(\tilde{z}_1^{(K)}), \\ \Phi^{(U)} &= E(\tilde{z}_1^{(U)}) - 0{,}5 \cdot \lambda^{(U)} \cdot Var(\tilde{z}_1^{(U)}). \end{aligned} \qquad (3.1)$$

Bei den Parametern $\lambda^{(K)}$ und $\lambda^{(U)}$ soll es sich um grundsätzlich positive reellwertige Konstanten handeln. Diese Parameter können als Maßgrößen für die jeweilige **Risikoscheu** der beiden Subjekte betrachtet werden. Jedes der beiden Subjekte ermittelt nämlich für gegebene Wahrscheinlichkeitsverteilung seiner Einzahlungsüberschüsse den erreichbaren **Präferenzwert Φ**, indem es vom Erwartungswert der ungewissen Einzahlungen einen **Risikoabschlag** gemäß der in Kauf zu nehmenden **Varianz** vornimmt, der um so größer ist, je größer das durch die Varianz als Streuungsmaß zum Ausdruck gebrachte "Risiko" der künftigen Einzahlungsüberschüsse und je größer der für das betrachtete Entscheidungssubjekt maßgebliche **Risikoaversionsparameter** $\lambda^{(K)}$ bzw. $\lambda^{(U)}$ ist.[4] Der

---

4 Die Zielfunktionen aus (3.1) lassen sich auch mit einem Rückgriff auf das sogenannte ***Bernoulli*-Prinzip** rechtfertigen. Handelt ein Entscheidungsträger nach dem *Bernoulli*-Prinzip, dann maximiert er den Erwartungswert einer *Bernoulli*- oder Risiko-Nutzenfunktion. Das *Bernoulli*-Prinzip erfreut sich in ökonomischen Entscheidungskalkülen großer Beliebtheit, da man es aus einer Reihe **plausibel** wirkender Verhaltenspostulate herleiten kann. Vgl. hierzu etwa *Laux* (1995), S. 167 ff. Sofern eine Risiko-Nutzenfunktion **exponentiell** ist und die künftigen Einzahlungsüberschüsse **normalverteilt** sind, kann gezeigt werden, daß Entscheidungen nach dem *Bernoulli*-Prinzip **äquivalent**

Faktor "0,5" in der Präferenzfunktion dient im wesentlichen lediglich zur Vereinfachung beim Bilden von Ableitungen, wie sich in Formel (3.5) zeigen wird. Mit einem Definitionsbereich des Risikoaversionsparameters λ von $\mathbb{R}^+$ läßt sich zu **jedem** $\lambda \in \mathbb{R}^+$ bei einer Präferenzfunktion Φ der Form (3.1) mit einem Faktor "0,5" ein $\lambda^\circ \equiv 0{,}5 \cdot \lambda$ finden, so daß die resultierende Präferenzfunktion $\Phi^\circ = E(\tilde{z}_1) - \lambda^\circ \cdot Var(\tilde{z}_1)$ mit Φ identisch ist. Die **Einheit** der Parameter $\lambda^{(K)}$ und $\lambda^{(U)}$ ist übrigens 1/GE (GE: Geldeinheit). Man erkennt dies leicht, denn die Einheit der erwarteten Einzahlungsüberschüsse ist GE, die der zugehörigen Varianz GE^2, so daß man zu einer sinnvollen Addition im Rahmen der Präferenzfunktionen aus (3.1) nur gelangt, wenn 1/GE die Einheit der Risikoaversionsparameter ist. In diesem Zusammenhang erkennt man auch, daß die Präferenzwerte Φ über die Einheit GE verfügen. Tatsächlich ordnen die Wirtschaftssubjekte bei Präferenzfunktionen gemäß (3.1) jeder Wahrscheinlichkeitsverteilung von Einzahlungsüberschüssen einen Wert in Geldeinheiten zu, dessen sicherer Erhalt aus ihrer Sicht **äquivalent** zu der jeweiligen Wahrscheinlichkeitsverteilung ist. Man spricht deswegen im Zusammenhang mit den Präferenzwerten aus (3.1) auch von "**Sicherheitäquivalenten**" zu den jeweiligen ungewissen Einzahlungsüberschüssen.

Es sei angenommen, daß Unternehmer und Kapitalgeber ihr Geld **nicht** nur zur Projektfinanzierung einsetzen können, sondern vielmehr auch die Möglichkeit der **sicheren** Anlage ihrer Mittel zu einem Zinssatz i von $t = 0$ bis $t = 1$ besteht. Der Unternehmer kann zum Zwecke der **Unternehmensfinanzierung** Beteiligungstitel und sichere Forderungstitel an den Kapitalgeber **verkaufen**. Annahmegemäß soll der Unternehmer in $t = 1$ hier also **stets** zur Bedienung der Forderungstitel in der Lage sein. Werden dem Kapitalgeber Forderungstitel mit Rückzahlungsansprüchen in $t = 1$ von F überlassen, betragen die unsicheren Einzahlungen auf Beteiligungstitel noch $\tilde{z}_1$-F. Die **Aufgabe** des Unternehmers

---

sind zur Maximierung einer Präferenzfunktion der Form (3.1) mit **festem** Risikoaversionsparameter λ. Vgl. z.B. *Rudolph* (1979), S. 19 f., *Neus* (1989), S. 45. Zu beachten ist, daß $\tilde{z}_1^{(K)}$ und $\tilde{z}_1^{(U)}$ bei Gültigkeit der Normalverteilungsannahme betragsmäßig beliebig große negative Werte annehmen können.

besteht nun darin, die Höhe F der Rückzahlungsansprüche sowie die externe Beteiligungsquote α des Kapitalgebers so zu ermitteln, daß dieser zur Überlassung von Mitteln ΔI in $t = 0$ bereit ist und sich zugleich für den Unternehmer ein **maximales Präferenzniveau** ergibt. Es sollte unmittelbar einleuchten, daß die so gewonnene Finanzierungsform bei Beschränkung[5] der Betrachtung auf Fremdfinanzierung und externe Beteiligungsfinanzierung ***pareto*-effizient** ist. Eine Besserstellung eines der Beteiligten wäre nämlich nur noch auf Kosten des jeweils anderen möglich.

Der Kapitalgeber wird zur Überlassung der Mittel ΔI bereit sein, wenn sein Präferenzniveau bei Begründung der Finanzierungsbeziehung **wenigstens** demjenigen entspricht, das er durch sichere Anlage seiner Anfangsausstattung bis $t = 1$ am Kapitalmarkt erreichen kann:

$$\begin{aligned} &(W^{(K)}-\Delta I)\cdot(1+i)+E[\alpha\cdot(\tilde{z}_1-F)+F] \\ &\quad -0{,}5\cdot\lambda^{(K)}\cdot \mathrm{Var}[\alpha\cdot(\tilde{z}_1-F)+F] \geq W^{(K)}\cdot(1+i) \qquad (3.2) \\ \Leftrightarrow\ &\alpha\cdot\mu+(1-\alpha)\cdot F-0{,}5\cdot\lambda^{(K)}\cdot\alpha^2\cdot\sigma^2-\Delta I\cdot(1+i) \geq 0. \end{aligned}$$

Der Unternehmer wird α und F natürlich so festsetzen, daß in (3.2) gerade ein **Gleichheitszeichen** gilt, um dem Kapitalgeber keine höhere Partizipation an den unternehmerischen Erträgen zukommen zu lassen, als unbedingt erforderlich ist. **Auflösung** von (3.2) nach F unter der Annahme der Gültigkeit des Gleichheitszeichens ergibt:

---

5 Tatsächlich kann sogar nachgewiesen werden, daß die Betrachtung **weiterer Finanzierungsformen** neben dem Einsatz idealtypischer Beteiligungs- und Forderungstitel zu **keiner *Pareto*-Verbesserung** mehr führt. Dies ist eine unmittelbare Implikation des sogenannten **Theorems von *Borch***. Vgl. hierzu die Ausführungen in *Breuer* (1995a), S. 17 f. und die dort angegebenen Quellen, insbesondere *Borch* (1960) und *Lemaire* (1990). Wichtig ist in diesem Zusammenhang die in der Fußnote 4 dieses Kapitels angesprochene Möglichkeit zur Fundierung der Präferenzfunktionen der Beteiligten gemäß (3.1) über einen Rückgriff auf das *Bernoulli*-Prinzip.

$$F = \frac{\Delta I \cdot (1+i) + 0{,}5 \cdot \lambda^{(K)} \cdot \alpha^2 \cdot \sigma^2 - \alpha \cdot \mu}{1-\alpha}. \tag{3.3}$$

Unter dieser Nebenbedingung (3.3) wird der Unternehmer sein erreichbares Präferenzniveau maximieren wollen. Sein **Entscheidungsproblem** lautet demnach:

$$\Phi^{(U)} = (W^{(U)} - I + \Delta I) \cdot (1+i) + (1-\alpha) \cdot (\mu - F) - 0{,}5 \cdot \lambda^{(U)} \cdot (1-\alpha)^2 \cdot \sigma^2 \rightarrow \max_{\alpha,F}!$$

$$\text{unter Beachtung von (3.3)} \tag{3.4}$$

$$\Leftrightarrow (W^{(U)} - I) \cdot (1+i) + \mu - 0{,}5 \cdot [\lambda^{(K)} \cdot \alpha^2 + \lambda^{(U)} \cdot (1-\alpha)^2] \cdot \sigma^2 \rightarrow \max_{\alpha}!$$

Durch Ableitung nach α und anschließendes Nullsetzen erhält man die notwendige (und hinreichende) Bedingung für ein Präferenzmaximum des Unternehmers:

$$[-\alpha \cdot \lambda^{(K)} + (1-\alpha) \cdot \lambda^{(U)}] \cdot \sigma^2 = 0$$

$$\Leftrightarrow \alpha^* = \frac{\lambda^{(U)}}{\lambda^{(U)} + \lambda^{(K)}} \tag{3.5}$$

$$\Leftrightarrow \alpha^* = \frac{\frac{1}{\lambda^{(K)}}}{\frac{1}{\lambda^{(U)}} + \frac{1}{\lambda^{(K)}}}.$$

Die Kehrwerte von $\lambda^{(U)}$ und $\lambda^{(K)}$ bezeichnet man auch als "**Risikotoleranzen**". Je größer sie sind, um so weniger risikoscheu ist das jeweilige Entscheidungssubjekt. Insbesondere die letzte Bestimmungsgleichung für α^* in (3.5) ist von Interesse. Denn danach ermittelt sich die **optimale Beteiligungsquote** des Kapitalgebers gemäß seinem Anteil $1/\lambda^{(K)}$ an der **kumulierten Risikotoleranz** $1/\lambda^{(U)} + 1/\lambda^{(K)}$ der beiden Beteiligten. Je weniger risikoscheu der Kapitalgeber ist und je risikoscheuer der Unternehmer, desto größer ist die optimale externe Beteiligungsquote für den Investor. Die **optimale Beteiligungsquote** α^* wird damit für dieses einfache Szenario schlicht unter dem Aspekt **optimaler Risikoallokation** festgesetzt. Maßgeblich für die Suche nach einer *pareto*-effizienten Finanzierungsform ist demnach hierbei die **Risikotransformationsfunktion** von Finanzierungsmaßnahmen: Das Gesamtrisiko σ^2 der künftigen Einzahlungsüberschüsse der Unternehmung wird in optimaler Weise auf die beiden Beteiligten aufgeteilt.

In jedem Fall liegt die optimale Beteiligungsquote α^* für positive Werte von $\lambda^{(U)}$ und $\lambda^{(K)}$ im (offenen) Intervall (0, 1). Der Wert $\alpha^* = 1$, also vollständige externe Eigenfinanzierung, resultiert nur, wenn man $\lambda^{(K)} = 0$ annimmt, das heißt, wenn der Kapitalgeber sich bei seinen Entscheidungen allein an der Höhe des Erwartungswertes seiner künftigen Einzahlungsüberschüsse orientiert. Risikoüberlegungen spielen in diesem Falle für ihn keine Rolle, und man bezeichnet einen solchen Entscheidungsträger daher auch als **risikoneutral**. Darum ist es unter dem Aspekt der Risikoallokation bei $\lambda^{(K)} = 0$ und $\lambda^{(U)} > 0$[6] einzig sinnvoll, wenn der Kapitalgeber das **gesamte** Risiko trägt. Den Wert $\alpha^* = 0$ erhält man ganz analog für den Fall eines **risikoneutralen** Unternehmers. Optimale Risikoallokation erfordert damit für $\lambda^{(U)} = 0$ und $\lambda^{(K)} > 0$, daß allein der Unternehmer Risiko trägt, der externe Kapitalgeber wird in diesem Fall lediglich einen fixen Zahlungsanspruch $F^* > 0$ für die Mittelüberlassung in $t = 0$ erhalten. Unter diesen Bedingungen wird auf externe Beteiligungsfinanzierung gänzlich verzichtet.

Aus der Tatsache, daß die optimale Beteiligungsquote α^* **allein** durch die Höhe der Risikoaversionsparameter der beiden beteiligten Subjekte bestimmt wird, folgt natürlich auch, daß α^* unabhängig von der Mittelüberlassung ΔI seitens des Kapitalgebers ist. Dies zusammen mit der spezifischen Gestalt der unternehmerischen Zielfunktion aus (3.4) impliziert das ebenfalls bemerkenswerte Ergebnis, daß die Höhe von ΔI **ohne Bedeutung** für die durch den Unternehmer erreichbare **Wohlfahrtsposition** ist. Ursächlich für dieses Resultat sind die als konstant angenommenen Risikoaversionsparameter von Unternehmer und Kapitalgeber.

---

6 Für $\lambda^{(K)} = 0$ **und** $\lambda^{(U)} = 0$, also bei beidseitiger Risikoneutralität, ist die Höhe von α **beliebig**, da jede Risikoallokation gleichermaßen "gut" ist.

Unter der Prämisse, daß der Unternehmer über hinreichende liquide Mittel verfügt, um das Projekt auch ohne Mittelzufuhr von außen zu finanzieren, kommt der unternehmerischen Finanzierungsentscheidung hiermit demnach **allein** eine Funktion als Instrument zur optimalen Risikoallokation zu. Die Transformationsfunktionen unternehmerischer Finanzierungsmaßnahmen können damit sogar **unabhängig** vom grundsätzlichen Problem der externen Aufbringung von Mitteln für investive Zwecke Bedeutung haben.

Für gegebene optimale externe Beteiligungsquote α^* kann man ganz allgemein mittels (3.3) die Höhe der aus Sicht des Unternehmers **optimalen Forderung** F^* des Kapitalgebers ermitteln. Die Festsetzung von F^* dient damit allein dazu, dem Kapitalgeber exakt ein Präferenzniveau wie bei Anlage seiner Anfangsausstattung $W^{(K)}$ zu i am Kapitalmarkt zu ermöglichen. F^* wird dabei um so höher sein, je größer ΔI und i sind. Einfache Wirkungsmechanismen bezüglich der Konsequenzen aus einer Variation von $\lambda^{(U)}$ und $\lambda^{(K)}$ für die Höhe von F bestehen hingegen **nicht**. Tatsächlich gilt diese Aussage auch schon für eine Ceteris-paribus-Variation der externen Beteiligungsquote α. Denn zum einen führt eine Erhöhung von α zu einer Steigerung der erwarteten Einzahlungen des Kapitalgebers. Zum anderen wächst aber auch das zu tragende Risiko seitens des Investors. Der **Gesamteffekt** für das Präferenzniveau des Kapitalgebers kann positiv oder negativ sein, und somit kann eine Senkung von α sowohl zur Notwendigkeit einer höheren Forderung F wie auch einer geringeren führen. Für kleines ΔI und i ist es übrigens auch denkbar, daß F^* **negativ** ist. Dies bedeutet, daß der Kapitalgeber in $t = 1$ eine Zahlung $-F^*$ an das Unternehmen zu leisten hat. In diesem Fall liegt gewissermaßen so etwas wie **negative Fremdfinanzierung** vor: Die Unternehmung hält Forderungstitel gegenüber dem externen Kapitalgeber als Ausgleich für dessen hohe Beteiligungsquote. Zumindest auf den zweiten Blick scheint auch dieses Szenario nicht unplausibel zu klingen.

Beispiel 3.2:

Es sei ein **mittelloser Unternehmer** betrachtet, der in $t = 0$ ein Investitionsprojekt mit einer Anfangsauszahlung von $I = 250$ Geldeinheiten (GE) durchführen könne. Der Erwartungswert der ungewissen Rückflüsse des Zeitpunktes $t = 1$ sei $\mu = 371{,}5736$ GE, und die zugehörige Varianz belaufe sich auf $\sigma^2 = 1.000$ GE^2. Der Zinssatz für sichere Anlage betrage $i = 10$ %. Der Unternehmer verfüge über eine μ-σ-Präferenzfunktion der in Gleichung (3.1) beschriebenen Art mit $\lambda^{(U)} = 0{,}5$/GE. Zur Finanzierung des Projekts mit $\Delta I = 250$ GE können Beteiligungs- und (risikolose) Forderungstitel an einen externen Kapitalgeber verkauft werden, der ebenfalls über eine μ-σ-Präferenzfunktion der in (3.1) beschriebenen Art verfügt. In *Tabelle 3.2* sind die **optimalen externen Beteiligungsquoten** α^* gemäß (3.5) sowie die **optimalen Forderungshöhen** F^* gemäß (3.3) für verschiedene Ausprägungen des **Risikoaversionsparameters** $\lambda^{(K)}$ des externen Kapitalgebers (näherungsweise) angegeben.

$\lambda^{(K)}$	0,1	0,2	0,5	0,7	1,4
α^*	0,8333	0,7143	0,5	0,4167	0,2632
F^*	0,47	212,14	303,43	310,19	306,3

Tabelle 3.2: Optimale Werte für α und F in Abhängigkeit der Risikoaversion $\lambda^{(K)}$ des externen Kapitalgebers

Während mit **zunehmender** Risikoaversion des externen Kapitalgebers die optimale **externe Beteiligungsquote** monoton **fällt**, **steigt** $\mathbf{F^*}$ zunächst an, um anschließend wieder zu **sinken**. Nur für $\lambda^{(K)} = 0{,}1$/GE und $\lambda^{(K)} = 0{,}2$/GE erreicht der Unternehmer übrigens ein nicht-negatives Präferenzniveau, in den anderen drei Fällen wäre ein **völliger Investitionsverzicht** für ihn also besser. □

Das gerade skizzierte einfache Modell einer Unternehmensfinanzierung veranschaulicht recht gut, was man sich "**traditionell**" unter den Aufgaben unternehmerischer Finanzierungsmaßnahmen vorgestellt hat. Als "traditionelle" Ansätze sollen hierbei all die Arbeiten bezeichnet werden, die aus der Zeit **vor** dem bahnbrechenden Beitrag von *Modigliani* und *Miller* (1958) stammen oder - wenn sie nach diesem erschienen sind - der vor *Modigliani* und *Miller* (1958) üblichen

Argumentationsweise verhaftet geblieben sind. Gesucht ist hierbei die unter dem Aspekt der verschiedenen **Transformationsfunktionen** von unternehmerischen Finanzierungsmaßnahmen **optimale** Finanzierungsform. Bei alleiniger Betrachtung von Eigen- und Fremdfinanzierung geht es letztlich um die Bestimmung des **optimalen Verschuldungsgrades**, das heißt des optimalen Verhältnisses von Fremd- zu Eigenfinanzierung, und der **optimalen externen Beteiligungsquote**, also des optimalen Anteils externer Kapitalgeber an den Beteiligungstiteln der Unternehmung. Typischerweise wurde dieser Gedankengang jedoch in den entsprechenden Beiträgen nicht formalisiert, sondern es wurden ad hoc "**plausible**" Konsequenzen etwa einer Variation des Verschuldungsgrades einer Unternehmung beschrieben. Die interessierenden Auswirkungen von Finanzierungsmaßnahmen betrafen überdies in aller Regel nicht direkt die unternehmerische Präferenzposition, sondern man stellte vorwiegend auf die vom Unternehmen zu tragenden **Kapitalkosten** je nach Finanzierungsweise ab.

3 Minimierung der unternehmerischen Kapitalkosten durch geeignete Partenteilung

Bevor beispielhaft ein traditioneller Argumentationsgang beschrieben werden kann, ist zunächst die Zielsetzung der Minimierung der unternehmerischen **Kapitalkosten** zu erläutern. Diese Zielsetzung läßt sich wiederum nur verstehen, wenn man zuvor die Zweckmäßigkeit der Maximierung des **Marktwerts** einer Unternehmung diskutiert hat. Im Anschluß an die Erörterung dieser Grundlagen wird im Abschnitt 3.3 sodann ein Beispiel für eine typische traditionelle Argumentationsweise vorgestellt, wie sie sich etwa noch in *Gutenberg* (1987), S. 208 ff., findet.

3.1 Der Marktwert einer Unternehmung

3.1.1 Definition

Unter dem Marktwert einer Unternehmung versteht man grundsätzlich die **Sum-**

me der Marktwerte **aller** von einer Unternehmung emittierten Finanzierungstitel. Nimmt man vereinfachend an, daß die betrachtete Unternehmung lediglich idealtypische Beteiligungs- und Forderungstitel ausgegeben hat, dann ermittelt sich der Marktwert dieser Unternehmung als Summe der Marktwerte der Beteiligungs- und der Forderungstitel. Entgegen der vielleicht zunächst naheliegenden Vorstellung, den Unternehmenswert allein auf den Marktwert der Beteiligungstitel zu beziehen, ist es also im Rahmen der Finanzierungstheorie üblich, **auch** den Marktwert der **Forderungstitel** bei der Bestimmung des Unternehmenswertes zu berücksichtigen. Tatsächlich erweist sich eine derartige Definition des Marktwertes einer Unternehmung auch als **sachgerecht**. Denn wenn man einen Unternehmer betrachtet, der zum Zweck der Unternehmensfinanzierung Finanzierungstitel an Kapitalgeber verkaufen kann, so wird dieser natürlich allenfalls am **Gesamterlös** aus der Emission der Finanzierungstitel interessiert sein. Mittelzuflüsse realisiert der betreffende Unternehmer aber nicht nur durch die Ausgabe von Beteiligungstiteln an externe Kapitalgeber, sondern natürlich auch durch die Emission von Forderungs- oder sonstigen Finanzierungstiteln. Wenn überhaupt, dann wird der Unternehmer also seine Entscheidungen am **Gesamtwert** aller emittierten Finanzierungstitel, das heißt am **Marktwert der Unternehmung**, ausrichten. Sofern die Investitionsauszahlung noch nicht getätigt ist, wird für den Unternehmer überdies sicherlich nur der **Saldo** aus Unternehmenswert und Investitionsanfangsauszahlung von Bedeutung sein. Dieser Saldo bezeichnet nämlich die dem Unternehmer nach Ausgabe aller Finanzierungstitel und der Initiierung des Investitionsprogramms verbleibenden Gesamterlöse. Man kann ihn auch als **Netto-Marktwert** der Unternehmung bezeichnen. In Abgrenzung hiervon läßt sich der Unternehmenswert vor Abzug der Investitionsanfangsauszahlung als **Brutto-Marktwert** charakterisieren.

Zu klären ist damit nur noch, **wieso** es für den Unternehmer überhaupt von (alleiniger) Bedeutung sein sollte, welche Netto-Gesamterlöse er aus dem Verkauf von Finanzierungstiteln erzielen kann. Insbesondere in Anbetracht der Ausführungen aus Abschnitt 2 wird man doch vermuten, daß für den Unternehmer einzig und allein die durch verschiedene Investitionsprogramme und Finanzierungsformen erreichbaren **Präferenzwerte** entscheidungsrelevant sind. Natürlich ist genau dies auch zutreffend, doch läßt sich unter bestimmten Annahmen zeigen, daß **notwendige Bedingung** für die Erreichung eines Präferenzmaximums des Unternehmers die Realisation des **marktwertmaximierenden** Investitions- und Finanzierungsprogramms ist.

3.1.2 Marktwertmaximierung als notwendige Voraussetzung für unternehmerische Präferenzmaximierung

Grundsätzlich unterscheidet man zwischen Primär- und Sekundärkapitalmarkt. Auf dem **Primärkapitalmarkt** werden **neue** Finanzierungstitel emittiert, auf dem **Sekundärkapitalmarkt** bereits **emittierte** (weiter-) gehandelt. Die Wahl einer (netto-) marktwertmaximierenden Investitions- und Finanzierungsweise bewirkt, daß sich für einen Unternehmer in t = 0 **maximale** Nettoerlöse auf dem Primärkapitalmarkt aus seiner unternehmerischen Tätigkeit ergeben. Mit diesen Nettoerlösen kann der Unternehmer am Sekundärkapitalmarkt prinzipiell künftige zeit- und zustandsabhängige **Konsumpositionen** entsprechend seinen **Präferenzen** erwerben. Anders formuliert, wird durch die Nettoerlöse des Zeitpunktes t = 0 die **Budgetrestriktion** des Unternehmers für seine Handelsmöglichkeiten am Sekundärmarkt festgelegt. Sofern die durch Kapitalmarkthandel für gegebene Vermögensausstattung erreichbaren zeit- und zustandsabhängigen Konsumpositionen nicht durch das unternehmerische Investitions- und Finanzierungsprogramm beeinflußbar sind (sog. **Spanning-Bedingung**), die Preise für den Erwerb von Finanzierungstiteln nicht infolge der bloßen Größe des unternehmerischen Investitions- und Finanzierungsprogramms fluktuieren (sog. **Competitivity-Bedingung**) und auch ansonsten **keine Marktunvollkommenheiten** bestehen, wird den Unternehmer allein dieser maximale Nettoerlös aus seiner unternehmerischen Tätigkeit interessieren. **Unabhängig** von seinen konkreten Präferenzen werden **Zeit- und Risikostruktur** der Einzahlungen der von ihm emittierten Finanzierungstitel für ihn dann hingegen unmittelbar **keine Bedeutung** haben. Diese Finanzierungstitel nämlich muß er selbst ja gar nicht halten. Er kann sie natürlich auch selbst teilweise in sein Portefeuille aufnehmen. Aber auch in diesem Fall hat er letztlich nichts anderes getan, als bestimmte Finanzierungstitel zu erwerben, so daß erneut die für diesen Finanzierungstitelerwerb verfügbaren Nettoerlöse, also der Marktwert der Unternehmung unter Abzug der Investitionsanfangsauszahlung, relevant sind. **Marktwertmaximierendes** Verhalten wird damit bei hinreichend funktionsfähigem Kapitalmarkt zur **notwendigen** Voraussetzung für individuelle **Präferenzmaximierung**, und zwar unabhängig von den konkreten Zeit- und Risikopräferenzen des betrachteten Unternehmers. Es muß lediglich angenommen werden, daß der Unternehmer ceteris paribus mehr Geld stets weniger Geld vorzieht.[7] Die Darstellung aus Abschnitt 2 dieses Kapitels war dementsprechend in dieser Form nur dann zulässig, wenn es den Beteiligten **nicht** möglich war, neben sicherer Mittelanlage zum Zinssatz i **weitere (Sekundär-) Kapitalmarkttransaktionen** durchzuführen.

Beispiel 3.3:

Angenommen, ein mittelloser **Unternehmer** habe in t = 0 die Möglichkeit zur Durchführung eines von zwei alternativen Investitionsprojekten. Projekt 1 liefere nur in t = 1 Rückzahlungen, und zwar im Umfang von 30 Geldeinheiten (GE). Projekt 2 liefere nur in t = 2 Rückzahlungen, und zwar im Umfang von 20 GE. Die erforderliche Anfangsauszahlung für beide Investitionsprojekte beträgt I = 5 GE. Am Kapitalmarkt ist für einen Finanzierungstitel, der in t = 1 zu einer sicheren Einzahlung von 1 GE führt, in t = 0 ein Preis von 0,5 GE zu zahlen. Ein Finanzierungstitel, der nur in t = 2 zu einer sicheren Einzahlung von 1 GE führt, wird in t = 0 zu einem Preis von 0,8 GE gehandelt. **Selbst** wenn der Unternehmer allein an Einzahlungen zum Zeitpunkt t = 1 interessiert ist, lohnt es sich für ihn, **Projekt 2** durchzuführen. Denn damit erzielt er aus dem Verkauf von Finanzierungstiteln in t = 0 Nettoerlöse von 20·0,8-5 = 11 GE, wodurch er sich Einzahlungen von 11/0,5 = 22 GE für den Zeitpunkt t = 1 beschaffen kann. Die Durchführung des Projekts 1 hingegen würde ihm **nur** Einzahlungen

---

[7] Vgl. zur Zielsetzung der Marktwertmaximierung als finanzwirtschaftlicher Entscheidungsregel insbesondere *DeAngelo* (1981), *Makowski* (1983), *Wilhelm* (1983), *Makowski/Pepall* (1985). Siehe überdies auch *Schmidt/Terberger* (1997), S. 55 ff., sowie *Breuer* (1997b).

von 30-5/0,5 = 20 GE in t = 1 ermöglichen. Denn Zahlungen des Zeitpunktes t = 1 in Höhe von 5/0,5 = 10 GE müßte der Unternehmer an Kapitalgeber in t = 0 verkaufen, um die erforderliche Anfangsauszahlung von I = 5 GE für die Durchführung des Projekts 1 zu finanzieren. Analoge Überlegungen führen dazu, daß sich der Unternehmer in der hier beschriebenen Situation für **beliebige Zeitpräferenzen** stets für das Projekt 2 entscheiden wird. Ursache hierfür ist der mit 11 GE gegenüber 10 GE von Projekt 1 **höhere** Netto-Marktwert von Projekt 2.

Bei der Feststellung, daß der Unternehmer Projekt 2 auf jeden Fall der Wahl des Projekts 1 vorzieht, wurden insbesondere **zwei** Sachverhalte **implizit** vorausgesetzt. Zum einen ist wichtig, daß die Menge der am Markt käuflich erwerbbaren Konsumpositionen **nicht** durch die unternehmerische Entscheidung selbst beeinflußt werden kann. Konkret bedeutet dies unter anderem, daß es dem Unternehmer auch bei Durchführung des Projekts 2 möglich sein muß, Konsumpositionen für den Zeitpunkt t = 1 aufzubauen. Sollte die **einzige** Möglichkeit zum Erreichen von Einzahlungen im Zeitpunkt t = 1 in der Durchführung des Projekts 1 bestehen, wird diese Wahl natürlich für einen allein an Konsum in t = 1 interessierten Unternehmer stets optimal sein. Unternehmerische Entscheidungen dürfen also nicht gänzlich **neue**, ansonsten am Kapitalmarkt nicht verfügbare Konsumpositionen ermöglichen, soll eine Orientierung am Kriterium der Marktwertmaximierung für **beliebige** Zeit- und Risikopräferenzen des Unternehmers gerechtfertigt werden können. Dies ist die bereits erwähnte **Spanning-Bedingung**.

Zum anderen dürfen die **Preise** für Finanzierungstitel **nicht** von den unternehmerischen Entscheidungen selbst abhängen. Sofern etwa der oben genannten Preis von 0,5 GE für 1 GE Einzahlung in t = 1 nur im Falle der Durchführung des Projekts 1 gilt und bei Durchführung des Projekts 2 mit 0,9 GE als Preis für Einzahlungen in t = 1 zu rechnen ist, wird sich der Unternehmer bei alleinigem Interesse an Konsum in t = 1 ebenfalls für **Projekt 1** entscheiden, obwohl der Netto-Marktwert dieses Projekts mit 30·0,5-5 = 10 GE (weiterhin) geringer als der von Projekt 2 mit 20·0,8-5 = 11 GE ist. Dies ist ein Beispiel für eine Verletzung der bereits weiter oben genannten **Competitivity-Bedingung**. Die unternehmerischen Entscheidungen dürfen nur so geringe Bedeutung für den gesamten Kapitalmarkt haben, daß sie **keinerlei** Preisreaktionen auslösen. □

Insbesondere bei Investitionen, die **nicht** als derart **innovativ** zu bezeichnen sind, daß sie mit der Möglichkeit zur Realisierung völlig neuer zeit- und zustandsabhängiger Zahlungsströme einhergehen, und deren **Umfang** insofern **begrenzt** ist, als ihre Durchführung zu keinen Preisreaktionen am Kapitalmarkt führt, kommt deswegen bei Existenz **funktionsfähiger** Märkte zum Handel von Finanzierungstiteln eine Orientierung unternehmerischer Entscheidungen am **Marktwertkriterium** in Betracht.

3.2 Unternehmerische Kapitalkosten und deren Minimierung als finanzwirtschaftliche Entscheidungsregel[8]

In einem engen Zusammenhang zum Marktwert einer Unternehmung stehen die unternehmerischen **Kapitalkosten**. Unter einem **Kapitalkostensatz** versteht man den von den betreffenden Kapitalgebern geforderten **Erwartungswert** der Verzinsung, der ihnen **mindestens** für die Mittelüberlassung zu gewähren ist.[9] Diese Verzinsungsforderung wird sich dabei insbesondere an der Zeit- und Risikostruktur der (unsicheren) Rückzahlungen seitens des Unternehmers orientieren. Sofern man von einer Konkurrenzsituation zwischen vielen verschiedenen potentiellen Kapitalgebern ausgeht, entspricht der **Kapitalkostensatz** der im Gleichgewicht tatsächlich auf die überlassenen Mittel gewährten **erwarteten Verzinsung**. Denn wenn die auf einen Finanzierungstitel erzielbare erwartete Rendite **unter** dem Kapitalkostensatz liegt, wird der Finanzierungstitel nicht nachgefragt. Ist die erwartete Rendite hingegen **höher** als der maßgebliche Kapitalkostensatz, dann wird ein **Nachfrageüberschuß** nach diesem Finanzierungstitel bestehen, der es dem Unternehmer ermöglicht, den entsprechenden Finanzierungstitel zu einem

---

8 Vgl. zum folgenden insbesondere auch *Breuer* (1998a).

9 Vgl. beispielsweise *Breuer* (1994), S. 819. Siehe auch *Hax* (1993a), S. 434 ff.

höheren Preis zu veräußern.

Je nachdem, ob die überlassenen Mittel durch Ausgabe von Forderungs- oder Beteiligungstiteln beschafft wurden, lassen sich **Fremd-** und **Eigenkapitalkostensätze** unterscheiden. Betrachtet man die auf alle überlassenen Mittel zu gewährende erwartete Verzinsung, so spricht man vom sogenannten **Gesamtkapitalkostensatz** oder **durchschnittlichen Kapitalkostensatz** der Unternehmung.

Besonders leicht läßt sich der Zusammenhang zwischen Kapitalkostensätzen und Unternehmenswerten im Rahmen einer reinen **Zwei-Zeitpunkte-Betrachtung** analysieren. Sei $V^{(f)}$ der Marktwert des emittierten Finanzierungstitels f in $t = 0$ und $\bar{z}_1^{(f)} \equiv E(\tilde{z}_1^{(f)})$ die erwartete Rückzahlung (inclusive Zinsen) auf diesen Titel in $t = 1$. Dann erzielt der Inhaber des Finanzierungstitels eine **erwartete Rendite** von

$$\bar{r}^{(f)} = \frac{\bar{z}_1^{(f)} - V^{(f)}}{V^{(f)}} = \frac{\bar{z}_1^{(f)}}{V^{(f)}} - 1. \tag{3.6}$$

Man berechnet die erwartete Rendite, indem man vom erwarteten Rückzahlungsbetrag in $t = 1$ den Kaufpreis des Finanzierungstitels in $t = 0$ abzieht und diese **Differenz** ins Verhältnis setzt zum geleisteten Kaufpreis. Die so ermittelte erwartete Rendite $\bar{r}^{(f)}$ stimmt gemäß der oben angeführten Begründung im Marktgleichgewicht bei Konkurrenz zwischen den Kapitalgebern mit dem entsprechenden **Kapitalkostensatz** $r^{(f)}$ für die Mittelaufnahme über den Finanzierungstitel f überein. Löst man (3.6) nach dem **Marktwert** $V^{(f)}$ des betrachteten Finanzierungstitels auf, resultiert mit $\bar{r}^{(f)} = r^{(f)}$:

$$V^{(f)} = \frac{\bar{z}_1^{(f)}}{1 + r^{(f)}}. \tag{3.7}$$

Gemäß (3.7) ergibt sich damit der Marktwert des betrachteten Finanzierungstitels als ein **Kapitalwert**, bei dem man die erwarteten Einzahlungen auf diesen Titel mit dem adäquaten Kapitalkostensatz abzinst.[10] **Kapitalkostensätze** können damit auch als **Diskontierungsfaktoren** für die erwarteten Einzahlungsüberschüsse auf einen Finanzierungstitel zur Ermittlung von dessen Marktwert interpretiert werden. Im Abschnitt 3.1 wurde dargelegt, unter welchen Bedingungen es für einen Unternehmer sinnvoll sein kann, durch seine Finanzierungs- und Investitionsentscheidungen den Marktwert der Unternehmung zu maximieren. Im Zwei-Zeitpunkte-Fall gilt für den Marktwert V_U einer Unternehmung und den zugehörigen Gesamtkapitalkostensatz[11] r eine zu (3.7) entsprechende Beziehung. Bei **gegebener** Investitionsentscheidung liegt der **Erwartungswert** der Zahlungen $\tilde{z}_1$ auf alle Finanzierungstitel mit $\bar{z}_1 \equiv E(\tilde{z}_1)$ **fest**, da der ungewisse Einzahlungsüberschuß $\tilde{z}_1$ aus der unternehmerischen Tätigkeit komplett auf die Finanzierungstitel verteilt wird. Für **gegebenes** $\bar{z}_1$ ist die Maximierung von V_U augenscheinlich identisch zur **Minimierung** von r, also dem durchschnittlichen Kapitalkostensatz der Unternehmung. Auf diese Weise läßt sich **Kapitalkostenminimierung** als sinnvolle unternehmerische Zielsetzung beim Treffen von Finanzierungsentscheidungen rechtfertigen.

Die Argumentation mit Kapitalkostenminimierung hat dabei den **Vorteil**, daß sie sich in die gängige Denkweise im Rahmen der Kosten- und Leistungsrechnung einfügt und daher in der Unternehmenspraxis unter Umständen als **anschaulicher** als Marktwertkalküle angesehen wird. Schon bei dieser einfachen Zwei-Zeitpunkte-Betrachtung wird jedoch deutlich, daß die **Äquivalenz** zwischen den Zielsetzungen der Marktwertmaximierung und der Kapitalkostenminimierung bereits dann **nicht** mehr stets gegeben ist, wenn durch unternehmerische Entscheidungen die ungewissen Einzahlungen $\tilde{z}_1$ beeinflußt werden können.

---

[10] Vgl. auch etwa *Hax* (1993b), Sp. 1079.

[11] Im Gegensatz zur Schreibweise "V_U" braucht für den Gesamtkapitalkostensatz nicht "r_U" angesetzt zu werden, da eine Verwechslungsgefahr mit anderen Symbolen durch das Weglassen des Indexes "U" hierbei nicht besteht. Die Schreibweise "V" für den Unternehmenswert hingegen reicht nicht aus, weil mit V die im nächsten Kapitel eingeführte Marktbewertungsfunktion für Zahlungsströme bezeichnet wird.

Weitere **Schwierigkeiten** mit dem Ziel der Kapitalkostenminimierung ergeben sich im Rahmen eines Mehr-Perioden-Kontexts. Mit $\tilde{z}_t^{(f)}$ als den ungewissen Zahlungen auf einen Finanzierungstitel in den Zeitpunkten t = 1, 2, ..., T kann man den zugehörigen **Kapitalkostensatz** $r^{(f)}$ im Marktgleichgewicht bei Konkurrenz charakterisieren als die **erwartete Effektivrendite** auf den Finanzierungstitel, das heißt als denjenigen **Kalkulationszinsfuß**, bei dem der Kapitalwert der erwarteten Zahlungen $\bar{z}_t^{(f)}$ gerade dem Marktwert $V^{(f)}$ des Finanzierungstitels **entspricht**:

$$V^{(f)} = \sum_{t=1}^{T} \frac{\bar{z}_t^{(f)}}{(1+r^{(f)})^t}$$

$$\Leftrightarrow \sum_{t=1}^{T} \frac{\bar{z}_t^{(f)}}{(1+r^{(f)})^t} - V^{(f)} = 0. \tag{3.8}$$

Ein Kapitalkostensatz ist damit nichts anderes als ein **interner Zinsfuß**[12] einer Zahlungsreihe, die aus $-V^{(f)}$ und den erwarteten Einzahlungen $\bar{z}_t^{(f)}$ (t = 1, 2, ..., T) besteht.[13]

---

[12] Vgl. zum Begriff des internen Zinsfußes z.B. *Hax* (1993c), S. 15, oder *Kruschwitz* (1995a), S. 91.

[13] Genaugenommen kann man im **Mehr-Perioden-Kontext** bei einer gegebenen Finanzierungsmaßnahme für **jede** einzelne Periode einen zugehörigen Kapitalkostensatz ermitteln. Präziser formuliert bezeichnet $r^{(f)}$ insofern den **durchschnittlichen** Kapitalkostensatz der Finanzierungsmaßnahme über **alle** Perioden. Unter dem Aspekt der Kapitalkostenminimierung hilft die differenzierte Betrachtung von mehreren Ein-Perioden-Kapitalkostensätzen bei gegebener Finanzierungsmaßnahme jedoch nicht weiter. Deswegen werden im weiteren in diesem Sinne stets nur "durchschnittliche" Kapitalkostensätze von Finanzierungsformen betrachtet, und es wird die Qualifizierung als "durchschnittlich" **unterdrückt**, um **Verwechslungen** mit dem unternehmerischen Gesamtkapitalkostensatz zu vermeiden. Denn letzterer ist schon im Ein-Perioden-Fall ein "**durchschnittlicher**" Kapitalkostensatz, wobei die Durchschnittsbildung hierbei aber über die verschiedenen Kapitalkostensätze der einzelnen Finanzierungsteilmaßnahmen erfolgt.

Beispiel 3.4:

Angenommen, ein Beteiligungstitel ist mit erwarteten Einzahlungen von 100 GE in t = 1 und von 140 GE in t = 2 verbunden. Bei einem Preis dieses Beteiligungstitels von 200,89 GE beläuft sich der zugehörige **Kapitalkostensatz** auf ungefähr 12 %, denn es gilt:

$$200{,}89 \approx \frac{100}{1{,}12} + \frac{140}{1{,}12^2}. \tag{3.9}$$

Betrüge der Preis des Beteiligungstitels hingegen **nur** 192,82 GE, ergäbe sich ein Kapitalkostensatz von etwa 15 %. □

Aus der Investitionstheorie ist bekannt, daß interne Zinsfüße im Mehr-Perioden-Fall **nicht** unbedingt **eindeutig** sein müssen. Tatsächlich kann es sogar sein, daß Gleichung (3.8) über **gar keine** Lösung verfügt. Um überhaupt **sinnvoll** Kapitalkostenbetrachtungen (inclusive der zugehörigen Marktgleichgewichtsüberlegungen) anzustellen, müssen - wie bisher implizit ohnehin geschehen - **Existenz** und **Eindeutigkeit** der betrachteten Kapitalkostensätze stets vorausgesetzt werden können. Grundsätzlich kann hiervon nur unter bestimmten **Zusatzbedingungen** ausgegangen werden. Zu nennen ist vor allem der Fall, daß eine sogenannte "**Normalinvestition**" vorliegt. Eine solche ist dann gegeben, wenn die Zahlungsreihe, für die ein interner Zinsfuß bestimmt werden soll, über **genau einen Vorzeichenwechsel** verfügt.[14] Da $V^{(f)}$ mit **negativem** Vorzeichen eingeht, liegt im Zusammenhang mit (3.8) eine Normalinvestition insbesondere dann vor, wenn **alle** erwarteten Einzahlungen $\bar{z}_t^{(f)}$ (t = 1, 2, ..., T) nicht-negativ sind und **wenigstens eine** dieser erwarteten Einzahlungen größer als Null ist. **Hinreichend** für die Erfüllung dieser Bedingung ist, daß der Inhaber des jeweiligen Finanzierungstitels in späteren Zeitpunkten auf **keinen** Fall irgendwelche **Nachschüsse** an die Unternehmung leisten muß. Stellt man unter einer derartigen Voraussetzung

---

14 Es sind noch leicht schwächere allgemeine Bedingungen bekannt, die die Existenz und Eindeutigkeit interner Zinsfüße gewährleisten. Insbesondere genügt das Vorliegen einer sogenannten **regulären Investition**. Vgl. hierzu z.B. *Franke/Hax* (1994), S. 175 f.

den Kapitalwert $\kappa^{(f)}$ der Zahlungsreihe $-V^{(f)}$, $\bar{z}_1^{(f)}$, $\bar{z}_2^{(f)}$, ..., $\bar{z}_T^{(f)}$ für verschiedene Kalkulationszinsfüße $\eta^{(f)}$ dar, betrachtet also die Funktion

$$\kappa^{(f)}(\eta^{(f)}) \equiv -V^{(f)} + \sum_{t=1}^{T} \frac{\bar{z}_t^{(f)}}{(1+\eta^{(f)})^t}, \tag{3.10}$$

so schneidet die resultierende **Kapitalwertkurve** die Abszisse im Bereich $\eta^{(f)} > -1$ nur einmal, und zwar von links oben nach rechts unten.[15] Diese Nullstelle $\eta^{(f)} = r^{(f)}$ beschreibt gerade den für Finanzierungstitel f relevanten Kapitalkostensatz. Ein entsprechender Zusammenhang gilt natürlich **auch** für die Existenz und Eindeutigkeit des **Gesamtkapitalkostensatzes r** einer Unternehmung, der sich generell als Lösung folgender Gleichung für η präsentiert:

$$\kappa(\eta) \equiv -V_U + \sum_{t=1}^{T} \frac{\bar{z}_t}{(1+\eta)^t} = 0. \tag{3.11}$$

Die jeweilige **Kapitalwertkurve** $\kappa(\eta)$ ist unter der Annahme der Normalinvestitionseigenschaft aller Zahlungsreihen $-V_U$, $\bar{z}_1$, $\bar{z}_2$, ..., $\bar{z}_T$ mit $V_U > 0$ schematisch in *Abbildung 3.1* auf der folgenden Seite für zwei verschiedene Wert von V_U dargestellt. In diesem Kontext erkennt man unmittelbar, daß sich erneut eine **Äquivalenz** von Kapitalkostenminimierung und Marktwertmaximierung bei unternehmerischen Finanzierungsentscheidungen folgern läßt. Denn eine Erhöhung von V_U führt ceteris paribus zur **Verschiebung** der Kapitalwertkurve nach **unten**, so daß die **Nullstelle** der Kapitalwertkurve, also der Gesamtkapitalkostensatz der Unternehmung, sich **verringert**.

---

15 Für Kalkulationszinsfüße kleiner als -1 kann es **weitere** Schnittpunkte mit der Abszisse geben, so daß die behauptete Eindeutigkeit des Kapitalkostensatzes einer Finanzierungsmaßnahme im Mehr-Perioden-Problem sich genaugenommen auf die **Betrachtung** von Diskontierungsfaktoren $\boldsymbol{\eta^{(f)} > -1}$ beschränkt. Unabhängig von den **Interpretationsproblemen**, die sich bei Kalkulationszinsfüßen kleiner als -1 ergeben, ist gemäß den folgenden Ausführungen die **Betrachtungsverengung** auf Nullstellen $\eta^{(f)} > -1$ jedoch ohnehin insofern völlig **unproblematisch**, als marktwertmaximierende unternehmerische Finanzierungsentscheidungen hiermit gewährleistet werden können.

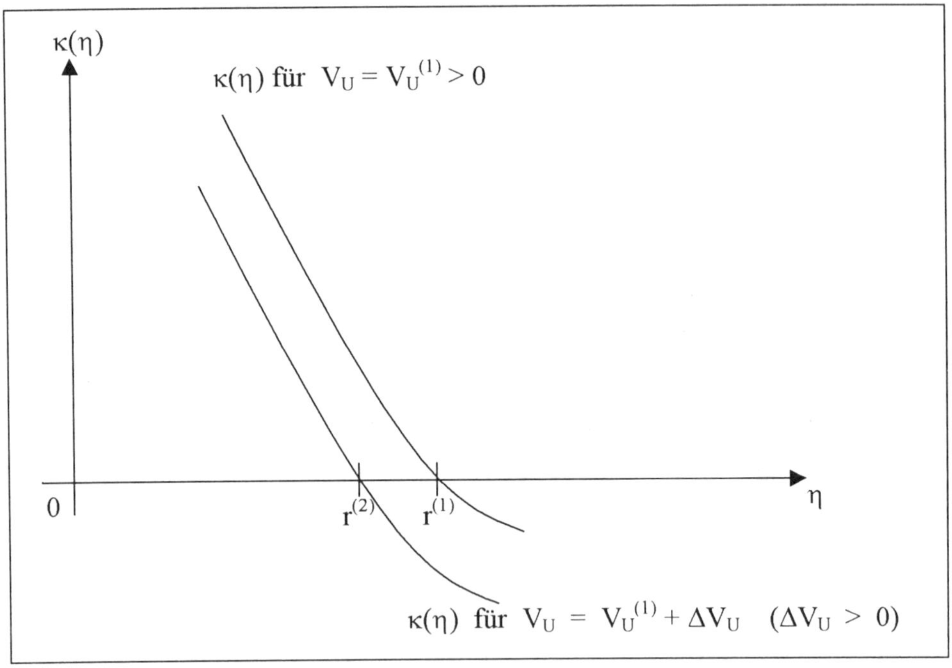

Abbildung 3.1: Zusammenhang zwischen Marktwertmaximierung und Kapitalkostenminimierung bei Normalinvestitionen

Zu beachten ist, daß auch hier wieder die **Marktwertmaximierung** die **geeignetere** und insbesondere in **allgemeinerer** Form anwendbare Zielkonzeption für unternehmerische Entscheidungen darstellt. Überdies ist darauf hinzuweisen, daß sich zwar unter bestimmten Bedingungen die Zielsetzung der Minimierung des unternehmerischen Gesamtkapitalkostensatzes als **adäquat** erweist. Auf jeden Fall sehr **problematisch** ist es aber, nur eine **Partialbetrachtung**, etwa in Form der Minimierung des Fremdkapitalkostensatzes bei Auswahl verschiedener Fremdfinanzierungsmöglichkeiten, durchzuführen. Da verschiedene Formen der Fremdfinanzierung mit verschiedenen Einzahlungen auf Forderungstitel einhergehen werden, läßt die Minimierung des Fremdkapitalkostensatzes grundsätzlich noch nicht einmal einen Schluß auf die Maximierung des Marktwertes der Forderungstitel zu. Aber selbst wenn es zu einer Maximierung des Marktwertes der Forderungstitel käme, ist eine abschließende **Beurteilung** der Zweckmäßigkeit verschiedener Formen der Fremdfinanzierung sicherlich **nicht** möglich, **ohne** die sich daraus ergebenden Konsequenzen für den Marktwert der Beteiligungstitel der Unternehmung zu berücksichtigen.[16]

Zusammenfassend erhält man, daß eine Orientierung unternehmerischer Finanzierungsentscheidungen am Kriterium der Minimierung des **durchschnittlichen Kapitalkostensatzes** nur unter bestimmten Bedingungen unproblematisch ist, in denen es mit der **Maximierung** des **Marktwertes** der Unternehmung einhergeht. Unproblematisch ist insbesondere der einfache **Zwei-Zeitpunkte-Fall**. Für diesen soll nun im nächsten Abschnitt eine typische **traditionelle** Argumentation zur Ermittlung eines **optimalen Verschuldungsgrades** über Kapitalkostenüberlegungen im Zusammenhang mit der Transformationsfunktion von Finanzierungsmaßnahmen vorgestellt werden. Der **Verschuldungsgrad** ρ einer Unternehmung ergibt sich in diesem Kontext als Verhältnis von Marktwert $V^{(FK)}$ der Forderungstitel einer Unternehmung zum Marktwert $V^{(EK)}$ ihrer Beteiligungstitel.

3.3 Traditioneller Ansatz zur Kapitalkostenminimierung über geeignete Verschuldungsgradwahl

Wenn man mit Hilfe einer geeigneten Wahl des Verschuldungsgrades den durchschnittlichen Kapitalkostensatz der Unternehmung minimieren will, ist es hilfreich, zunächst den Zusammenhang zwischen **Eigen-** und **Fremdkapitalkostensatz** einerseits sowie **Gesamtkapitalkostensatz** andererseits näher zu klären. Bei Beschränkung auf idealtypische Eigen- und Fremdfinanzierung ergibt sich der Marktwert V_U eines Unternehmens als Summe der Marktwerte der emittierten Beteiligungstitel, $V^{(EK)}$, und der emittierten Forderungstitel, $V^{(FK)}$. Analog zu Gleichung (3.7) läßt sich in der Zwei-Zeitpunkte-Betrachtung zwischen den erwarteten Einzahlungen $\bar{z}_1^{(EK)}$ und $\bar{z}_1^{(FK)}$ auf Beteiligungs- und Forderungstitel,

---

[16] Vgl. hierzu auch die **Fallstudie** in *Breuer* (1995b). Dort wird das Problem der isolierten Fremdkapitalkostenminimierung als unzulässiger "**mittelbarer Parametervergleich**" interpretiert. Dieser Begriff wurde von *Franke* (1978) geprägt.

deren Marktwerten und den zugehörigen Kapitalkostensätzen $r^{(EK)}$ sowie $r^{(FK)}$ folgender **Zusammenhang** festhalten:

$$V^{(EK)} = \frac{\bar{z}_1^{(EK)}}{1+r^{(EK)}},$$
$$V^{(FK)} = \frac{\bar{z}_1^{(FK)}}{1+r^{(FK)}}. \tag{3.12}$$

In Entsprechung zu (3.6) kann der Gesamtkapitalkostensatz r (im Gleichgewicht) als Quotient $(\bar{z}_1 - V_U)/V_U$ dargestellt werden. Infolge von $\bar{z}_1 = \bar{z}_1^{(EK)} + \bar{z}_1^{(FK)}$ und $V_U = V^{(EK)} + V^{(FK)}$ ist damit letztlich folgende Umformung möglich:

$$\begin{aligned} r &= \frac{\bar{z}_1}{V_U} - 1 \\ &= \frac{\bar{z}_1^{(EK)} + \bar{z}_1^{(FK)}}{V_U} - 1 \\ &= \frac{(1+r^{(EK)}) \cdot V^{(EK)} + (1+r^{(FK)}) \cdot V^{(FK)}}{V_U} - 1 \\ &= \frac{r^{(EK)} \cdot V^{(EK)} + r^{(FK)} \cdot V^{(FK)}}{V_U}. \end{aligned} \tag{3.13}$$

Der **durchschnittliche Kapitalkostensatz** einer Unternehmung ergibt sich also im Rahmen einer Zwei-Zeitpunkte-Betrachtung sehr anschaulich als **gewogenes arithmetisches Mittel** des Eigen- und des Fremdkapitalkostensatzes. Als jeweiliges **Gewicht** dient dabei der Anteil des Marktwertes der Beteiligungstitel bzw. der Forderungstitel am Unternehmensgesamtwert. Man bezeichnet diese Anteile auch als **Eigen-** bzw. **Fremdkapitalquote.**[17] So intuitiv naheliegend dieser Zusammenhang auch sein mag, läßt er sich doch **nicht** ohne weiteres auf Mehr-Perioden-Betrachtungen übertragen.[18]

Auf dieser Grundlage könnte in Anlehnung an *Gutenberg* (1987), S. 208 ff., eine traditionelle Argumentation etwa wie folgt lauten: Ausgehend von einem Verschuldungsgrad von Null, das heißt dem Fall reiner Eigenfinanzierung, wird es sich lohnen, das wegen seiner Risikoträchtigkeit **relativ teure** Eigenkapital durch das wegen fehlender Ausfallgefahr **günstigere** Fremdkapital zu ersetzen und auf diese Weise den Gesamtkapitalkostensatz gemäß (3.13) zu **verringern**. Mit **wachsendem** Umfang der Fremdfinanzierung, also wachsendem Verschuldungsgrad, wird jedoch irgendwann ein Punkt erreicht, ab dem das **Ausfallrisiko** für die Gläubiger und auch für die Eigenkapitalgeber **spürbar** wird. Die bis dahin konstanten Eigen- und Fremdkapitalkostensätze werden anfangen zu **steigen**,[19]

---

17 Zu beachten ist, daß beide Größen - wie auch viele noch folgende - hier **marktwertorientiert** definiert sind und nicht bilanzorientiert, wenngleich letzteres in der Unternehmenspraxis häufig üblich ist. Augenscheinlich gelangt man im Rahmen des hier behandelten Kontextes jedoch zu einer marktwertorientierten Sichtweise dieser Kenngrößen. Auf das Verhältnis zwischen bilanzorientierter und marktwertorientierter Betrachtung wird auch im fünften Kapitel nochmals in einem anderen Zusammenhang zurückzukommen sein.

18 Grundsätzlich gibt es **nur** noch ein wichtiges Szenario, für das sich der durchschnittliche Kapitalkostensatz einer Unternehmung als gewogenes Mittel von Eigen- und Fremdkapitalkostensatz darstellen läßt. Dies ist dann der Fall, wenn für alle $t = 1, 2, 3, \ldots$ jeweils gleichbleibende erwartete Einzahlungen auf die Beteiligungs- und Forderungstitel erfolgen, also bei der Betrachtung **ewiger Renten** hinsichtlich der erwarteten Einzahlungen pro Zeitpunkt. Vgl. hierzu z.B. *Hax* (1993c), S. 158 f.

19 Der Verschuldungsgrad, ab dem der Eigenkapitalkostensatz zu wachsen beginnt, muß natürlich **nicht** mit dem übereinstimmen, ab dem der Fremdkapitalkostensatz anfängt, sich zu erhöhen. Bei *Gutenberg* (1987), S. 212, etwa fängt der Eigenkapitalkostensatz **vor** dem Fremdkapitalkostensatz zu steigen an. Entsprechend wurde die Darstellung in *Abbildung 3.2* gewählt. Letzten Endes ist das aber für die Präsentation des Grundgedankens **unerheblich**.

so daß sich eine **weitere** Substitution von Eigen- durch Fremdkapital schließlich als **nicht** mehr lohnenswert erweist (vgl. *Abbildung 3.2*). Der so erreichte **Verschuldungsgrad** mit minimalen Kapitalkosten maximiert im Rahmen einer Zwei-Zeitpunkte-Betrachtung zugleich den Unternehmenswert und kann deswegen als "**optimal**" bezeichnet werden.

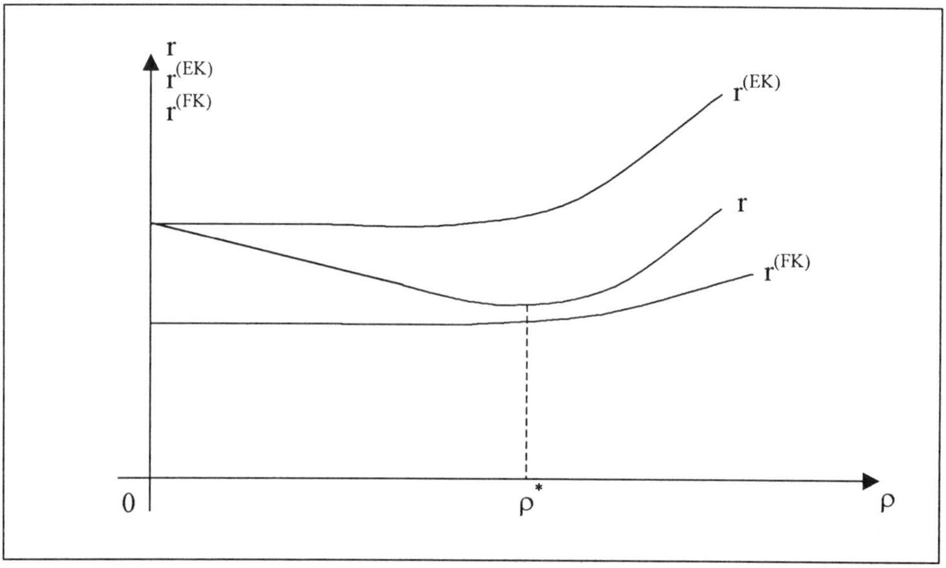

Abbildung 3.2: Kapitalkostenverlauf bei einer typischen traditionellen Argumentation (vgl. *Gutenberg* (1987), S. 212)

Auch in dieser auf **Kapitalkostenüberlegungen** abstellenden Argumentation spielen die **Präferenzen** der Beteiligten und damit die Transformationsfunktion von Finanzierungsmaßnahmen eine entscheidende Rolle. Im Gegensatz zu dem formalen Ansatz aus Abschnitt 2 hat die gerade vorgestellte Argumentation allerdings den Nachteil eines ausgeprägten **Ad-hoc-Charakters**: Die konkreten **Hintergründe**, insbesondere zu den Präferenzen der Beteiligten, bleiben weithin **ungeklärt**. Der **Vorteil** der obigen Argumentation ist jedoch in ihrer größeren **Anschaulichkeit** zu sehen. Zwar ist der Ansatz aus Abschnitt 2 tatsächlich viel eher als die verbale Argumentation dieses Abschnitts zur Herleitung konkreter Handlungsempfehlungen geeignet, doch wird vielen Entscheidungsträgern die

verbal-graphische Argumentation anhand von *Abbildung 3.2* **leichter zugänglich** und **praxisrelevanter** erscheinen. Sollte auch der Leser dieser Ansicht sein, so kann er sich ja einmal fragen, welchen Verschuldungsgrad eine Unternehmung denn wählen sollte: 50 %, 100 % oder 200 %? *Abbildung 3.2* wird ihm hierbei sicherlich **keinerlei** Hilfe geben. **Operational**, das heißt anwendbar, wird die Idee der Ermittlung eines optimalen Verschuldungsgrades einer Unternehmung über Kapitalkostenüberlegungen erst, wenn man die **Entwicklung** von Eigen- und Fremdkapitalkostensatz einer Unternehmung in Abhängigkeit vom Verschuldungsgrad ρ näher **quantifizieren** kann. Zu diesem Zweck kommt einerseits ein Rückgriff auf **empirische Untersuchungen** mit all den hiermit einhergehenden Problemen in Frage. Andererseits kann man versuchen, grundsätzliche **theoretische Überlegungen** zum Verlauf unternehmerischer Kapitalkostensätze in Abhängigkeit vom Verschuldungsgrad anzustellen. Für die Höhe dieser Kapitalkostensätze sind dabei die **Präferenzen** der potentiellen Kapitalgeber einer Unternehmung und damit letztlich das **Geschehen** auf dem **Kapitalmarkt** maßgeblich. Die Argumentation aus diesem Abschnitt 3.3 kann daher erst dann praktische Bedeutung gewinnen, wenn man die **Einbettung** der unternehmerischen Tätigkeit in den **Kapitalmarktkontext** explizit berücksichtigt. Genau an dieser Stelle setzt der bereits mehrfach erwähnte Beitrag von *Modigliani* und *Miller* (1958) an, auf den im nächsten Kapitel einzugehen ist.

4 Zusammenfassung

Im Rahmen dieses Kapitels wurde die **traditionelle Interpretation** von unternehmerischen Finanzierungsentscheidungen im Sinne von Maßnahmen zur Partenteilung präsentiert. Im Mittelpunkt steht hierbei der Gedanke, daß verschiedene Finanzierungsformen zu einer unterschiedlichen Zerlegung des Gesamtzahlungsstroms einer Unternehmung in Teilkomponenten, sogenannte **Parten**, führen. Diese Aufteilung sollte generell entsprechend den **Zeit- und Risikopräferenzen** der Beteiligten erfolgen, um eine ***pareto*-effiziente Konsumallokation** zu gewährleisten. Hat der Unternehmer Zugang zu einem **funktionsfähigen (Sekundär-) Kapitalmarkt**, auf dem er im Rahmen seiner vorhandenen Anfangsausstattung beliebige zeit- und zustandsabhängige Zahlungsströme erwerben kann, vereinfacht sich sein Entscheidungsproblem insofern, als seine **eigenen Präferenzen** für die Bestimmung einer optimalen Form der Unternehmensfinanzierung grundsätzlich **bedeutungslos** werden. Vielmehr ist unter dieser Voraussetzung eine solche Art und Weise der Unternehmensfinanzierung zu realisieren, daß sich für den Unternehmer insgesamt **maximale Erlöse** aus der Emission von Finanzierungstiteln ergeben.

Im Zusammenhang mit der Diskussion des Gedankens maximaler Emissionserlöse wurden zugleich die zentralen finanzwirtschaftlichen Begriffe "**Marktwert einer Unternehmung**" und "**Kapitalkostensatz einer Finanzierungsmaßnahme**" eingeführt. Unter dem **Marktwert einer Unternehmung** versteht man die Summe der Marktwerte aller von einer Unternehmung emittierten Finanzierungstitel. Der **Kapitalkostensatz** einer Finanzierungsmaßnahme gibt den im Rahmen dieser Finanzierungsmaßnahme mindestens zu gewährenden Erwartungswert der Verzinsung an, um die Kapitalgeber zur Mittelüberlassung zu bewegen. Je nach der betrachteten Finanzierungsmaßnahme lassen sich verschiedene Kapitalkostensätze unterscheiden. Von besonderer Bedeutung für unternehmerische Entscheidungen sind **Eigen-** und **Fremdkapitalkostensätze** einer- und **Gesamtkapitalkostensätze** andererseits. Unter bestimmten Bedingungen läßt sich aus der **Maximierung** des Unternehmenswertes das Streben nach der **Minimierung** des Gesamtkapitalkostensatzes einer Unternehmung als **adäquates** Ziel von Finanzierungsentscheidungen herleiten. Zuletzt wurde auf der Grundlage dieser Zusammenhänge beispielhaft eine **verbal-graphische** Argumentation zur Ermittlung des kapitalkostenminimierenden und damit **optimalen Verschuldungsgrades** einer Unternehmung präsentiert. **Praktische** Bedeutung können Kapitalkostenüberlegungen jedoch erst gewinnen, wenn man den **Kapitalkostenverlauf** in Abhängigkeit vom unternehmerischen Verschuldungsgrad unter **expliziter** Berücksichtigung der **Kapitalmarktgegebenheiten** näher spezifiziert. Auf diesen Gedanken wird im nächsten Kapitel eingegangen.

IV. *Modigliani/Miller* (1958) und die Irrelevanz von Finanzierungsentscheidungen

Der Beitrag von *Modigliani* und *Miller* aus dem Jahre 1958 wird in der Literatur häufig als **Beginn** der modernen Finanzierungstheorie schlechthin bezeichnet. Tatsächlich kann die Bedeutung dieses Beitrags für alle nachfolgenden Diskussionen finanzierungstheoretischer Fragen **kaum überschätzt** werden.

Die Überlegungen von *Modigliani* und *Miller* lassen sich dabei ohne weiteres als **Fortführung** der im vorhergehenden Kapitel im Abschnitt 3 präsentierten Überlegungen zur Kapitalkostenminimierung mittels adäquater Verschuldungsgradwahl interpretieren. Im folgenden **Abschnitt 1** werden zunächst die Konsequenzen einer Verschuldungsgradvariation für den Marktwert einer Unternehmung im Ansatz von *Modigliani* und *Miller* dargelegt. Im **Abschnitt 2** können auf dieser Grundlage die Verläufe von unternehmerischen Eigen-, Fremd- und Gesamtkapitalkostensätzen in Abhängigkeit des Verschuldungsgrades ρ einer Unternehmung hergeleitet werden. **Abschnitt 3** dient der Modelldiskussion. Das Kapitel schließt mit einer kurzen Zusammenfassung im **Abschnitt 4**.

1 Die Irrelevanz von Verschuldungsgradvariationen für den Unternehmenswert gemäß *Modigliani/Miller* (1958)

1.1 Die Annahmen

Für den Irrelevanznachweis dieses Abschnitts 1 wird grundsätzlich von einer **Zwei-Zeitpunkte-Betrachtung**[1] im Rahmen eines **vollkommenen** Kapitalmarktes ausgegangen. In der Literatur finden sich zahlreiche Vorschläge zur Charak-

---

[1] Im Originalbeitrag von *Modigliani* und *Miller* (1958) wird ein **unendlicher** Zeithorizont unterstellt. Die wesentlichen Zusammenhänge lassen sich aber auch im Rahmen der hier unterstellten einfacheren **Zwei-Zeitpunkte-Betrachtung** darlegen.

terisierung vollkommener Kapitalmärkte.[2] Als wesentlich dürften die folgenden drei **Eigenschaften** angesehen werden können:

1) **Rationalverhalten** aller Marktteilnehmer,
2) **Mengenanpasserverhalten** aller Marktteilnehmer und
3) Abwesenheit von **Informations-** und sonstigen **Transaktionskosten** inclusive Steuern.

Eigenschaft 1) bedeutet, daß jeder Entscheidungsträger unter mehreren zur Auswahl stehenden Handlungsalternativen stets diejenige wählt, die für ihn zum **höchsten** Zielerreichungsgrad führt. Die Präferenzen der Marktteilnehmer brauchen dabei im weiteren nicht allzu genau spezifiziert zu werden. Es genügt die Annahme, daß jedes Subjekt ceteris paribus zusätzliche Einzahlungen in einem beliebigen Umweltzustand als vorteilhaft ansieht, also generell **mehr** Geld weniger Geld **vorzieht**. Gemäß 2) geht jeder Entscheider davon aus, daß er durch seine Transaktionen die **Preise** für Finanzierungstitel auf dem Kapitalmarkt **nicht** beeinflussen kann. Eigenschaft 3) besagt, daß es insbesondere **keinerlei** Kosten der **Informationsbeschaffung** und **-verarbeitung** gibt. Überdies sind mit Kapitalmarkttransaktionen auch keine sonstigen Kosten der Abwicklung verbunden.

Aus den gerade beschriebenen drei Eigenschaften lassen sich zahlreiche weitere plausibel **folgern**. Beispielsweise gibt es nichts, was die Marktteilnehmer daran hindert, beliebige Bruchteile von Finanzierungstiteln zu handeln, so daß von **beliebiger Teilbarkeit** aller Finanzierungstitel ausgegangen werden kann. Insbesondere aber werden des weiteren alle Marktteilnehmer über den gleichen Informationsstand und **homogene Erwartungen**, das heißt identische Einschätzungen der Wahrscheinlichkeitsverteilungen künftiger ungewisser Größen, verfügen. Denn gemäß Eigenschaft 3) ist die Beschaffung von Informationen generell kostenlos, und da zusätzliche Informationen bei Rationalverhalten **nie** über einen

---

2 Vgl. z.B. *Drukarczyk* (1993), S. 125, *Franke/Hax* (1994), S. 337, oder *Swoboda* (1994), S. 93.

negativen Wert verfügen[3], wird jeder Marktteilnehmer alle überhaupt zugänglichen Informationen auch beschaffen. Infolge der Möglichkeit kostenloser Informationsverarbeitung wird diese durch jedes Subjekt in optimaler Weise erfolgen und damit grundsätzlich zu allgemein gleichen Wahrscheinlichkeitsschätzungen führen. Eine besonders wichtige Implikation vollkommener Märkte ist, daß auf ihnen im Gleichgewicht **keine sicheren** Gewinnmöglichkeiten bestehen. Denn gäbe es diese, würde sie natürlich jeder Marktteilnehmer realisieren wollen. Ein allgemeiner Ausgleich von Angebot und Nachfrage könnte unter dieser Voraussetzung nicht gelingen. Einen Markt ohne die Möglichkeit zur Erzielung sicherer Gewinne nennt man auch **arbitragefrei**. Auf diesen Gedanken wird im Abschnitt 1.2 noch näher einzugehen sein.

Auf dem gerade skizzierten vollkommenen Kapitalmarkt soll es **zwei Unternehmen** A und B geben, deren ungewisse Einzahlungsüberschüsse $\tilde{z}_1^{(A)}$ und $\tilde{z}_1^{(B)}$ in t = 1 in jedem Falle **identisch** sind. Das heißt, es gilt:

$$\tilde{z}_1^{(A)} \equiv \tilde{z}_1^{(B)} \equiv \tilde{z}_1. \tag{4.1}$$

Unterscheiden sollen sich beide Unternehmen lediglich in ihrer **Finanzierungsweise**. Während Unternehmen A rein eigenfinanziert ist, hat Unternehmen B auch Forderungstitel emittiert, die in t = 1 sicher verzinst und getilgt werden können sollen. Der gesamte Rückzahlungsbetrag auf die Forderungstitel in t = 1 sei mit F bezeichnet. Infolge der **fehlenden Ausfallgefahr** auf die Forderungstitel wird der zugehörige Fremdkapitalkostensatz $r_B^{(FK)}$ dem (einheitlichen[4]) Zinssatz i für sichere Anlage/Verschuldung von t = 0 bis t = 1 entsprechen. Auf der Grundlage dieser Prämissen ist nun zu prüfen, wie sich die Marktwerte V_A und

---

[3] Vgl. z.B. *Laux* (1995), S. 305 ff.

[4] Die **Einheitlichkeit** des Zinssatzes für die ausfallfreie Anlage bzw. Aufnahme von Mitteln (im Marktgleichgewicht) ist ebenfalls eine Folge der Annahme eines **vollkommenen Kapitalmarktes**. Bei Ungleichheit des Anlage- und des Aufnahmezinssatzes wäre nämlich das im folgenden Abschnitt vorgestellte und im Gleichgewicht notwendigerweise gültige **Gesetz des Einheitspreises** verletzt.

V_B der beiden Unternehmen A und B zueinander verhalten. Etwaige Marktwertunterschiede wären infolge der aus ihren Investitionsmaßnahmen resultierenden identischen Einzahlungsüberschüsse allein auf ihre unterschiedliche Finanzierungsweise zurückzuführen. Zu diesem Zweck ist als nächstes etwas näher auf die Eigenschaft der **Arbitragefreiheit** vollkommener Märkte im Gleichgewicht einzugehen.

1.2 Arbitragefreiheit als notwendige Gleichgewichtsbedingung für vollkommene Märkte

Allgemein versteht man unter **Arbitrage** die Erzielung **sicherer** Gewinne mittels der Ausnutzung von **Preisdifferenzen** für Güter durch deren Kauf und/oder Verkauf.[5] In der Regel unterscheidet man verschiedene Formen der Arbitrage. Für unsere Zwecke genügt die Betrachtung der sogenannten **Differenzarbitrage**. Hierbei werden Güter zu niedrigen Preisen eingekauft und **simultan** zu hohen Preisen wieder verkauft. Die hierbei resultierende Differenz zwischen Einstandspreisen und Verkaufserlösen macht den **Arbitragegewinn** aus. Die auf einem Kapitalmarkt gehandelten Güter sind natürlich Finanzierungstitel oder Zusammenstellungen von Finanzierungstiteln, sogenannte Portefeuilles oder finanzielle Positionen. Zu jeder **finanziellen Position** P gehören dabei eindeutig bestimmte künftige Einzahlungen $\tilde{z}_1^{(P)}$, $\tilde{z}_2^{(P)}$, ..., $\tilde{z}_T^{(P)}$ in den Zeitpunkten t = 1 bis t = T. Sofern es zu einer finanziellen Position gleichzeitig **verschiedene** Preise gibt, bestehen unmittelbar **Arbitragemöglichkeiten**. Zur Veranschaulichung sei unterstellt, daß die finanzielle Position P zu den Preisen $V^{(P,1)}$ und $V^{(P,2)} > V^{(P,1)}$ gehandelt werden kann. Durch Erwerb der Position P zum Preis $V^{(P,1)}$ und zeitgleichen Verkauf zu $V^{(P,2)}$ realisiert man einen **sicheren** Überschuß in t = 0 von $V^{(P,2)}-V^{(P,1)} > 0$, während in den Zeitpunkten t > 0 per Saldo **keinerlei** Zahlungskonsequenzen aus dieser (Differenz-) Arbitragetransaktion anfallen. Natürlich würde jeder Teilnehmer auf einem vollkommenen Markt diese Arbitrage-

5 Vgl. sehr ausführlich zur Arbitragetheorie etwa *Kruschwitz* (1995b), S. 157 ff., *Spremann* (1996), S. 557 ff.

möglichkeit erkennen und unmittelbar wahrnehmen wollen. Alle Subjekte würden zu $V^{(P,1)}$ die Position P erwerben und zu $V^{(P,2)}$ wieder verkaufen wollen. Niemand wäre jedoch bereit, die Position der jeweiligen Marktgegenseite einzunehmen. Zu den Preisen $V^{(P,1)}$ und $V^{(P,2)}$ könnte also unmöglich das jeweilige Angebot von P der jeweiligen Nachfrage entsprechen. **Notwendige** Voraussetzung für ein Gleichgewicht auf einem vollkommenen Kapitalmarkt ist damit $V^{(P,1)} = V^{(P,2)}$ oder allgemeiner formuliert die **Eindeutigkeit** des Preises einer finanziellen Position P. Tatsächlich kann dieser Gedanke noch ein wenig weitergeführt werden. Denn auch zwei finanzielle Positionen P und Q, die **äquivalent** in dem Sinne sind, daß sie in **jedem** zukünftigen Zeitpunkt und Umweltzustand zu exakt den gleichen Einzahlungsüberschüssen führen, für die also $\tilde{z}_t^{(P)} \equiv \tilde{z}_t^{(Q)}$ für t = 1, 2, ..., T gilt, müssen den **gleichen** Preis haben. Das heißt, es gilt $V^{(P)} = V^{(Q)}$ im Marktgleichgewicht. Denn wäre etwa $V^{(P)} > V^{(Q)}$, so würde es sich für jeden lohnen, die finanzielle Position Q zu erwerben und die Position P leerzuverkaufen. Der **Leerverkauf** einer finanziellen Position P bezeichnet hierbei den Umstand, daß man einem anderen Marktteilnehmer, dem Erwerber von P, exakt die zukünftigen Einzahlungen $\tilde{z}_t^{(P)}$ (t = 1, 2, ..., T) aus dieser Position verspricht, ohne die Position selbst innezuhaben. Wegen $\tilde{z}_t^{(P)} \equiv \tilde{z}_t^{(Q)}$ (t = 1, 2, ..., T) kann dieses Versprechen ohne weiteres gegeben und erfüllt werden. Per saldo realisiert man erneut in den Zeitpunkten t = 1, 2, ..., T Einzahlungen von stets $\tilde{z}_t^{(Q)}-\tilde{z}_t^{(P)} \equiv 0$, während sich in t = 0 ein Überschuß von $V^{(P)}-V^{(Q)} > 0$ als Arbitragewinn ergibt. Wieder ist ein Gleichgewicht auf vollkommenem Kapitalmarkt nur für $V^{(P)} = V^{(Q)}$ denkbar. Auf eine knappe Formel gebracht, läßt sich damit festhalten, daß im Gleichgewicht auf vollkommenem Kapitalmarkt **äquivalente** Positionen stets **identische** Preise haben.[6] Weil äquivalente Positionen durch identische Zahlungsströme charakterisiert sind, verfügt demnach jeder Zahlungsstrom im Marktgleichgewicht über einen eindeutigen Preis. Man spricht hier auch vom **Gesetz des Einheitspreises**, bezogen auf Zahlungsströme.[7]

---

6 Vgl. auch z.B. *Hax/Hartmann-Wendels/v. Hinten* (1988), S. 699.

7 Vgl. hierzu auch z.B. *Breuer* (1997c) sowie *Gürtler* (1998), S. 19 ff.

Im Zusammenhang mit dem Gesetz des Einheitspreises werden Stärken und Schwächen von **Arbitragefreiheitsüberlegungen** besonders deutlich. Zum einen sind die **Stärken** dieser Überlegungen darin zu sehen, daß hiermit **notwendige** Eigenschaften eines jeden Gleichgewichts auf einem vollkommenen Kapitalmarkt beschrieben werden. Denn solange Arbitragemöglichkeiten bestehen, kann es keinen allgemeinen Ausgleich von Angebot und Nachfrage, also **keine Markträumung**, geben. Diese Aussage hat dabei grundsätzlich unabhängig von den konkreten Zeit- und Risikopräferenzen der Marktteilnehmer Gültigkeit. Zu ihrer Herleitung war es nämlich lediglich erforderlich, daß die Marktteilnehmer **sichere** Gewinne wahrnehmen werden wollen. Dies ist natürlich für **beliebige** Zeit- und Risikopräferenzen der Fall. Da bei der ökonomischen Analyse von Märkten **markträumende Allokationen** wegen der hierbei gegebenen Erfüllbarkeit aller individuellen Pläne und dem folglich fehlenden Erfordernis zu Planrevisionen und damit verbundenen Anpassungsmaßnahmen der Marktteilnehmer im Mittelpunkt des Interesses stehen,[8] erweisen sich Arbitragefreiheitsüberlegungen als außerordentlich bedeutsam.

Zum anderen liegen hier auch die **Schwächen** von Arbitragefreiheitsüberlegungen begründet. Denn bestenfalls können hiermit **Preisbeziehungen** hergeleitet werden, also etwa Aussagen der Form $V^{(P)} = V^{(Q)}$.[9] Die **konkrete Höhe** von $V^{(P)}$ und damit $V^{(Q)}$ läßt sich jedoch allein durch Arbitragefreiheitsüberlegungen **nicht** ermitteln. Dies verwundert auch nicht, da hier natürlich die Zeit- und Risikopräferenzen der Marktteilnehmer eine ganz entscheidende Rolle spielen. Man kann damit auch sagen, daß Arbitragefreiheit zwar notwendige Voraussetzung für ein Marktgleichgewicht ist, **hinreichend** ist diese Eigenschaft eines Systems von Preisen für das Vorliegen eines Gleichgewichts jedoch **nicht**.

---

8 Zu einer (für unsere Zwecke nicht erforderlichen) differenzierteren Auseinandersetzung mit Gleichgewichtsanalysen sei beispielsweise auf *Felderer/ Homburg* (1994), S. 12 ff., verwiesen.

9 Vgl. hierzu auch etwa *Hax/Neus* (1995), Sp. 1169 f.

Beispiel 4.1:
Angenommen, an der Düsseldorfer und der Frankfurter Börse werden **nur** BASF-Aktien gehandelt, und der so beschriebene Kapitalmarkt sei **vollkommen**. Aus dem **Gesetz des Einheitspreises** und damit Arbitragefreiheitsüberlegungen folgt, daß eine BASF-Aktie in Düsseldorf und Frankfurt im Marktgleichgewicht den gleichen Preis haben muß. Ob dieser Preis jedoch bei 40,- DM pro Aktie oder bei 400,- DM liegt, kann nur unter **expliziter** Berücksichtigung der Präferenzen der jeweiligen Marktteilnehmer bestimmt werden. □

1.3 Arbitragefreie Unternehmensbewertung

Das Gesetz des Einheitspreises kann nun genutzt werden, die Beziehung zwischen den Marktwerten V_A und V_B der beiden betrachteten Unternehmen herzuleiten. Zu diesem Zweck seien die folgenden beiden finanziellen Positionen 1 und 2 gegenübergestellt. **Position 1** bestehe aus dem Anteil ω an den Beteiligungstiteln der Unternehmung A. Hieraus resultiert in t = 1 ein Einzahlungsüberschuß von $\omega \cdot \tilde{z}_1$. Der Preis zum Aufbau der Position 1 beläuft sich auf $\omega \cdot V_A^{(EK)}$. **Position 2** bestehe aus dem Anteil ω an den Beteiligungstiteln der Unternehmung B sowie der sicheren Anlage eines Betrags von $\omega \cdot F/(1+i)$ bis t = 1. Die Einzahlungen aus den Beteiligungstiteln belaufen sich auf $\omega \cdot (\tilde{z}_1\text{-}F)$, da den Inhabern der Beteiligungstitel nur der Überschuß nach (sicherer) Bedienung der Forderungstitel zukommt. Aus der sicheren Anlage des Betrags $\omega \cdot F/(1+i)$ ergibt sich in t = 1 unter Berücksichtigung der Zinsen eine Einzahlung von $[\omega \cdot F/(1+i)] \cdot (1+i) = \omega \cdot F$. Insgesamt führt Position 2 zu Einzahlungen von $\omega \cdot (\tilde{z}_1\text{-}F) + \omega \cdot F = \omega \cdot \tilde{z}_1$. Position 1 und Position 2 sind damit **äquivalent**. Der Gesamtpreis der Position 2 setzt sich zusammen aus dem Kaufpreis des Anteils ω an den Beteiligungstiteln der Unternehmung B, also $\omega \cdot V_B^{(EK)}$, und aus dem Anlagebetrag $\omega \cdot F/(1+i)$ zum sicheren Zinssatz i, da auch in diesem Umfang Mittel in t = 0 aufgewendet werden. Aus dem **Gesetz des Einheitspreises** resultiert damit:

$$\omega \cdot V_A^{(EK)} = \omega \cdot V_B^{(EK)} + \omega \cdot \frac{F}{1+i}. \qquad (4.2)$$

Der Marktwert der **Unternehmung A** stimmt wegen der reinen Eigenfinanzierung mit dem Marktwert der Beteiligungstitel von A überein: $V_A = V_A^{(EK)}$. Der Marktwert der **Unternehmung B** ergibt sich als Summe der Marktwerte der emittierten Beteiligungs- und Forderungstitel: $V_B = V_B^{(EK)} + V_B^{(FK)}$. $V_B^{(FK)}$ ermittelt sich dabei als $F/(1+i)$, da infolge der fehlenden Ausfallgefahr der Fremdkapitalkostensatz der Unternehmung B und damit der in diesem Zusammenhang relevante Kalkulationszinsfuß gerade i beträgt. Dividiert man nun (4.2) durch ω und beachtet die beiden Bestimmungsgleichungen für V_A und V_B, so erhält man:

$$V_A = V_B. \tag{4.3}$$

Trotz ihrer **unterschiedlichen** Finanzierungsweise verfügen beide Unternehmen damit über einen **einheitlichen** Marktwert. Da der Umfang der Verschuldung von B prinzipiell beliebig ist, ergibt sich auf diese Weise das auf den ersten Blick verblüffende Ergebnis der **Irrelevanz des Verschuldungsgrades** für den Marktwert einer Unternehmung. Genau dies ist das **Theorem I** aus dem bahnbrechenden Beitrag von *Modigliani* und *Miller* aus dem Jahre 1958.

Beispiel 4.2:

Betrachtet seien zwei Unternehmen A und B auf einem vollkommenen Kapitalmarkt im Gleichgewicht, deren ungewisser Einzahlungsüberschuß in jedem Falle gleich hoch und mit $\tilde{z}_1$ bezeichnet sei; $\tilde{z}_1$ sei gleichverteilt im Intervall [1.000, 1.500]. **Unternehmen A** sei rein eigenfinanziert. Der Eigenkapitalkostensatz von A sei 25 %. **Unternehmen B** habe Forderungstitel emittiert, auf die in t = 1 insgesamt 550 Geldeinheiten (GE) zu zahlen sind. Der Zinssatz i für sichere Anlage/Verschuldung von t = 0 bis t = 1 betrage 10 %. Infolge fehlender Ausfallgefahr der vom Unternehmen B ausgegebenen Forderungstitel beläuft sich der Fremdkapitalkostensatz von B ebenfalls gerade auf 10 %. Ferner kann man damit den Marktwert der Beteiligungstitel der Unternehmung A und wegen fehlender Fremdfinanzierung auch den **Gesamtmarktwert von A** ermitteln:

$$V_A = \frac{\bar{z}_1}{1 + r_A^{(EK)}} = \frac{1.250}{1,25} = 1.000 \text{ GE}, \tag{4.4}$$

da sich $\bar{z}_1$ hier infolge der Gleichverteilungsannahme berechnet als (1.500+1.000)/2 = 1.250 GE. Der **Marktwert der Unternehmung B** muß aus Arbitragefreiheitsgründen ebenfalls 1.000 GE betragen. Weil die von B emittierten Forderungstitel über einen Marktwert von 550/1,1 = 500 GE verfügen, resultiert demnach zugleich, daß der Marktwert der von B ausgegebenen Beteiligungstitel im Gleichgewicht 500 GE beträgt.

Betrüge der Wert der Beteiligungstitel von B etwa **nur** 400 GE und damit der Marktwert der gesamten Unternehmung B lediglich 900 GE, so wäre durch folgende Transaktion ein **Arbitragegewinn** in t = 0 erzielbar: Kauf eines Anteils ω der Beteiligungstitel von B und sichere Anlage eines Geldbetrags $\omega \cdot 500$ zu i = 10 % bis t = 1 bei gleichzeitigem Verkauf des Anteils ω der Beteiligungstitel von Unternehmen A. Im Zeitpunkt t = 1 resultierte damit eine Nettoeinzahlung von $\omega \cdot (\tilde{z}_1 - 550) + \omega \cdot 550 - \omega \cdot \tilde{z}_1 \equiv 0$, während sich in t = 0 Einzahlungen von $\omega \cdot 1000 - \omega \cdot 400 - \omega \cdot 500 = \omega \cdot 100 > 0$ ergäben. Entsprechend ist es auch **nicht** möglich, daß sich der Marktwert der Beteiligungstitel von B auf 600 GE beliefe. Denn dann wäre ein **sicherer Gewinn** in t = 0 durch Erwerb eines Anteils ω an den Beteiligungstiteln von A und Leerverkauf eines ebensolchen Anteils ω an den Beteiligungstiteln von B bei gleichzeitiger (sicher erfüllbarer) Kreditaufnahme zu i = 10 % im Umfang von $\omega \cdot 500$ von t = 0 bis t = 1 realisierbar. □

2 Kapitalkostenverläufe nach *Modigliani* und *Miller* (1958)

Bereits im dritten Kapitel wurde der Zusammenhang zwischen dem Gesamtkapitalkostensatz r einer Unternehmung und ihrem Marktwert V_U diskutiert. In der hier zugrunde gelegten Zwei-Zeitpunkte-Betrachtung gilt $V_A = V_B \equiv V_U$ und damit:

$$V_U = \frac{\bar{z}_1}{1+r}. \qquad (4.5)$$

Da die Marktwerte von A und B identisch und unabhängig von der gewählten Finanzierungsweise sind, muß damit auch der **durchschnittliche Kapitalkosten-**

satz von A und B gleich und unabhängig vom Verschuldungsgrad sein. Solange man sich auf die Betrachtung risikoloser Fremdfinanzierung beschränkt, ist auch der Fremdkapitalkostensatz der beiden Unternehmungen unabhängig vom gewählten Verschuldungsgrad stets gleich dem Zinssatz i für sichere Anlage/Verschuldung. Mit diesen beiden Informationen läßt sich auf der Grundlage von Gleichung (3.13) nun auch die **Höhe des Eigenkapitalkostensatzes** der beiden Unternehmungen je nach gewähltem Verschuldungsgrad ρ ermitteln:

$$r = \frac{r^{(EK)} \cdot V^{(EK)} + r^{(FK)} \cdot V^{(FK)}}{V_U}$$

$$\Leftrightarrow r \cdot (V^{(EK)} + V^{(FK)}) = r^{(EK)} \cdot V^{(EK)} + i \cdot V^{(FK)} \quad (r^{(FK)} = i) \tag{4.6}$$

$$\Leftrightarrow r^{(EK)} \cdot V^{(EK)} = r \cdot V^{(EK)} + (r-i) \cdot V^{(FK)}$$

$$\Leftrightarrow r^{(EK)} = r + (r-i) \cdot \rho.$$

Da r und i unabhängig vom Verschuldungsgrad ρ konstant sind und wegen der Risikoträchtigkeit von $\tilde{z}_1$ typischerweise $r > i$ gelten wird, erhält man damit für den Eigenkapitalkostensatz $r^{(EK)}$ eine im Verschuldungsgrad **linear steigende** Funktion (vgl. auch *Abbildung 4.1*). Dies ist der Inhalt des **Theorems II** von *Modigliani* und *Miller* (1958).

Beispiel 4.3:
In Fortführung des Beispiels 4.2 resultiert aus $V_B^{(FK)} = V_B^{(EK)} = 500$ GE unmittelbar $\rho = 1$. Gemäß (4.6) berechnet sich $r_B^{(EK)}$ damit als

$$r_B^{(EK)} = 0{,}25 + (0{,}25 - 0{,}1) \cdot 1 = 40\%. \tag{4.7}$$

Der **gleichgewichtige Eigenkapitalkostensatz** der Unternehmung B beträgt demnach bei einem Verschuldungsgrad von 1 genau 40 %. □

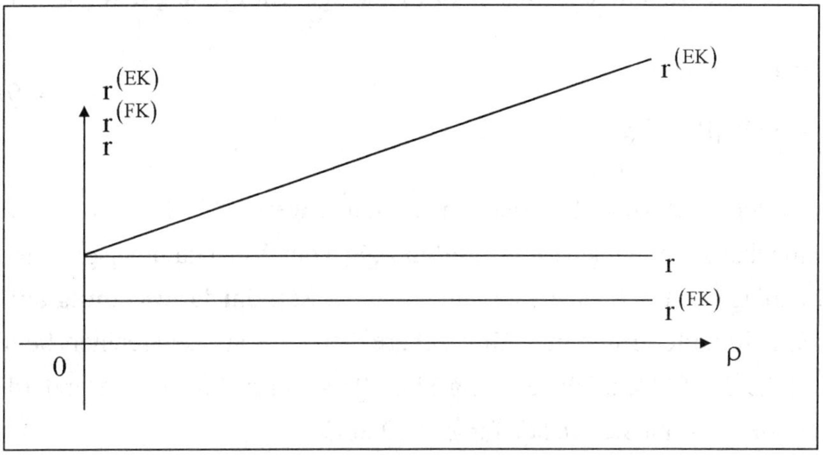

Abbildung 4.1: Kapitalkostenverläufe in Abhängigkeit vom Verschuldungsgrad ρ nach *Modigliani/Miller* (1958)

Der entscheidende **Unterschied** zwischen den im Rahmen des Ansatzes von *Modigliani* und *Miller* (1958) ermittelten **Kapitalkostenverläufen** und denen, die im vorhergehenden dritten Kapitel bei der verbal-graphischen Herleitung eines optimalen Verschuldungsgrades zugrunde gelegt wurden, ist in der Erkenntnis zu sehen, daß der **Eigenkapitalkostensatz** einer Unternehmung selbst bei alleiniger Variation des Ausmaßes der emittierten risikolosen Forderungstitel **nicht konstant** ist. Der Hintergrund für dieses Ergebnis läßt sich gut verdeutlichen, wenn man statt des Eigenkapitalkostensatzes $r^{(EK)}$ die **ungewisse Eigenkapitalrendite** $\tilde{r}^{(EK)}$ auf die Beteiligungstitel betrachtet. $\tilde{r}^{(EK)}$ ergibt sich wie folgt:

$$\tilde{r}^{(EK)} = \frac{\tilde{z}_1^{(EK)}}{V^{(EK)}} - 1. \qquad (4.8)$$

In entsprechender Weise lassen sich auch die Gesamtkapitalrendite $\tilde{r}$ und die Fremdkapitalrendite $\tilde{r}^{(FK)}$ berechnen, wobei letztere im hier zugrundeliegenden Kontext sicher ist und dem Fremdkapitalkostensatz i entspricht. Die Formeln zur Ermittlung von Renditen sind damit selbstverständlich strukturgleich zu den Formeln für die Berechnung von Kapitalkostensätzen. Deswegen läßt sich auch die Gesamtkapitalrendite als **gewogenes arithmetisches Mittel** von Eigen- und

Fremdkapitalrendite bestimmen. Eine zu (4.6) analoge Umformung liefert daher:

$$\begin{aligned} \tilde{r}^{(EK)} &= \tilde{r} + (\tilde{r}-i)\cdot\rho \\ \Leftrightarrow \tilde{r}^{(EK)} &= \tilde{r}\cdot(1+\rho) - i\cdot\rho, \end{aligned} \tag{4.9}$$

wobei wegen der Unabhängigkeit des Unternehmenswertes V_U von ρ auch die Wahrscheinlichkeitsverteilung von $\tilde{r}$ **unabhängig** vom Verschuldungsgrad ist. Auf der Grundlage von (4.9) läßt sich nun leicht die **Standardabweichung** $\boldsymbol{\sigma^{(EK)}}$ der Eigenkapitalrendite ermitteln.[10] Der sichere Term $i\cdot\rho$ auf der rechten Seite ist für die Höhe der Standardabweichung ohne Bedeutung. Mit σ als Standardabweichung von $\tilde{r}$ ergibt sich daher für $\rho \geq 0$ einfach:

$$\mathrm{Var}(\tilde{r}^{(EK)}) = \mathrm{Var}(\tilde{r})\cdot(1+\rho)^2 \Rightarrow \sigma^{(EK)} = \sigma\cdot(1+\rho). \tag{4.10}$$

Gemäß (4.10) ist damit das vereinfachend[11] über die Standardabweichung $\sigma^{(EK)}$ erfaßte **Risiko** der Eigenkapitalrendite bei Gültigkeit des Theorems I von *Modigliani* und *Miller* (1958) **linear steigend** im Verschuldungsgrad ρ. Natürlich ist damit allein nicht bewiesen, daß auch der Eigenkapitalkostensatz linear in ρ steigen muß. Aber immerhin erkennt man doch, daß tatsächlich mit wachsender Verschuldung und damit wachsender Belastung der Unternehmung mit fixen Rückzahlungsverpflichtungen die Schwankungsbreite und die Risikoträchtigkeit der Eigenkapitalrendite zunehmen, was über einen höheren Erwartungswert der Eigenkapitalrendite, also einen höheren Eigenkapitalkostensatz, zu vergüten ist.

3 Modelldiskussion

Die Arbeit von *Modigliani* und *Miller* (1958) erregte verständlicherweise erhebli-

---

10 Im weiteren geht es im wesentlichen um die Herleitung der Risikokomponente des sogenannten **Leverage-Effekts**. Vgl. hierzu auch etwa *Spremann* (1996), S. 301 f.

11 Die Standardabweichung $\sigma^{(EK)}$ von $\tilde{r}^{(EK)}$ beschreibt deren Wahrscheinlichkeitsverteilung und das damit verbundene Risiko natürlich nur partiell.

ches **Aufsehen** in der Literatur, stand und steht das abgeleitete Irrelevanztheorem doch im anscheinend offenkundigen **Widerspruch** zur praktisch großen Bedeutung unternehmerischer Finanzierungsentscheidungen. Die Herleitungen der vorhergehenden Abschnitte 1 und 2 bedürfen daher in mehrfacher Hinsicht der **Diskussion**. Zum einen ist der **intuitive Hintergrund** für dieses Irrelevanzergebnis darzulegen. Zum anderen ist zu prüfen, inwiefern die doch recht speziellen Annahmen der obigen Herleitung **abgeschwächt** werden können. Letztere Frage liefert dabei zugleich auch Ansatzpunkte, wie sich die **Relevanz** unternehmerischer Finanzierungsmaßnahmen überzeugend erklären läßt und an welchen Sachverhalten sich dementsprechend unternehmerische Finanzierungsentscheidungen **orientieren** sollten.

3.1 Die dem Modell zugrundeliegende Intuition

Das Ergebnis von *Modigliani* und *Miller* kann so interpretiert werden, daß die Vorteilhaftigkeit unterschiedlicher unternehmerischer Finanzierungsmaßnahmen zumindest im oben definierten Kontext **nicht** durch ihre jeweiligen spezifischen **Transformationsleistungen** erklärt werden kann. Die Transformationsfunktion von unternehmerischen Finanzierungsmaßnahmen erweist sich als **irrelevant**. Mag dieses Ergebnis zunächst erstaunen, so wird sein tieferer Grund doch recht schnell verständlich. Betrachtet man einen vollkommenen Kapitalmarkt, so kann durch den hier stattfindenden (Sekundär-) Handel letzten Endes **jede beliebige** Zeit- und Risikostruktur von Zahlungsströmen erzeugt werden. Der **Kapitalmarkt** bietet damit **alle** erforderlichen Transformationsfunktionen, und eine Transformationsfunktion unternehmerischer Finanzierungsentscheidungen wird entbehrlich. Dieser Zusammenhang wurde tatsächlich auch schon bei der Konstruktion der beiden finanziellen Positionen 1 und 2 im Rahmen des obigen Arbitragebeweises genutzt. Im Rahmen der Position 2 wurde die Belastung des Unternehmens B mit den fixen Rückzahlungsansprüchen der Gläubiger durch eine entsprechende private Mittelanlage des betrachteten Anteilseigners gerade **kompensiert**. Anders formuliert bedeutet dies, daß ein Subjekt, das Beteiligungstitel einer Unternehmung erwerben möchte, deren Risikoträchtigkeit es jedoch aufgrund einer hohen Fixbelastung mit Rückzahlungsverpflichtungen auf Forderungstitel als zu hoch einstuft, durch private sichere Mittelanlage hier stets eine **geeignete Gegenposition** aufbauen kann. Das Ausmaß der unternehmerischen Verschuldung wird damit grundsätzlich bedeutungslos für die Beurteilung der Vorteilhaftigkeit eines Erwerbs der jeweiligen Beteiligungstitel unter Risikoaspekten.[12] Als Folge hiervon kann der Unternehmenswert in diesem Kontext insgesamt durch Verschuldungsgradvariationen **nicht** beeinflußt werden.

3.2 Ein verallgemeinerter Irrelevanzbeweis

Die gerade vorgestellte verbal-intuitive Erklärung sollte unmittelbar nahelegen, daß der im Abschnitt 1 präsentierte Beweis zur Irrelevanz unternehmerischer Veschuldungsgradentscheidungen sich erheblich über die dort gesetzten Prämissen verallgemeinern läßt. Tatsächlich kann unter vergleichsweise allgemeinen Bedingungen sogar die **Irrelevanz beliebiger Finanzierungsmaßnahmen** für den Marktwert einer Unternehmung nachgewiesen werden.[13] Zu diesem Zweck benötigt man im wesentlichen nur die Annahme eines **vollkommenen Kapitalmarktes im Gleichgewicht**. Bei Gültigkeit dieser Voraussetzung lassen sich nämlich einige weitere Zusammenhänge ohne weiteres folgern:

1) Die **Exogenität** der Marktbewertungsfunktion V für ungewisse Zahlungsströme,
2) die **Wertadditivität** der Marktbewertungsfunktion,

---

[12] Im Rahmen einer **Mehr-Perioden-Betrachtung** erweisen sich natürlich auch Aspekte der zeitlichen Konsumverteilung als **irrelevant**. Vgl. etwa die Herleitung bei *Stiglitz* (1974). Daß unternehmerischen Finanzierungsmaßnahmen überdies keinerlei Aufgabe zur **Losgrößentransformation** zukommt, folgt bereits ganz **trivial** aus der Unterstellung beliebiger Teilbarkeit aller Finanzierungstitel bei vollkommenem Kapitalmarkt.

[13] Vgl. zum folgenden insbesondere *Breuer* (1997c), aber auch *Hax* (1982), S. 57 ff. Der Nachweis der Irrelevanz unternehmerischer Finanzierungsentscheidungen mit Rückgriff auf die **Wertadditivität** der zugrundeliegenden Marktbewertungsfunktion geht wohl auf *Schall* (1972), S. 13, zurück.

3) ein **finanzierungsunabhängig gegebener** Einzahlungsüberschuß der Unternehmung für gegebenes Investitionsprogramm und
4) ein **finanzierungsunabhängig gegebenes** Investitionsprogramm der Unternehmung.

Es wurde bereits darauf hingewiesen, daß der **Marktwert V_U** einer Unternehmung der Summe der Marktwerte aller emittierten Finanzierungstitel entspricht. Mit $\tilde{z}^{(f)} \equiv (\tilde{z}_1^{(f)}, \tilde{z}_2^{(f)}, \ldots, \tilde{z}_T^{(f)})$ sei im weiteren der ungewisse Zahlungsstrom eines Finanzierungstitels f von t = 1 bis t = T bezeichnet. Der Zahlungsstrom $\tilde{z}^{(f)}$ ist hierbei also ein Vektor von T ungewissen Einzahlungen $\tilde{z}_1^{(f)}, \tilde{z}_2^{(f)}, \ldots, \tilde{z}_T^{(f)}$ der einzelnen Zeitpunkte t = 1 bis t = T. Mit $V(\tilde{z}^{(f)})$ als dem zugehörigen Marktwert eines Finanzierungstitels f mit Zahlungsstrom $\tilde{z}^{(f)}$ und $\mathcal{F}$ als der Menge aller von einer Unternehmung ausgegebenen Finanzierungstitel gilt demnach **definitorisch**:

$$V_U \equiv \sum_{f \in \mathcal{F}} V(\tilde{z}^{(f)}). \tag{4.11}$$

Eine genauere Spezifikation der emittierten Finanzierungstitel ist nicht erforderlich. Die Zahlungsströme $\tilde{z}^{(f)}$ können herkömmliche Beteiligungs- und (risikolose oder ausfallbedrohte) Forderungstitel, aber auch "hybride" Finanzierungsformen wie Wandelanleihen oder Genußscheine beschreiben. Im Rahmen der Fremdfinanzierung wären auch ohne weiteres Forderungstitel mit unterschiedlicher Fristigkeit oder generell unterschiedlichen Rückzahlungsmodalitäten denkbar.

In (4.11) wurde bereits implizit angenommen, daß die **Bewertungsfunktion V** selbst **nicht** von der Finanzierungsweise der Unternehmung abhängt, demnach also für die betrachtete Unternehmung exogen gegeben ist. Die Unternehmung verhält sich also auf dem Primärmarkt wie ein **Mengenanpasser**, und dies kann gemäß der obigen Charakterisierung eines vollkommenen Kapitalmarktes als eines seiner **konstitutiven Kennzeichen** angesehen werden. Gerade weil es hier aber um **Primärmarktoperationen** geht, ist es lohnenswert, etwas differenzierter nach den grundsätzlichen Bedingungen zu fragen, unter denen die besagte Prämisse des Mengenanpasserverhaltens gerechtfertigt ist. Notwendige Voraussetzung für eine Rechtfertigung der Exogenität von V ist generell, daß die Unternehmung durch ihre Finanzierungsmaßnahmen keine Zahlungsströme $\underline{z}^{(f)}$ generiert, die ansonsten am Kapitalmarkt nicht verfügbar wären, durch deren Schaffung also der Zugang zu völlig neuen Konsumallokationen für die Marktteilnehmer eröffnet wird. Denn dies könnte sich unabhängig vom unternehmerischen Finanzierungsvolumen in erheblichen Preisreaktionen am Kapitalmarkt niederschlagen. Es muß also die **Spanning-Bedingung** erfüllt sein. Selbst wenn das Spektrum der Handelsmöglichkeiten auf dem Kapitalmarkt durch die emittierten Finanzierungstitel nicht grundlegend erweitert wird, kann auch schon die bloße Größe einer Emission (finanzierungsabhängige) Preisreaktionen auslösen. Aus diesem Grunde muß neben der Spanning- grundsätzlich auch die **Competitivity-Bedingung** gewährleistet sein, also von im Verhältnis zum Ausmaß des Gesamtmarktes geringen Volumina der von der betrachteten Unternehmung emittierten Finanzierungstitel ausgegangen werden.[14]

Die **Competitivity-Bedingung** beschreibt letztlich nichts anderes als die gängige Vorstellung einer **atomistischen Marktstruktur**, was seinerseits bei Betrachtung von reinem Sekundärmarkthandel nur eine andere Formulierung für die Annahme des **Mengenanpasserverhaltens** ist. Etwas problematischer könnte auf den ersten

---

[14] Tatsächlich können **finanzierungsabhängige Preisreaktionen** unter bestimmten Voraussetzungen selbst bei großen Finanzierungsvolumina ausgeschlossen werden. Solange nämlich die **Summe** der Zahlungen auf alle Finanzierungstitel gemäß den Voraussetzungen 3) und 4) dieses Abschnitts eine Konstante ist, ist das durch die Unternehmung erfolgende Angebot an zeit- und zustandsabhängigen Konsummöglichkeiten **im Aggregat** stets gegeben. Wenn nun noch die Möglichkeiten der Reallokation dieser Zahlungsströme finanzierungsunabhängig sind, was als Gültigkeit der **Spanning-Bedingung** interpretiert werden kann, mag auf dem Kapitalmarkt bei Abwesenheit der Unternehmung zwar eine **andere** Marktbewertungsfunktion gelten. Für jede von der Unternehmung gewählte Finanzierungsweise ist die aus der Existenz der Unternehmung rührende Beeinflussung der Marktbewertungsfunktion dann jedoch **identisch**. De facto liegt damit aus Sicht der Unternehmung auch hier Exogenität der Marktbewertungsfunktion vor.

Blick die **Spanning-Bedingung** erscheinen. Tatsächlich kann sie aber auch als eine natürliche Implikation der Annahme **fehlender Transaktionskosten** auf einem vollkommenen Kapitalmarkt angesehen werden: Sofern demnach Bedarf nach einem bestimmten Finanzierungstitel besteht, kann dieser **kostenlos** auf dem Kapitalmarkt eingeführt sowie gehandelt werden, und zwar unabhängig davon, welche Finanzierungsweise die hier betrachtete Unternehmung wählt. Die **Spanning-Bedingung** kann deswegen unmittelbar als **erfüllt** angenommen werden.[15]

Für weitere Umformungen von (4.11) ist es erforderlich, den Begriff der **Wertadditivität** einzuführen. Durch die Marktbewertungsfunktion V wird jedem Zahlungsstrom $\tilde{z}$ auf dem vollkommenen Kapitalmarkt im Gleichgewicht eindeutig ein Preis oder Marktwert $V(\tilde{z})$ zugeordnet. Es wurde bereits darauf hingewiesen, daß die konkrete Höhe der einzelnen Marktwerte und damit letztlich die genaue Gestalt der Marktbewertungsfunktion V sich nur ermitteln läßt, wenn man nähere Annahmen zu den Zeit- und Risikopräferenzen der Marktteilnehmer trifft. Ein sehr prominenter Ansatz ist etwa das auf *Sharpe* (1964), *Lintner* (1965) und *Mossin* (1966) zurückgehende **Capital Asset Pricing Model (CAPM)**, in dem angenommen wird, daß alle Marktteilnehmer nach dem μ-σ-Prinzip handeln. Aber auch durch reine Arbitragefreiheitsüberlegungen läßt sich schon einiges zu V sagen. Insbesondere kann nachgewiesen werden, daß die Marktbewertungsfunktion über die Eigenschaft der sogenannten Wertadditivität

---

[15] Der aufmerksame Leser könnte zu Recht einwenden, daß das weiter oben präsentierte Beispiel 4.1 unter Beachtung der gerade vorgestellten Argumentation insofern befremdlich ist, als es auf einem vollkommenen Kapitalmarkt in aller Regel allein schon deswegen mehr als eine Finanzierungstitelart geben müßte, weil ansonsten den unterschiedlichen Zeit- und Risikopräferenzen der Marktteilnehmer durch den Handel von zeit- und zustandsabhängigen Konsumpositionen kaum hinreichend Rechnung getragen werden kann. Tatsächlich kann man sich dieser Meinung ohne weiteres anschließen. Exakter formuliert ist deshalb im Beispiel 4.1 auch nur ein "**semi-vollkommener**" Kapitalmarkt vorausgesetzt worden. Dieser auf *Haley/Schall* (1979), S. 221, zurückgehende Begriff bezeichnet einen Kapitalmarkt, der vollkommen ist bis auf die **Unmöglichkeit** zur Schaffung zusätzlicher (wohlfahrtssteigernder) Finanzierungstitel.

verfügt. Die Funktion V ist **wertadditiv**, wenn die Summe $V(\tilde{z}^{(A)})+V(\tilde{z}^{(B)})$ der Marktwerte zweier Zahlungsströme $\tilde{z}^{(A)}$ und $\tilde{z}^{(B)}$ dem Marktwert $V(\tilde{z}^{(C)})$ eines dritten Zahlungsstroms $\tilde{z}^{(C)}$ entspricht, der sich gerade als Summe von $\tilde{z}^{(A)}$ und $\tilde{z}^{(B)}$ ergibt: $\tilde{z}^{(C)} = \tilde{z}^{(A)}+\tilde{z}^{(B)}$. Zusammenfassend verfügt also eine Marktbewertungsfunktion V über die Eigenschaft der Wertadditivität, wenn für alle am Markt handelbaren Zahlungsströme $\tilde{z}^{(A)}$, $\tilde{z}^{(B)}$ und $\tilde{z}^{(C)}$ mit $\tilde{z}^{(C)} = \tilde{z}^{(A)}+\tilde{z}^{(B)}$ gilt:

$$\begin{aligned} & V(\tilde{z}^{(A)}) + V(\tilde{z}^{(B)}) = V(\tilde{z}^{(C)}) \\ \Leftrightarrow\ & V(\tilde{z}^{(A)}) + V(\tilde{z}^{(B)}) = V(\tilde{z}^{(A)}+\tilde{z}^{(B)}). \end{aligned} \tag{4.12}$$

Die Eigenschaft der Wertadditivität einer Marktbewertungsfunktion mag auf den ersten Blick sehr abstrakt klingen. Ohne weiteres lassen sich aber auch **praktische Beispiele** zu ihrer Veranschaulichung formulieren.

Beispiel 4.4:

Unter anderem impliziert Wertadditivität, daß der Kauf von 200 Aktien einer Aktiengesellschaft zu gleichen Auszahlungen führt wie der zweimalige separate Erwerb von jeweils 100 Aktien dieser Gesellschaft. Wertadditivität hat des weiteren zur Folge, daß bei sicherer Anlage von 1.000 DM für eine Periode der gleiche Zinssatz erzielt wird wie bei sicherer Anlage von über 1.000 DM hinausgehenden Beträgen für die betreffende Periode. Denn angenommen, man erhielte bei einem Anlagevolumen bis 1.000 DM eine Verzinsung von 8 %. Dann würde man durch die getrennte Anlage von zweimal 1.000 DM für eine Periode eine sichere Rückzahlung von 2.160 DM erhalten. Wäre nun der für sichere Anlagen über 1.000 DM gebotene Zinssatz 9 %, dann bräuchte man nur 2.160/ 1,09 $\approx$ 1.981,65 DM $<$ 2.000 DM in $t = 0$ in einem Betrag anzulegen, um ebenfalls in $t = 1$ auf sichere Einzahlungen von 2.160 DM zu kommen. Die Summe der Marktwerte zweier sicherer Einzahlungen von je 1.080 DM wäre hier also mit 2.000 DM höher als der Marktwert der Summe von 2.160 DM dieser beiden Einzahlungen mit 1.981,65 DM, Wertadditivität also verletzt.

Diese Beispiele zeigen zum einen, daß es sich bei der Voraussetzung wertadditiver Bewertungsfunktionen um **keine** völlig **unplausible** Annahme handelt, daß aber andererseits in der **Realität** durchaus **Abweichungen** hiervon auftreten: Der einmalige Erwerb von 200 Aktien wird oft ein wenig günstiger sein als der zweimalige Erwerb von jeweils 100 Aktien. Entsprechend wird man in vielen Fällen tatsächlich eine höhere Periodenverzinsung mit wachsendem Anlagevolumen erzielen. □

Auf einem vollkommenen Kapitalmarkt ist die im Marktgleichgewicht herrschende **Bewertungsfunktion** jedenfalls **wertadditiv**, wie unmittelbar aus dem **Gesetz des Einheitspreises** gefolgert werden kann. Mit $\tilde{z}^{(C)} = \tilde{z}^{(A)} + \tilde{z}^{(B)}$ sind die folgenden beiden Positionen nämlich äquivalent: Separater Erwerb der beiden Zahlungsströme $\tilde{z}^{(A)}$ und $\tilde{z}^{(B)}$ auf der einen Seite und Erwerb von $\tilde{z}^{(C)}$ auf der anderen Seite. Da äquivalente Positionen im Gleichgewicht aus Arbitragefreiheitsgründen über den gleichen Preis verfügen müssen, folgt sofort Gleichung (4.12). Denn der Preis der ersten finanziellen Position beläuft sich auf $V(\tilde{z}^{(A)})+V(\tilde{z}^{(B)})$, der der zweiten auf $V(\tilde{z}^{(C)})$.

Des weiteren sollte unmittelbar einleuchten, daß (4.12) auf die simultane Betrachtung von **mehr** als den drei Zahlungsströmen $\tilde{z}^{(A)}$, $\tilde{z}^{(B)}$ und $\tilde{z}^{(C)} \equiv \tilde{z}^{(A)}+\tilde{z}^{(B)}$ ausgedehnt werden kann. Für vier beliebige Zahlungsströme $\tilde{z}^{(A)}$, $\tilde{z}^{(B)}$, $\tilde{z}^{(C)}$ und $\tilde{z}^{(D)} \equiv \tilde{z}^{(A)}+\tilde{z}^{(B)}+\tilde{z}^{(C)}$ gilt bei Wertadditivität ganz analog:

$$\begin{aligned} & V(\tilde{z}^{(A)}) + V(\tilde{z}^{(B)}) + V(\tilde{z}^{(C)}) = V(\tilde{z}^{(D)}) \\ \Leftrightarrow\ & V(\tilde{z}^{(A)}) + V(\tilde{z}^{(B)}) + V(\tilde{z}^{(C)}) = V(\tilde{z}^{(A)}+\tilde{z}^{(B)}+\tilde{z}^{(C)}). \end{aligned} \tag{4.13}$$

Im Zusammenhang mit (4.11) folgt damit aus der Wertadditivität von $V(\cdot)$, daß folgende **Umformung** möglich wird:

$$\sum_{f \in \mathcal{F}} V(\tilde{z}^{(f)}) = V\left(\sum_{f \in \mathcal{F}} \tilde{z}^{(f)}\right). \tag{4.14}$$

Die Summe der Marktwerte aller Finanzierungstitel entspricht bei wertadditiver Bewertungsfunktion damit dem Marktwert der Summe der Zahlungen auf alle Finanzierungstitel. Die Summe der Zahlungen auf alle Finanzierungstitel ist rein **definitorisch** nichts anderes als der **Einzahlungsüberschuß** $\tilde{z} \equiv (\tilde{z}_1, \tilde{z}_2, \ldots, \tilde{z}_T)$ der Unternehmung aus ihrem jeweiligen Investitionsprogramm. Gemäß der **dritten Voraussetzung** sind außer den Zahlungen an die Inhaber von Finanzierungstiteln **keine** Zahlungen der Unternehmung von der gewählten Finanzierungsweise abhängig. Damit aber ist die Summe der Zahlungen auf die Finanzierungstitel für gegebenes Investitionsprogramm eine **unbeeinflußbare** Größe $\tilde{z}$, und man kann schreiben:

$$V\left(\sum_{f \in \mathcal{F}} \tilde{z}^{(f)}\right) = V(\tilde{z}). \tag{4.15}$$

Die Gültigkeit von (4.15) ist insbesondere dann **nicht** mehr gegeben, wenn die Unternehmung **Steuern** zu zahlen hat, deren Höhe von der gewählten Finanzierungsweise beeinflußt wird. Denn dann wäre der Einzahlungsüberschuß der Unternehmung (nach Steuern) ebenfalls eine Funktion der Finanzierungsweise. Ein weiterer wesentlicher Grund dafür, daß der Einzahlungsüberschuß trotz gegebenem Investitionsprogramm von der Finanzierungsweise abhängt, ist in sogenannten **Insolvenzkosten** zu sehen. Diese fallen dann an, wenn eine Unternehmung ihren Verbindlichkeiten gegenüber den Inhabern der Forderungstitel nicht nachkommen kann. Je höher der Verschuldungsgrad einer Unternehmung ist, um so eher ist mit der Insolvenz der Unternehmung und dem Anfall von Insolvenzkosten zu rechnen, die ihrerseits den für die Kapitalgeber verfügbaren Überschuß mindern. Augenscheinlich ist der unternehmerische Einzahlungsüberschuß auch für diesen Fall von der Finanzierungsweise abhängig. Sowohl finanzierungsabhängige Steuern als auch Transaktionskosten in Form von Insolvenzkosten sind jedoch auf einem vollkommenen Kapitalmarkt nicht gegeben. Tatsächlich gibt es bei **Vollkommenheit** des Kapitalmarktes **keinen** Grund, nicht von der Finanzierungsunabhängigkeit des Einzahlungsüberschusses $\tilde{z}$ auszugehen.

Man könnte einwenden, daß auch auf einem vollkommenen Kapitalmarkt doch immerhin der Fall denkbar ist, daß bei Insolvenz einer Unternehmung die Ansprüche der Inhaber der Forderungstitel **vor** denen der Kunden, Lieferanten und

Arbeitnehmer der Unternehmung erfüllt werden. Eine wichtige Ursache hierfür kann in **Kreditbesicherungen** gesehen werden.[16] In einem solchen Falle erhielte man **trotz** der Abstraktion von Insolvenzkosten eine Abhängigkeit von $\tilde{z}$ von der Finanzierungsweise: Durch zunehmende (besicherte) Fremdfinanzierung könnte der Marktwert der Unternehmung **gesteigert** werden.

Gegen die gerade vorgestellte Argumentation lassen sich einige **Einwände** erheben. Zum einen ist darauf hinzuweisen, daß Kunden, Lieferanten und Arbeitnehmer über ihre Ansprüche auch **Forderungstitel** der Unternehmung halten und dementsprechend der Marktwert ihrer Finanzierungstitel auch **Teil** des gesamten Unternehmenswertes ist, so daß es hier letztlich nur um **Umverteilungen** innerhalb der gesamten Gruppe von Inhabern von Finanzierungstiteln geht. Schließt man sich dieser durchaus sachgerechten Sichtweise an, resultiert natürlich sofort die **Unabhängigkeit** von $\tilde{z}$ von der Finanzierungsweise. Aber selbst wenn man aus welchen Gründen auch immer den Unternehmenswert ermittelt, **ohne** die besagten Forderungstitel mit einzubeziehen, also demnach zwischen "eigentlichen" Kapitalgebern und sonstigen an der Unternehmung beteiligten Subjekten unterscheidet, ist die vorgestellte Argumentation nicht stichhaltig. Wie schon erwähnt, würde die für diesen Fall beschriebene Steigerung des Unternehmenswertes allein **auf Kosten** der übrigen, an der Unternehmung beteiligten Individuen erfolgen. Auf einem vollkommenen Markt wäre dieses "**Fehlverhalten**" der Unternehmensleitung unmittelbar beobachtbar. Es könnte deswegen auch von vornherein eine allgemeine Übereinkunft über den **Verzicht** auf dieses Verhalten getroffen werden, da die Bereicherung einer Gruppe von Subjekten, der Kapitalgeber, auf Kosten einer anderen, der Kunden, Lieferanten und Arbeitnehmer, **nicht** zu einer ***Pareto*-Verbesserung** führt. Auch aus Sicht der Kapitalgeber spricht nichts gegen eine derartige Übereinkunft. Denn ohne diese würden Kunden, Lieferanten und Arbeitnehmer in **Antizipation** des anschließenden Fehlverhaltens der Unternehmensleitung grundsätzlich im Rahmen ihrer Beziehungen zur Unternehmung nur solche Konditionen akzeptieren, die ihnen trotz des

16 Vgl. hierzu etwa *Scott* (1977, 1979) sowie *Smith/Warner* (1979a).

unternehmerischen Fehlverhaltens die gleiche Vermögensposition wie im Falle des Ausschlusses bestimmter schädigender Finanzierungsmaßnahmen ermöglichten. Insgesamt ist es also in jedem Falle **sachgerecht**, den den Kapitalgebern zufließenden Einzahlungsüberschuß $\tilde{z}$ im Gleichgewicht bei Vollkommenheit des Marktes als bei gegebenem Investitionsprogramm **finanzierungsunabhängig** anzusehen.

Darüber hinaus kann sogar davon ausgegangen werden, daß das **Investitionsprogramm** der Unternehmung **unabhängig** von der Finanzierungsweise gegeben ist. Das impliziert aber

$$V(\tilde{z}) = \text{konst.}, \tag{4.16}$$

also einen von der Finanzierungsweise insgesamt **unabhängigen Unternehmenswert**.

Sofern das Investitionsprogramm **vor** der unternehmerischen Finanzierungsentscheidung schon fixiert ist, gilt (4.16) ganz augenscheinlich. Aber selbst wenn die Investitionsentscheidung **erst nach** der Finanzierungsentscheidung getroffen werden könnte, lassen sich beide grundsätzlich voneinander **getrennt** betrachten.[17] Denn auch in diesem Fall wird die Geschäftsführung ein Interesse daran haben, sich bereits **vor** der Emission der Finanzierungstitel glaubwürdig an ein solches Investitionsverhalten zu binden, das insgesamt zum **maximalen Unternehmenswert** führt. Denn angenommen, die Unternehmensleitung würde nach der Durchführung der Finanzierungsmaßnahmen ihre ursprünglich in Aussicht gestellte (marktwertmaximierende) Investitionspolitik **revidieren** können, dann würde dies natürlich allenfalls zu einem geringeren Unternehmenswert führen als ohne diese Revision.[18] Unter der Prämisse, daß die Unternehmensleitung sich hierdurch **nach** erfolgter Unternehmensfinanzierung nicht selbst schädigen wird,

---

[17] Vgl. hierzu auch *Franke/Hax* (1994), S. 336 f.

[18] Unternehmenswertneutrale Variationen der Investitionsentscheidung können unbeachtet bleiben.

werden dann aber einige Kapitalgeber im Falle fehlender Antizipation dieses Wortbruchs seitens der Unternehmensführung bei der Emission der Finanzierungstitel **zu viel** für die erworbenen Finanzierungstitel gezahlt haben. Sofern externe Kapitalgeber daher eine Abweichung von der marktwertmaximierenden Investitionspolitik **befürchten** müssen, werden sie die angebotenen Finanzierungstitel insgesamt nur zu **geringeren** als den bei marktwertmaximierendem Investitionsprogramm resultierenden **Preisen** erwerben wollen. Damit schadet sich die Geschäftsführung letzten Endes nur selbst durch eine **Reduktion** ihrer möglichen Emissionserlöse, wenn sie sich **nicht** von vornherein glaubwürdig an ein marktwertmaximierendes Investitionsprogramm bindet. Wegen der bei Vollkommenheit des Marktes gegebenen **allgemeinen Beobachtbarkeit** des Verhaltens der Unternehmensleitung ist diese Bindung im übrigen problemlos möglich. Die Ermittlung der optimalen Finanzierungsweise unter der Prämisse **gegebener** Investitionsentscheidung ist deshalb sachgerecht.

Gerade hierbei stellt sich nun heraus, daß **alle** Finanzierungsformen gleich gut, unternehmerische Finanzierungsentscheidungen somit grundsätzlich **irrelevant** sind. Die **Intuition** ist hierbei prinzipiell die gleiche wie im Zusammenhang mit dem zunächst geführten, recht engen Beweis zur Irrelevanz des Verschuldungsgrades für den Marktwert einer Unternehmung: Sofern Handel von Finanzierungstiteln auf einem vollkommenen Kapitalmarkt möglich ist, spielt die im Rahmen von unternehmerischen Finanzierungsentscheidungen hergestellte Zerlegung des Zahlungsstroms $\tilde{z}$ in Teilzahlungsströme $\tilde{z}^{(f)}$ **keine** Rolle. Durch den **Kapitalmarkthandel** werden die künftigen ungewissen Einzahlungen in jedem Falle gemäß den Zeit- und Risikopräferenzen der Marktteilnehmer neu **alloziiert**. Die Transformationsfunktion der Unternehmensfinanzierung läßt sich somit gänzlich durch Handel auf einem vollkommenen Kapitalmarkt substituieren.

Der so geführte Beweis ist **sehr allgemein**, und dementsprechend läßt sich die Irrelevanz der Finanzierungsweise einer Unternehmung für ihren Marktwert auch in vielen konkreteren Modellkontexten nachweisen, etwa auch in dem des Abschnitts 2 aus Kapitel 3. Die Möglichkeit zum Handel von Finanzierungstiteln auf einem vollkommenen Kapitalmarkt würde hier bedeuten, daß Unternehmer und Kapitalgeber nach der erfolgten Emission der Finanzierungstitel die erhaltenen Positionen zu festen Preisen verkaufen oder ergänzen könnten. In welchem Umfang Beteiligungs- und Forderungstitel durch unternehmerische Finanzierungsmaßnahmen auf die einzelnen Subjekte verteilt werden, ist damit unter (Zeit- und) Risikopräferenzen grundsätzlich unerheblich, da die **endgültige Allokation** der emittierten Finanzierungstitel erst nach vollzogenem Kapitalmarkthandel feststeht. Die ursprünglich festgelegte Aufteilung der Finanzierungstitel auf Unternehmer und Kapitalgeber ist nur insofern für die beiden Beteiligten relevant, als hierdurch ihr jeweiliges Anfangsvermögen vor Kapitalmarkthandel determiniert wird. In erster Linie handelt es sich hierbei jedoch lediglich um eine Frage der **Distribution**, nicht aber der **Allokation**. Im Rahmen des Abschnitts 2 aus Kapitel 3 wird der Unternehmer dem Kapitalgeber überdies in jedem Falle nur Finanzierungstitel mit einem Marktwert von gerade ΔI, also der gewünschten Einlage seitens des externen Kapitalgebers, überlassen müssen. Weder für den Unternehmer noch den Kapitalgeber ist dabei aber von Bedeutung, welcher **Art** diese Finanzierungstitel sind. Selbst in dem Extremfall, daß der Kapitalgeber nur Forderungstitel erhalten hätte und am Kapitalmarkt nur dieser Kapitalgeber und der Unternehmer (als Mengenanpasser) agierten, würde im anschließenden Handel zwischen Unternehmer und Kapitalgeber die im Abschnitt 2 aus Kapitel 3 beschriebene ***pareto*-effiziente Risikoteilung** resultieren. Genau deswegen spielt die **anfängliche Aufteilung** der Finanzierungstitel auf Kapitalgeber und Unternehmer **keine** Rolle.

3.3 Ansätze für eine Relevanz unternehmerischer Finanzierungsmaßnahmen

Insbesondere aus dem verallgemeinerten Irrelevanzbeweis des Abschnitts 3.2 lassen sich gut geeignete Ansätze zur Begründung einer **Relevanz** von Finanzierungsmaßnahmen herleiten. Finanzierungsmaßnahmen können im Gleichgewicht nur dann Auswirkungen auf den Marktwert einer Unternehmung haben, wenn man **Unvollkommenheiten** berücksichtigt, die zur **Verletzung** einer der Voraussetzungen 1) bis 4) führen.[19] Tatsächlich lassen sich auch zu jeder der vier Voraussetzungen in der Literatur entsprechende Modifikationen finden. Die erste Voraussetzung verliert bereits dann ihre Plausibilität, wenn die Schaffung eines neuen Finanzierungstitels mit **Kosten** verbunden ist. In diesem Fall kann nicht mehr die Gültigkeit der **Spanning-Bedingung** ohne weiteres vorausgesetzt werden, da diese Kosten die Generierung neuer Finanzierungstitel grundsätzlich hemmen werden. Man wird vielmehr vermuten dürfen, daß der Kapitalmarkt im Gleichgewicht dergestalt "**unvollständig**"[20] sein wird, daß es **nicht** möglich ist, beliebige zeit- und zustandsabhängige Konsumpositionen im Rahmen einer gegebenen Vermögensanfangsausstattung durch Kapitalmarkthandel zu erwerben. Genaugenommen nähert man sich mit dieser Modellmodifikation dem Szenario aus dem dritten Kapitel, insbesondere Abschnitt 2, wieder an, da nun unternehmerische Finanzierungsmaßnahmen bereits allein aus Gründen der **Konsumallokation** unter Zeit- und Risikoaspekten Bedeutung gewinnen.[21] Inwiefern damit allerdings tatsächlich wesentliche Motive **realer** unternehmerischer Finanzierungsentscheidungen beschrieben werden, dürfte doch zumindest **fraglich** sein. Anders formuliert, dürfte der Beitrag einzelner unternehmerischer Finanzierungsmaßnahmen zur Erweiterung der Handelsmöglichkeiten auf Kapitalmärkten, das heißt zur "**Marktvervollständigung**", in den meisten Fällen eher als **gering** einzustufen sein. Zu einer anderen Einschätzung könnte man wohl allenfalls dann

---

19 Zu beachten ist, daß bei Einführung von Marktunvollkommenheiten überdies auch zu prüfen ist, ob die Zielsetzung der Maximierung von Marktwerten überhaupt noch **angemessen** ist. Zuweilen wird nicht einmal das mehr der Fall sein. Die **Relevanz** unternehmerischer Finanzierungsentscheidungen wird für den Fall fehlender Adäquanz von Marktwertmaximierungskalkülen natürlich eher noch **unterstützt**, denn wieder aufgehoben.

20 Zu einer präzisen Definition des Begriffs der "Vollständigkeit" bzw. "Unvollständigkeit" von Märkten vgl. etwa *Haley/Schall* (1979), S. 222, oder auch *Hax* (1980), S. 433.

21 Wesentliche Ansätze dieser Art stammen etwa von *Allen/Gale* (1988, 1991) sowie *Madan/Soubra* (1991). Vgl. hierzu auch grundsätzlich die Monographie von *Allen/Gale* (1994).

gelangen, wenn im Rahmen der Unternehmensfinanzierung echte **Finanzinnovationen** generiert werden. Ansätze dieser Art haben damit zwar eine gewisse Berechtigung, dürften aber nicht als die wichtigste Modellkategorie anzusehen sein und werden deswegen im weiteren **vernachlässigt**.

Auch die Aufgabe der Annahme **wertadditiver** Marktbewertung erweist sich als wenig ergiebig, lassen sich hierdurch doch **kaum verallgemeinerungsfähige** Aussagen zu den Determinanten optimaler unternehmerischer Finanzierungsentscheidungen herleiten. Überdies dürfte es sich bei der Annahme wertadditiver Marktbewertung in weiten Bereichen um **keine** sonderlich schlechte Abbildung realer Kapitalmarktverhältnisse handeln.

Mehr Beachtung hat in der Literatur die Frage gefunden, inwiefern durch unternehmerische Finanzierungsmaßnahmen die Höhe des auf die Kapitalgeber zu verteilenden Einzahlungsüberschusses selbst bei gegebenem Investitionsprogramm beeinflußt werden kann. Schon *Modigliani* und *Miller* (1958)[22] wiesen auf die Bedeutung **finanzierungsabhängiger Steuern** hin. Dieser Aspekt und die Relevanz von **Insolvenzkosten** wurden zeitlich gesehen als erstes nach Erscheinen des Irrelevanzbeweises von *Modigliani* und *Miller* (1958) ausführlich in der Literatur diskutiert. Deshalb wird auch im Rahmen dieses Lehrbuchs im folgenden fünften Kapitel hierauf detailliert eingegangen werden.

Dabei wird sich zeigen, daß der Versuch, Finanzierungsmaßnahmen durch ihre steuerlichen Auswirkungen und ihre Konsequenzen für unternehmerische Insolvenzkosten zu erklären, in mancherlei Hinsicht nicht recht befriedigen kann. Als **weitaus ergiebiger** erwies es sich, die **Interdependenzen** zwischen unternehmerischen Finanzierungs- und Investitionsentscheidungen[23] einer genaueren Analy-

---

22 Vgl. hierzu auch ihre korrigierten Aussagen in *Modigliani/Miller* (1963).

23 Der Begriff "Investitionsentscheidung" ist hierbei weit zu verstehen. Letzten Endes werden hierunter alle Maßnahmen der Unternehmensleitung subsumiert, durch die auf die Wahrscheinlichkeitsverteilung des Einzahlungsüber-

se zu unterziehen. Sofern nämlich Kapitalmarktunvollkommenheiten dazu führen, daß die Unternehmensleitung über **bessere Informationen** hinsichtlich der Ertragsaussichten und der durchgeführten Maßnahmen als externe Kapitalgeber verfügt, läßt sich eine **Verkopplung** von Finanzierungs- und Investitionsprogramm in zweierlei Weise identifizieren. Zum einen können externe Kapitalgeber versuchen, aus der von der Geschäftsführung gewählten Finanzierungsform auf Eigenschaften des unternehmerischen Investitionsprogramms, insbesondere natürlich die hiermit verbundenen künftigen Einzahlungsüberschüsse, zu schließen. Unternehmerischen Finanzierungsmaßnahmen käme hierbei für externe Kapitalgeber ein "**Signalcharakter**" zu. Diesen Gedanken werden wir im sechsten Kapitel erörtern. Überdies kann es auch sein, daß die von der Unternehmensleitung präferierten **Investitionsentscheidungen** selbst **abhängen** von der gewählten **Finanzierungsweise**. Wenn externe Kapitalgeber die von der Geschäftsführung realisierten Investitionsmaßnahmen **nicht direkt** beobachten können, dann kann auch nicht a priori ein bestimmtes Verhalten des Managements einer Unternehmung festgelegt werden. Das Investitionsprogramm einer Unternehmung wird unter Umständen zu einer **Funktion** der gewählten Finanzierungsweise, weil sich je nach Finanzierungsweise für die Unternehmensleitung ein unterschiedliches Verhalten als optimal erweist. Dieser Gedanke wurde vor allem durch den grundlegenden Beitrag von *Jensen* und *Meckling* (1976) in die Literatur eingeführt. Er wird daher in größerer Ausführlichkeit Gegenstand der Kapitel 7 und 8 sein. Die Kapitel 6 bis 8 werden dabei insgesamt belegen, daß unternehmerische Finanzierungsentscheidungen neben einer etwaigen Transformationsfunktion auch zur Erfüllung von **Informationsübermittlungs-** und **Verhaltensbeeinflussungsfunktionen** dienen können und daß diese letzteren Funktionen **nicht** ohne weiteres durch friktionsfreien Sekundärmarkthandel **substituiert** werden können. Bei der Analyse dieser Funktionen wird zugleich auch ein **differenzierteres Bild** der ursprünglichen Irrelevanzaussage von *Modigliani* und *Miller* (1958) gewonnen.

---

schusses einer Unternehmung Einfluß genommen wird, ohne daß es sich um eine schlichte Variation der Finanzierungsweise wie bei der Diskussion finanzierungsabhängiger Steuern und Insolvenzkosten handelt.

4 Zusammenfassung

Im Rahmen dieses Kapitels wurde nachgewiesen, daß der **Unternehmenswert** auf einem vollkommenen Kapitalmarkt im Gleichgewicht durch unternehmerische Finanzierungsentscheidungen **nicht beeinflußt** werden kann. Der Beweis wurde mit Hilfe von **Arbitragefreiheitsüberlegungen** geführt und geht in seinen Grundzügen auf den bahnbrechenden Beitrag von *Modigliani* und *Miller* (1958) zurück. Als **intuitive Erklärung** für das Irrelevanzergebnis bot sich an, daß durch unternehmerische Finanzierungsmaßnahmen lediglich die Aufteilung des gegebenen gesamten Einzahlungsüberschusses einer Unternehmung festgelegt wird, diese aber infolge der Möglichkeit zum Kapitalmarkthandel für die einzelnen Subjekte weitgehend **bedeutungslos** ist. Die Transformationsfunktion unternehmerischer Finanzierungsmaßnahmen kann ohne weiteres durch Sekundärmarkthandel auf einem vollkommenen Kapitalmarkt substituiert werden.

Eine direkte Folgerung aus dem Irrelevanzbeweis war ferner, daß der **Eigenkapitalkostensatz** einer Unternehmung mit wachsender Verschuldung selbst dann **nicht konstant** bleibt, sondern steigt, wenn man lediglich die Emission nicht ausfallbedrohter Forderungstitel in Erwägung zieht. Auch dieses Resultat steht im **Widerspruch** zu den üblichen Annahmen im Rahmen der im vorherigen Kapitel formulierten traditionellen Überlegungen zur Minimierung des unternehmerischen Gesamtkapitalkostensatzes durch geeignete Verschuldungsgradwahl.

Bei der Diskussion der zur Herleitung des Irrelevanzergebnisses benötigten Voraussetzungen wurde darauf hingewiesen, daß die Berücksichtigung von **finanzierungsabhängigen Steuern** und **Insolvenzkosten** zu einem echten Entscheidungsproblem im Rahmen unternehmerischer Finanzierungsmaßnahmen führen kann. Dieser Gedanke wird im folgenden Kapitel vertieft erörtert. Als noch bedeutsamer wurden überdies die bei Marktunvollkommenheit bestehenden **Interdependenzen** zwischen unternehmerischen Finanzierungs- und Investitionsentscheidungen identifiziert. Auf die hier denkbaren vielfältigen Zusammenhänge wird ab dem sechsten Kapitel bis zum Ende des Buches ausführlich eingegangen.

V. Finanzierungsentscheidungen unter Berücksichtigung von Steuern und Insolvenzkosten

Gemäß der Diskussion des Theorems von der Irrelevanz unternehmerischer Finanzierungsentscheidungen für den Marktwert der betreffenden Unternehmung soll als erster Ansatzpunkt für eine Begründung der **Relevanz** von Finanzierungsmaßnahmen im Lichte der Ausführungen von *Modigliani* und *Miller* (1958) auf die Konsequenzen **finanzierungsabhängiger Steuern** und **Insolvenzkosten** eingegangen werden. Zu diesem Zweck erfolgt im **Abschnitt 1** zunächst eine kurze Beschreibung der hiermit verbundenen Grundidee zur Erklärung optimaler unternehmerischer Finanzierungsentscheidungen. Anschließend wird im **Abschnitt 2** ein skizzenhafter Überblick über die in Deutschland geltenden und aus finanzwirtschaftlicher Sicht relevanten steuerlichen Vorschriften gegeben. Im **Abschnitt 3** wird der Begriff der Insolvenzkosten eingeführt, und es werden deren Implikationen für unternehmerische Finanzierungsentscheidungen geklärt. Die beiden in den Abschnitten 2 und 3 behandelten Aspekte werden im **Abschnitt 4** zu einem Ansatz der Ermittlung optimaler unternehmerischer Verschuldungsgrade zusammengefaßt, und es wird die Bedeutung dieser Überlegungen diskutiert. Die Ausführungen schließen mit der Zusammenfassung im **Abschnitt 5**.

1 Die Grundidee

Im weiteren wird nach wie vor angenommen, daß das unternehmerische Investitionsprogramm festliegt. Auch alle sonstigen Annahmen werden beibehalten mit der einzigen **Ausnahme**, daß der aus dem gegebenen Investitionsprogramm an die Kapitalgeber insgesamt fließende Einzahlungsüberschuß abhängt von der gewählten Finanzierung. Mit $\tilde{z} \equiv (\tilde{z}_1, \ldots, \tilde{z}_T)$ sei daher im weiteren der aus der Investition fließende Zahlungsstrom nach Abzug aller Auszahlungen bezeichnet, die **nicht** von der gewählten Finanzierungsweise abhängen. Bislang war dieser Zahlungsstrom einfach identisch mit dem Einzahlungsüberschuß der Unternehmung. Im weiteren muß die Betrachtung jedoch differenzierter erfolgen. Denn

$\tilde{z}$ fließt nun nur noch **zum Teil** an die Kapitalgeber, zum Teil wird dieser Zahlungsstrom aber auch zur Leistung einer Zahlung $\tilde{\tau}^{(\mathcal{F})}$ von **Steuern** an den Fiskus benötigt, und schließlich kann ein Teil $\tilde{\iota}^{(\mathcal{F})}$ für Auszahlungen im Zusammenhang mit dem Eintreten unternehmerischer **Insolvenz** verbraucht werden. Der Index "$(\mathcal{F})$" soll jeweils andeuten, daß die Höhe dieser Zahlungen von der gewählten Finanzierungsweise abhängen wird. Zusammenfassend gilt daher:

$$\tilde{z} = \sum_{f \in \mathcal{F}} \tilde{z}^{(f)} + \tilde{\tau}^{(\mathcal{F})} + \tilde{\iota}^{(\mathcal{F})}. \tag{5.1}$$

Geht man davon aus, daß die Bewertungsfunktion V für Zahlungsströme nach wie vor **wertadditiv** ist, dann resultiert aus (5.1):

$$V(\tilde{z}) = \sum_{f \in \mathcal{F}} V(\tilde{z}^{(f)}) + V(\tilde{\tau}^{(\mathcal{F})}) + V(\tilde{\iota}^{(\mathcal{F})}). \tag{5.2}$$

Der **Marktwert V_U** einer Unternehmung ergibt sich damit als

$$V_U \equiv \sum_{f \in \mathcal{F}} V(\tilde{z}^{(f)}) = V(\tilde{z}) - [V(\tilde{\tau}^{(\mathcal{F})}) + V(\tilde{\iota}^{(\mathcal{F})})]. \tag{5.3}$$

Weil $\tilde{z}$ gegeben ist, ist auch $V(\tilde{z})$ nicht mehr dispositionsabhängig. Wohl aber bleiben die Marktwerte in der eckigen Klammer auf der rechten Seite der Gleichung aus (5.3) von der Finanzierungsweise abhängig. Zum Zwecke der Maximierung des Unternehmenswertes wird es damit erforderlich, den **Marktwert** der Auszahlungen an den **Fiskus** und im Rahmen unternehmerischer Insolvenz durch geeignete Finanzierungsmaßnahmen zu **minimieren**.[1] Um mit Hilfe dieses Gedankens zu Empfehlungen für optimale unternehmerische Finanzierungsentscheidungen zu gelangen, ist als erstes zu prüfen, ob die Existenz von Steuern und "Insolvenzkosten" mit der Annahme wertadditiver Marktbewertung sowie mit der Orientierung finanzwirtschaftlicher Entscheidungen am Kriterium der Marktwertmaximierung vereinbar ist. In der Tat müssen sich hierbei **keinerlei Widersprüche** ergeben, denn die Wertadditivität von Marktbewertungsfunktio-

---

1 Vgl. hierzu auch etwa *Hax* (1982), S. 61 ff., oder *Franke/Hax* (1994), S. 334 ff.

nen und die Zielsetzung der Marktwertmaximierung erfordern zu ihrer Gültigkeit lediglich die Möglichkeit **friktionsfreien Sekundärmarkthandels** von Finanzierungstiteln bei allgemeinem **Mengenanpasserverhalten**. Sofern also der Handel von Finanzierungstiteln keine Transaktionskosten - und das bedeutet auch keine Transaktionsteuern - verursacht, ist es durchaus **zulässig**, an der Bestimmungsgleichung (5.3) für den Unternehmenswert V_U anzusetzen, um optimale unternehmerische Finanzierungsentscheidungen zu treffen.

Als nächstes ist sodann zu prüfen, wie die Steuerbelastung von Unternehmen und der Anfall von Insolvenzkosten durch Kapitalstrukturentscheidungen beeinflußt werden. Im weiteren soll dabei lediglich der Frage nach der Wahl eines **optimalen Verschuldungsgrades** nachgegangen werden. Andere Aspekte der Unternehmensfinanzierung bleiben unbehandelt.[2]

2 Grundzüge der in Deutschland relevanten steuerlichen Vorschriften

Eine Variation des unternehmerischen Verschuldungsgrades führt dazu, daß sich der **Gewinnausweis** auf der Unternehmensebene ändert. Von besonderem Interesse sind daher im weiteren die **ertragsabhängigen** Steuern einer Unternehmung, denn diese werden unmittelbar eine Funktion des Verschuldungsgrades darstellen. Zwar gab es in der Vergangenheit auch finanzierungsabhängige **Substanzsteuern**[3], nämlich Vermögen- und Gewerbekapitalsteuer, doch werden

---

[2] Zu denken ist hierbei insbesondere an die Frage, ob Investitionen durch die Einbehaltung von Gewinnen oder aber durch Kapitalerhöhung nach Gewinnausschüttung finanziert werden sollen. Letzteres bezeichnet man nach *Stützel* (1960), S. 915, als **Schütt-aus-hol-zurück-Politik**. Auch bei dieser Entscheidung spielen steuerliche und Transaktionskostenüberlegungen eine Rolle. Vgl. insbesondere *Hax* (1979a).

[3] Vgl. zur Terminologie etwa *Rose* (1993), S. 19, 23.

diese zumindest[4] 1998 nicht erhoben und brauchen daher nicht näher betrachtet zu werden. Es soll demnach nur kurz auf **Körperschaft-, Einkommen- und Gewerbe(ertrag)steuer** eingegangen werden.

Betrachtet man zunächst eine **Kapitalgesellschaft**, so hat diese als eigenständiges Steuersubjekt auf ihren Gewinn **Körperschaftsteuer** zu zahlen. Der Körperschaftsteuersatz für einbehaltene Gewinne liegt zur Zeit bei 45 %. Überdies hat die Unternehmung Steuern auf die Körperschaftsteuer zu zahlen, und zwar den im Gefolge der deutschen Wiedervereinigung eingeführten und seit 1998 in der aktuellen Form bestehenden **"Solidaritätszuschlag"**[5] in Höhe von 5,5 % der Körperschaftsteuer. Der Solidaritätszuschlag stellt hierbei letzten Endes nichts anderes dar als eine **Erhöhung** des unternehmerischen Körperschaftsteuersatzes für einbehaltene Gewinne auf $0{,}45 \cdot 1{,}055 = 47{,}475$ %. Sofern Gewinn ausgeschüttet wird, muß die Unternehmung zwar auch Körperschaftsteuer zahlen, erfolgt die Ausschüttung allerdings an einen einkommensteuerpflichtigen Inländer, dann stellt diese Körperschaftsteuerzahlung de facto nichts anderes als eine **Vorauszahlung** auf die vom Anteilseigner zu zahlende **Einkommensteuer** dar. Der von einem Subjekt zu zahlende Einkommensteuersatz ist dabei **keine konstante** Größe. Vielmehr steigt die auf die jeweils "letzte" verdiente DM erhobene (Grenz-) Einkommensteuer mit wachsendem Einkommen an bis zu einem **maximalen "Grenzsteuersatz"** von $s_e = 53$ %. Da auch auf Einkommensteuer ein Solidaritätszuschlag von 5,5 % erhoben wird, beträgt der Spitzensteuersatz de

---

4 Die Behandlung steuerrechtlicher Fragen hat stets mit dem Problem zu kämpfen, daß jede Beschreibung des Status quo schon nach Jahresfrist wieder **überholt** sein kann und etwaige künftige Änderungen aufgrund ihrer zumeist **nicht erkennbaren Systematik** auch kaum antizipierbar sind. Aus diesem Grunde werden lediglich die für das Jahr des Erscheinens dieses Buches, 1998, geltenden steuerrechtlichen Regelungen skizziert.

5 Gerade im Bereich der Steuergesetzgebung beweist die Legislative seit ehedem eine außerordentliche Fantasie bei der Kreation klangvoller Bezeichnungen, die im wesentlichen nur dazu dienen, unangenehme Tatsachen zu **schönen**. Die Bezeichnung "Solidaritätszuschlag" für die faktische Erhöhung der Körperschaft- und auch Einkommensteuer ist hierfür ein passendes Beispiel.

facto s_e' = 0,53·1,055 = 55,915 %. Bei **Personengesellschaften** sind grundsätzlich nur die Gesellschafter selbst die Steuersubjekte. Da es sich beim Gewinn von Personengesellschaften im Gegensatz zum ausgeschütteten Gewinn bei Kapitalgesellschaften um "**gewerbliche Einkünfte**" der Gesellschafter handelt, gilt hierbei nicht der allgemeine Spitzensteuersatz von 53 % bzw. 55,915 %, sondern vielmehr existiert hier eine **Tarifbegrenzung** auf einen **maximalen Grenzsteuersatz** von 47 % (ohne Solidaritätszuschlag) bzw. 49,585 % (mit Solidaritätszuschlag). Die **Gläubiger** einer Unternehmung beziehen unabhängig von deren Rechtsform in **keinem** Falle gewerbliche Einkünfte aus den auf die erworbenen Forderungstitel gezahlten Zinsen. Das heißt, hier gelten die gewöhnlichen einkommensteuerrechtlichen Vorschriften mit einem Spitzensteuersatz von 53 % (zuzüglich Solidaritätszuschlag).

Ebenfalls unabhängig von der Rechtsform der Unternehmung ist **Gewerbesteuer** zu zahlen. Vor 1998 setzte sich die Gewerbesteuer aus den beiden **Komponenten** Gewerbeertrag- und Gewerbekapitalsteuer zusammen. Seit Anfang 1998 wird **nur noch** die Gewerbeertragsteuer erhoben, so daß im weiteren die beiden Begriffe "Gewerbeertragsteuer" und "Gewerbesteuer" synonym verwendet werden können. Die **Bemessungsgrundlage** der Gewerbe(ertrag)steuer, also die Grundlage für die Ermittlung der Steuerlast, ist der **Gewerbeertrag** der Unternehmung. Dieser wiederum ergibt sich vereinfacht als der erzielte Unternehmensgewinn zuzüglich der Hälfte der Zinsen auf die Dauerschulden[6] der Unternehmung und abzüglich der Gewerbesteuer selbst. Die Gewerbesteuer mindert also ihre eigene Bemessungsgrundlage.[7]

---

6 Im wesentlichen sind **Dauerschulden** typischerweise durch eine (anfängliche) Laufzeit von mindestens **zwölf Monaten** gekennzeichnet. Vgl. zu einer ausführlicheren Begriffserörterung etwa *Rose* (1997), S. 196 ff.

7 Der Leser mag sich hier wie auch schon an früherer Stelle - etwa im Zusammenhang mit dem Solidaritätszuschlag - nach den **sachlichen Gründen** dieser spezifischen Regelungen fragen. Insbesondere im Rahmen des Steuerrechts sind Fragen nach der **Logik** der geltenden Normen oft mehr oder weniger **müßig** und sollen daher hier erst gar nicht näher untersucht werden.

Beispiel 5.1:

Es sei ein Gewerbesteuersatz von 20 % und ein Gewinn von 100 Geldeinheiten (GE) einer rein eigenfinanzierten Unternehmung angenommen. Die Gewerbesteuerbelastung GSt der Unternehmung bemißt sich gemäß folgender Gleichung:

$$\begin{aligned} GSt &= 0{,}2 \cdot (100 - GSt) \\ \Leftrightarrow GSt &= \frac{0{,}2}{1{,}2} \cdot 100 \\ \Leftrightarrow GSt &= 0{,}1\overline{6} \cdot 100 \\ \Leftrightarrow GSt &= 16{,}\overline{6} \text{ GE.} \end{aligned} \tag{5.4}$$

De facto liegt damit eine **(Effektiv-) Steuerbelastung** des Unternehmensgewinns von nur $16{,}\overline{6}$ % statt 20 % vor. □

Ferner **mindert** die Gewerbesteuer die Bemessungsgrundlage der Einkommen- und der Körperschaftsteuer.

Ein **konkreter** Gewerbe(ertrag)steuersatz läßt sich in praxi **nicht** ohne weiteres angeben, da die Gewerbesteuer eine **kommunale Steuer** ist und die einzelnen Gemeinden den erwünschten Gewerbesteuersatz letzten Endes in gewissen Bandbreiten selbst festlegen können. Eine Rechnung mit **20 % Gewerbesteuersatz** dürfte jedoch als **Durchschnittswert** vergleichsweise sachgerecht sein.[8] Wegen der Möglichkeit, die Gewerbesteuer bei sich selbst abzuziehen, resultiert damit gemäß Beispiel 5.1 ein **Effektivsteuersatz** von ca. 17 %.

Diese sehr knappe[9] und entsprechend auch ungenaue Beschreibung der in

---

8 Vgl. *Rose* (1997), S. 215.

9 Ausführlichere Darstellungen der in Deutschland geltenden, finanzwirtschaftlich relevanten Steuerregelungen finden sich in vielen Lehrbüchern zur Finanzierungslehre, so etwa in *Drukarczyk* (1993), S. 177 ff. Zu beachten ist

Deutschland vorherrschenden, aus finanzwirtschaftlicher Sicht relevanten steuerlichen Regelungen soll genügen. Bereits mit diesem vergleichsweise rudimentären Grundlagenwissen kann geprüft werden, inwiefern sich **unterschiedliche Verschuldungsgrade** auf die steuerliche Gesamtbelastung von Unternehmung und Kapitalgebern **auswirken**. Die Steuerbelastung der **Kapitalgeber** ist deswegen mit zu berücksichtigen, da für die Kapitalgeber natürlich die von ihnen letzten Endes **erreichbaren Wohlfahrtspositionen** entscheidungsrelevant sind. Diese lassen sich aber nur ermitteln, wenn auch die **persönliche Steuerbelastung** der Kapitalgeber in die Betrachtung einbezogen wird. Ferner sei angenommen, daß das unternehmerische Investitionsprogramm und die dafür benötigten Mittel **festliegen**, so daß überschüssige liquide Mittel in Form von Gewinnen stets **vollständig** ausgeschüttet werden. In diesem Fall erhält man für eine Kapitalgesellschaft sofort die **Vorteilhaftigkeit hoher Verschuldungsgrade** aus steuerlicher Sicht. Denn eine Erhöhung des Verschuldungsgrades **verringert** infolge der höheren Belastung der Unternehmung mit fixen Zinszahlungen ceteris paribus deren **Gewinnausweis**. Damit wird aber sicherlich der ausgewiesene Gewerbeertrag und somit auch die Belastung mit Gewerbeertragsteuer **reduziert**. Denn Zinsen auf Forderungstitel werden bestenfalls nur zur Hälfte dem Gewerbeertrag zugerechnet.

Die Wirkung einer **Verschuldungsgraderhöhung** auf die resultierende kombinierte Körperschaft- und Einkommensteuerbelastung hingegen ist **neutral**. Denn unter der Annahme der Ausschüttung aller nicht für Investitionszwecke benötigten Gewinne ist der Umfang der **Körperschaftsteuer** auf einbehaltene Gewinne weitgehend **verschuldungsgradunabhängig**.[10] Eine Variation des Verschuldungsgrades bedingt dann lediglich eine **unterschiedliche Aufteilung** der den

---

in diesem Zusammenhang jedoch, daß die dortigen Ausführungen zur Vermögen- und Gewerbekapitalsteuer zumindest zur Zeit gegenstandslos sind.

10 Von der Möglichkeit, daß die Belastung der Unternehmung mit fixen Zinszahlungsverpflichtungen sogar dazu führt, daß die gewünschte Selbstfinanzierung nicht mehr möglich ist, sei abgesehen, da in diesem Falle weitere Maßnahmen zum Schließen der Finanzierungslücke erforderlich würden.

Kapitalgebern zufließenden Zahlungen in Gewinnausschüttungen auf Beteiligungstitel und Zinszahlungen auf Forderungstitel. In beiden Fällen erfolgt auf der Ebene der natürlichen Personen aber grundsätzlich eine **identische Besteuerung**, so daß sich hieraus kein systematischer Vorteil für irgendeinen Verschuldungsgrad herleiten läßt.[11] Denn weder Gewinnausschüttungen von Kapitalgesellschaften noch Zinszahlungen auf Forderungstitel gelten als **gewerbliche Einkünfte**.

Anders stellt sich die Situation bei **Personengesellschaften** dar. Einerseits spricht hier **für Fremdfinanzierung** der positive Effekt aus der Verringerung der Gewerbesteuerbelastung. Andererseits ist es aber denkbar, daß die Belastung mit **Einkommensteuer** im Rahmen erhöhter Fremdfinanzierung **zunimmt**. Dies liegt an der oben erwähnten **Tarifbegrenzung** bei gewerblichen Einkünften. Erhöht man den Verschuldungsgrad der Unternehmung, so verringern sich die gewerblichen Einkünfte der Kapitalgeber (Gewinnausschüttungen), während die nicht-gewerblichen Einkünfte (Zinszahlungen) **zunehmen** und damit bei hinreichend hohen Grenzsteuersätzen der Kapitalgeber die Gesamteinkommensteuerbelastung wächst. Im Extrem kann durch eine **reine Eigenfinanzierung** unter Beachtung des Solidaritätszuschlags eine Einkommensteuerersparnis von bis zu 6,33 %-Punkten auf den Ertrag der Unternehmung vor Zinszahlungen erreicht werden. Wegen dieser **gegenläufigen Effekte** ist bei Personengesellschaften eine **detailliertere** Betrachtung als bei Kapitalgesellschaften erforderlich.

Beispiel 5.2:

Exemplarisch sei von Steuersubjekten bei **Sicherheit** ausgegangen, deren Grenzeinkommensteuersätze jeweils dem Spitzensteuersatz von 53 % entsprechen. Fer-

---

[11] Anders verhielte es sich natürlich, wenn die Körperschaftsteuer der Unternehmung nicht auf die Einkommensteuer der Gesellschafter angerechnet würde. Dann käme es zu einer "**Doppelbesteuerung**" von Unternehmensgewinnen, die grundsätzlich Fremdfinanzierungsmaßnahmen begünstigte. Eine derartige Situation bestand bis Ende der siebziger Jahre in Deutschland und besteht noch heute etwa in den USA. Vgl. z.B. *Hax* (1979a), S. 322 f., *Swoboda/Zechner* (1995), S. 769.

ner sei für die Gewerbesteuer ein Effektivsteuersatz von 17 % unterstellt. Damit verbleibt bei **reiner Eigenfinanzierung** vom Unternehmensgewinn G einer Personengesellschaft unter Beachtung des Solidaritätszuschlags und der Tarifbegrenzung nach Gewerbe- und Einkommensteuer noch ein Restbetrag von

$$G \cdot (1-0{,}17) \cdot (1-0{,}49585) \approx 0{,}4184 \cdot G. \qquad (5.5)$$

Angenommen, durch Fremdfinanzierung sei es möglich, den Unternehmensgewinn auf **Null** zu reduzieren, so daß G nun die Zinszahlungen auf (Dauer-) Schulden bezeichnet. Damit bemißt sich die **Gewerbesteuer** als $0{,}5 \cdot 0{,}17 \cdot G = 0{,}085 \cdot G$, weil Zinszahlungen auf Dauerschulden nur zur Hälfte in die Bemessungsgrundlage der Gewerbesteuer eingehen. Diese Steuerbelastung entspricht zugleich dem **Verlust** der Unternehmung nach Gewerbesteuer. Bei hinreichend hohen gewerblichen Einkünften aus anderen Quellen reduziert dieser Verlust die **Einkommensteuerbelastung** (inclusive Solidaritätszuschlag) der Inhaber der Beteiligungstitel um $0{,}085 \cdot 0{,}49585 \cdot G$. Die Inhaber der Forderungstitel müssen aber auch noch **Einkommensteuer** (inclusive Solidaritätszuschlag) im Umfang von $0{,}55915 \cdot G$ auf die erhaltenen Zinsen zahlen. Bei allen Kapitalgebern zusammen verbleibt damit nach Steuern noch ein Überschuß in Höhe von

$$G-0{,}085 \cdot G+0{,}085 \cdot 0{,}49585 \cdot G-0{,}55915 \cdot G \approx 0{,}398 \cdot G. \qquad (5.6)$$

Der Vergleich von (5.5) und (5.6) offenbart, daß sich für dieses einfache Zahlenbeispiel unter steuerlichen Aspekten ein Vorteil der Eigen- gegenüber der Fremdfinanzierung in Höhe von ungefähr 2 % des (bei reiner Eigenfinanzierung) vor Steuern ausgewiesenen Gewinns ergibt. □

Im Rahmen des obigen Zahlenbeispiels wurden vergleichweise **begünstigende** Annahmen hinsichtlich der steuerlichen Konsequenzen unternehmerischer Eigenfinanzierung getroffen. Entsprechend resultierte die Vorteilhaftigkeit der Eigenfinanzierung aus steuerlicher Sicht. Bei Zugrundelegung niedrigerer Grenzeinkommensteuersätze für den Fall der Eigenfinanzierung mag sich dieses Bild allerdings durchaus **umkehren**. Man erkennt dies leicht, wenn man etwa eine Personengesellschaft betrachtet, bei der der Grenzeinkommensteuersatz der Kapitalgeber schon ohne Tarifbegrenzung 47 % beträgt. Dann verbleibt **allein** der Fremdfinanzierung attraktiv erscheinen lassende Effekt der nur hälftigen Anrechnung von Dauerschulden auf den Gewerbeertrag.

Während demnach bei **Kapitalgesellschaften** Fremdfinanzierung der Eigenfinanzierung aus steuerlicher Sicht **eindeutig überlegen** ist, läßt sich für **Personengesellschaften** ein ähnlich klares Ergebnis seit der Einführung der Tarifbegrenzung für gewerbliche Einkünfte **nicht** mehr ohne weiteres herleiten. In aller Regel führen rein steuerliche Überlegungen aufgrund der weitgehend vorherrschenden **linearen**[12] Abhängigkeiten der Steuerlast von den einzelnen Bemessungsgrundlagen (-teilen) jedoch zu **Extremlösungen**: Entweder erweist sich reine Fremdfinanzierung oder aber reine Eigenfinanzierung als sachgerecht unter dem Aspekt der Minimierung des Marktwertes der Steuerzahlungen. Beide Formen der Unternehmensfinanzierung lassen sich aber empirisch im allgemeinen **nicht** beobachten. Man hat sich deswegen in der Literatur schon früh Gedanken darüber gemacht, was Unternehmungen von der Wahl derart extremer Finanzierungsformen abhalten könnte. Weil insbesondere in den im Bereich der Wirtschaftswissenschaften führenden USA die steuerlichen Regelungen für eine reine Fremdfinanzierung sprechen, wird in den entsprechenden Beiträgen typischerweise der Frage nachgegangen, was Unternehmen an der Wahl reiner Fremdfinanzierung **hindern** könnte. Diesem Ansatz folgend, soll im weiteren daher unterstellt werden, daß die steuerlichen Regelungen **reine Fremdfinanzierung** von Unternehmungen **nahelegen**. Gemäß den obigen Ausführungen trifft dieser Sachverhalt auch in Deutschland wenigstens für Kapitalgesellschaften zu. An dieser Stelle setzt die Diskussion unternehmerischer **Insolvenzkosten** an, auf die

---

12 Natürlich beruhen diese Linearitäten zum Teil auf **vereinfachenden** Annahmen, beispielsweise der Rechnung mit einem **konstanten** Einkommensteuersatz. Eine **detailliertere** Analyse steht jedoch im Rahmen dieses Lehrbuchs in keinem Verhältnis zum resultierenden Erkenntnisgewinn und soll deswegen hier unterbleiben. Die Tatsache der weithin vorherrschenden linearen Beziehungen findet übrigens ihren Niederschlag unter anderem in der von *Rose* (1973) begründeten und häufig in praktischen Entscheidungskalkülen verwandten sogenannten **Teilsteuerrechnung**. Vgl. auch *Hax* (1979b).

nun näher einzugehen ist.

3 Insolvenzkosten

Mit **Insolvenz** soll im weiteren in erster Linie die **Zahlungsunfähigkeit** einer Unternehmung bezeichnet werden. Hiermit ist also der Sachverhalt gemeint, daß eine Unternehmung ihren **Verbindlichkeiten** gegenüber ihren Gläubigern **nicht** mehr nachkommen kann. Überdies gilt insbesondere bei Kapitalgesellschaften auch "**Überschuldung**" als Insolvenztatbestand. Darunter versteht man, daß das (in ganz bestimmter Weise ermittelte) bilanzielle Eigenkapital einer Unternehmung einen **negativen** Wert annimmt, also der ausgewiesene Wert aller Vermögensgegenstände **nicht** zur Deckung der Verbindlichkeiten ausreicht. Für die grundlagentheoretischen Betrachtungen im Rahmen dieses Kapitels kommt ein Abstellen auf Bilanzgrößen grundsätzlich nicht in Frage. **Sachgerecht** ist allerdings die Betrachtung einer **marktwertorientierten Überschuldung**: Sofern der Marktwert einer Unternehmung kleiner ist als der Marktwert der auf die Forderungstitel gemäß Vertragsvereinbarungen zu erbringenden Zahlungen, liegt eine marktwertorientiert definierte Überschuldung vor. In einem solchen Fall könnte eine Unternehmung etwaige Zahlungsschwierigkeiten bei der Bedienung ihrer Forderungstitel grundsätzlich nicht durch die **Emission neuer Finanzierungstitel** beseitigen. Andernfalls wäre dies (zumindest[13] auf einem vollkommenen Kapitalmarkt) stets möglich.

Beispiel 5.3:

Betrachtet werde eine Unternehmung auf einem vollkommenem Kapitalmarkt in einem Zeitpunkt t, deren Marktwert 100 Geldeinheiten (GE) betrage. Der Marktwert der Forderungstitel im Zeitpunkt t sei unter der Prämisse ihrer **sicheren** Bedienung 40 GE. Im Zeitpunkt t soll der Einzahlungsüberschuß der Unter-

---

[13] Je nachdem, welcher Art die auf dem Kapitalmarkt vorherrschenden Unvollkommenheiten sind, hat die Aussage auch bei unvollkommenem Kapitalmarkt noch Gültigkeit.

nehmung nun **nicht** ausreichen, um die dann fälligen vertraglichen Zahlungen auf die Forderungstitel zu erbringen. Die Gläubiger der Unternehmung wären jedoch stets **bereit**, ihre Forderungstitel an die Unternehmung gegen die Übertragung eines Anteils von 40 % an den Beteiligungstiteln der dann rein eigenfinanzierten Unternehmung **zurückzugeben**, da sie ohnehin in **keinem** Falle Zahlungen mit einem **über** 40 GE liegenden Marktwert von der Unternehmung erhielten. Die Insolvenzgefahr wäre damit gebannt. Alternativ könnte ein 40 %-iger Anteil an den Beteiligungstiteln natürlich auch an **neue** Kapitalgeber verkauft werden, um anschließend mit dem Verkaufserlös die Forderungstitel zurückzukaufen oder Mittel zu deren Bedienung bereitzustellen. Betrüge der Unternehmenswert im Zeitpunkt t hingegen nur 30 GE, dann ist dieses einfache Verfahren zur Herstellung der unternehmerischen Zahlungsfähigkeit grundsätzlich **nicht** anwendbar. □

Marktwertorientierte Überschuldung in einem Zeitpunkt t ist damit eine **notwendige** Voraussetzung für Zahlungsunfähigkeit einer Unternehmung in diesem Zeitpunkt. **Nur** unter diesem Aspekt ist die Betrachtung der marktwertorientierten Überschuldung überhaupt von Bedeutung. Gerade deswegen läßt sich Insolvenz im weiteren auch kurz mit der Zahlungsunfähigkeit einer Unternehmung gleichsetzen. Die bilanzorientierte Überschuldungsdefinition kann im übrigen auch als eine **vorsichtige Approximation** der marktwertorientierten Überschuldung angesehen werden. Eine solche Approximation wird immer dann erforderlich, wenn es **keine** derart funktionsfähigen Kapitalmärkte gibt, daß die Marktwerte künftiger Zahlungen stets ohne weiteres zweifelsfrei ermittelt werden können. Weil dies aber im vorliegenden fünften Kapitel durchgängig vorausgesetzt wird, ist eine Approximation der marktwertorientierten Konzeption nicht erforderlich.

Folge der Insolvenz einer Unternehmung ist, daß es zu vermehrten Auszahlungen und verringerten Einzahlungen für die Unternehmung kommt. Denn zum einen wird durch den Eintritt der Insolvenz ein spezielles Verfahren, das sogenannte

Insolvenzverfahren[14], eingeleitet, dessen Abwicklung mit zusätzlichen Kosten, etwa in Form von Gerichtsgebühren oder Gutachterhonoraren einhergeht. Man spricht hierbei auch von "**direkten Insolvenzkosten**".[15]

Zum anderen führt die Insolvenz einer Unternehmung oft zu einer nicht unerheblichen **Belastung** der Geschäftsbeziehung zwischen der Unternehmung und ihren Kunden, Lieferanten und Arbeitnehmern: Kunden werden insbesondere Produkte, für die gewisse Serviceleistungen auch nach Kauf erforderlich sind, nur **widerwillig** bei insolventen Unternehmen erwerben, da die Insolvenz oft als **Vorstufe** zur **Unternehmensliquidation**, also der Beendigung des Geschäftsbetriebs, angesehen wird. Wegen der damit verbundenen Gefahr des Wegfalls des benötigten Kundendienstes kann eine Insolvenz zu nicht unerheblichen **Umsatzeinbußen** führen. Ähnliches gilt für Lieferanten und Arbeitnehmer: Auch hier wird es in **Antizipation** einer künftigen Unternehmensliquidation zu **Abwanderungen** kommen können, was zu zusätzlichen Belastungen im Rahmen des unternehmerischen Geschäftsbetriebs in Form von Mehrauszahlungen oder Mindereinzahlungen führt. Insgesamt ist hierbei auch von "**indirekten Insolvenzkosten**" die Rede.

Mit wachsendem Verschuldungsgrad wird sich ceteris paribus die **Anzahl** der künftigen Umweltzustände erhöhen, in denen eine Unternehmung zahlungsunfähig ist. Damit steigen die **Wahrscheinlichkeit** einer unternehmerischen Insolvenz

---

14 Vgl. hierzu im einzelnen etwa *Franke/Hax* (1994), S. 482 ff., für Deutschland und beispielsweise *Senbet/Seward* (1995), S. 925 ff. für die USA. Erwähnt werden sollte, daß am 1. Januar 1999 in Deutschland eine **neue Insolvenzordnung** in Kraft tritt. Vgl. zur neuen Insolvenzordnung etwa *Landfermann* (1995), S. 1649 ff.

15 Der Begriff "**Kosten**" ist natürlich **ungenau**. Auch wenn im weiteren von "Insolvenzkosten" die Rede ist, sind in dem hier betrachteten Kontext stets **negative Zahlungskonsequenzen** gemeint. Zum Unterschied zwischen Kosten und Leistungen einerseits sowie Aus- und Einzahlungen andererseits vgl. etwa *Wöhe* (1996), S. 972 ff. Solche Feinheiten brauchen jedoch weder hier noch an einer anderen Stelle dieses Buches näher beachtet zu werden.

und typischerweise auch der zugehörige Marktwert unternehmerischer Insolvenzkosten. Wie nicht anders zu vermuten war, geht eine Erhöhung des unternehmerischen Verschuldungsgrads demnach in der Regel mit einer **Zunahme** des Marktwerts der Insolvenzkosten einher.

4 Optimale Verschuldungsgradwahl bei finanzierungsabhängigen Steuern und Insolvenzkosten

4.1 Herleitung

Gemäß den Ausführungen der Abschnitte 2 und 3 lassen sich in der Regel **zwei gegenläufige** Effekte aus einer Erhöhung des unternehmerischen Verschuldungsgrads herleiten. Zum einen wird sich häufig im Rahmen einer Ausdehnung der Fremdfinanzierung der Marktwert der künftigen unternehmerischen Steuerbelastung reduzieren. Zum anderen wird sich jedoch der Marktwert der künftigen Insolvenzkosten erhöhen. Man erhält damit einen gewissen **Trade-off**, und es ist durchaus denkbar, daß sich auf diese Weise ein eindeutig optimaler Verschuldungsgrad ρ^* wie etwa in *Abbildung 5.1* ergibt.[16,17] Aufgrund des dort unterstellten in ρ streng konvexen Verlaufs der Kurven $V(\tilde{\tau}^{(\mathscr{F})})$ und $V(\tilde{\iota}^{(\mathscr{F})})$ ist ρ^* dabei durch die betragsmäßige Gleichheit der Ableitungen dieser beiden Kurven nach ρ eindeutig charakterisiert. Der Grenzmarktwertverlust aus größerer Insolvenzgefahr infolge einer weiteren Erhöhung des Verschuldungsgrades entspricht im Optimum dem Grenzmarktwertzuwachs aus geringerer Steuerbelastung.

---

16 Vgl. etwa *Kraus/Litzenberger* (1973). Für weitere Quellen zu diesem Themenbereich siehe *Wohlschieß* (1996), S. 29.

17 Sofern die steuerlichen Regelungen zu einer Bevorzugung der Eigenfinanzierung führen, erhält man natürlich unter Berücksichtigung von Insolvenzkosten **erst recht** die Vorteilhaftigkeit reiner Eigenfinanzierung. Da ein solches Verhalten von Unternehmen so gut wie **nicht** beobachtet werden kann, legt schon dies den Verdacht nahe, daß es **weitere Bestimmungsgründe** für unternehmerische Finanzierungsentscheidungen gibt, die über die im Rahmen dieses Kapitels dargestellten hinausgehen.

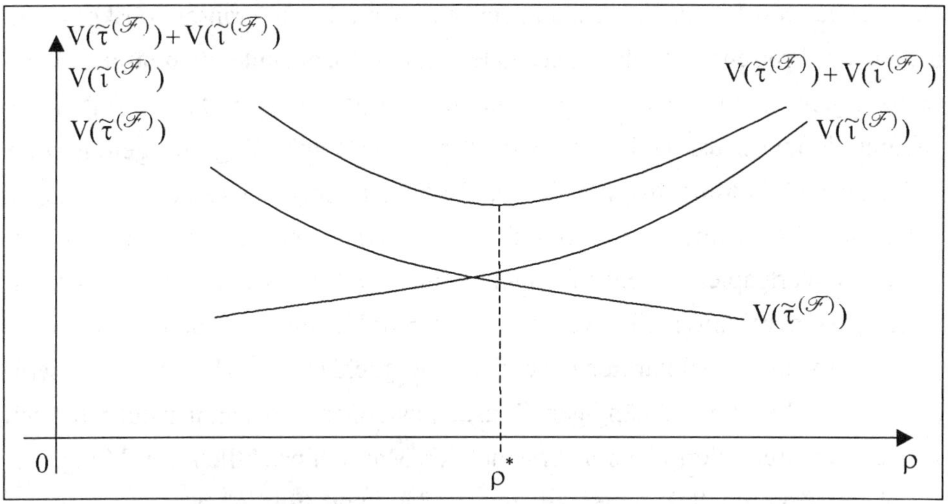

Abbildung 5.1: Optimaler Verschuldungsgrad ρ^* bei finanzierungsabhängigen Steuern und Insolvenzkosten

Neben der graphischen Skizzierung dieses Sachverhaltes bietet sich insbesondere die Diskussion eines konkreten Zahlenbeispiels an.

Beispiel 5.4:

Zur Vereinfachung sei eine Unternehmung im Rahmen eines Zwei-Zeitpunkte-Modells betrachtet. In t = 1 gebe es fünf Umweltzustände $s^{(j)}$ (j = 1, …, 5) mit beliebigen Eintrittswahrscheinlichkeiten $p^{(j)}$. Die Realisationen des der Unternehmung aus der Investition in t = 1 zufließenden Zahlungsstroms $\tilde{z}_1$ vor Zahlungen an Kapitalgeber, Steuerzahlungen und Insolvenz"kosten" können der *Tabelle 5.1* entnommen werden.

	$s^{(1)}$	$s^{(2)}$	$s^{(3)}$	$s^{(4)}$	$s^{(5)}$
$\tilde{z}_1$	20	40	60	80	100

Tabelle 5.1: Einzahlung $\tilde{z}_1$ aus dem Investitionsprogramm je nach eintretendem Umweltzustand $s^{(j)}$

Der Handel von Finanzierungstiteln sei **ohne** Anfall von Transaktionskosten zu **gegebenen** Preisen möglich. Insbesondere sollen sogenannte **elementare Wertpapiere** gehandelt werden. Ein elementares Wertpapier j (j = 1, ..., 5) ist dabei dadurch definiert, das es im Zustand $s^{(j)}$ zu einer Einzahlung von **genau einer** Geldeinheit (GE) führt, in allen übrigen Zuständen hingegen **keine** Einzahlungen mit diesem Wertpapier verbunden sind.[18] Die Annahme der Existenz von elementaren Wertpapieren steht im Einklang mit der Prämisse des **friktionsfreien Sekundärmarkthandels**. Es wurde schon darauf hingewiesen, daß bei reibungslos arbeitenden Kapitalmärkten generell die Möglichkeit zum Handel von **beliebigen** zeit- und zustandsabhängigen Konsumpositionen und damit natürlich **auch** von elementaren Wertpapieren besteht, der Markt hinsichtlich der Menge erreichbarer Konsumallokationen gewissermaßen "**vollständig**" ist.

Der Preis in t = 0 eines elementaren Wertpapiers j sei mit $\pi^{(j)}$ bezeichnet. Konkret sollen die Preise gemäß *Tabelle 5.2* gelten.

$\pi^{(1)}$	$\pi^{(2)}$	$\pi^{(3)}$	$\pi^{(4)}$	$\pi^{(5)}$
0,2	0,1	0,2	0,1	0,2

Tabelle 5.2: Preise $\pi^{(j)}$ elementarer Wertpapiere j (j = 1, ..., 5)

Jeder mit einem Finanzierungstitel verbundene Zahlungsstrom läßt sich grundsätzlich als **Bündel elementarer Wertpapiere** interpretieren. Aufgrund der Möglichkeit zum transaktionskostenlosen Handel von Finanzierungstiteln zu gegebenen Preisen gilt im Marktgleichgewicht das **Gesetz des Einheitspreises**, so daß aus dem Preis des jeweils betrachteten Bündels elementarer Wertpapiere unmittelbar auf den Preis des zugehörigen Finanzierungstitels **geschlossen** werden kann. So erhält man etwa eine **sichere** Rückzahlung von 1 GE in t = 1, wenn

---

18 Vgl. zum Begriff des **elementaren Wertpapiers** z.B. auch *Hax/Neus* (1995), Sp. 1168.

man von **jedem** elementaren Wertpapier **genau eines** erwirbt. Der aufzuwendende Gesamtpreis beläuft sich damit auf 0,2+0,1+0,2+0,1+0,2 = 0,8 GE. Bei einer Rückzahlung von 1 GE resultiert eine **sichere Verzinsung** von 1/0,8 - 1 = 25 %. Auf diese Weise erhält man also, daß im Marktgleichgewicht der Zinssatz für sichere Anlage/Verschuldung 25 % beträgt, wenn die Preise elementarer Wertpapiere gemäß *Tabelle 5.2* beschrieben werden.

Des weiteren sei eine "**Gewinn**"**-Steuer** eingeführt, deren Bemessungsgrundlage der Zahlungsstrom $\tilde{z}_1$ aus dem Investitionsprogramm gemäß *Tabelle 5.1* **nach** Abzug der Zahlungen an die Inhaber der Forderungstitel ist. Der zugehörige **Steuersatz** belaufe sich auf 20 %. Natürlich handelt es sich hierbei um ein außerordentlich einfaches Steuersystem, das zweifellos nur über einen losen Bezug zu realen steuerlichen Regelungen verfügt. Insbesondere sind hierbei **sämtliche** Zahlungen an die Inhaber von Forderungstiteln steuerlich abzugsfähig, und es ist **keine** Einkommensteuer von den Kapitalgebern selbst zu entrichten. Die Annahme eines realen Zusammenhängen besser entsprechenden Steuersystems würde jedoch nur die Darstellung unnötig erschweren, ohne daß der Grundgedanke der Herleitung einer **inneren Lösung** für den Verschuldungsgrad ρ dadurch besser präsentiert werden könnte.

Schließlich führe die **Zahlungsunfähigkeit** der Unternehmung in t = 1 zu **Insolvenzkosten** von jeweils 10 GE, die aus dem Zahlungsstrom $\tilde{z}_1$ zu zahlen sind, **bevor** die Inhaber der Forderungstitel (teilweise) befriedigt werden.

Um unter den gerade genannten Prämissen den marktwertmaximierenden Verschuldungsgrad für die betrachtete Unternehmung auszurechnen, brauchen **nur** Rückzahlungsverpflichtungen von 20 GE, 40 GE, 60 GE, 80 GE oder aber 100 GE in t = 1 auf emittierte Forderungstitel betrachtet zu werden. Jeder andere Rückzahlungsbetrag, beispielsweise 25 GE, kann **nicht optimal** sein. Denn ohne Erhöhung der Insolvenzgefahr wäre durch die Steigerung des Rückzahlungsanspruchs der Gläubiger auf 40 GE eine erhöhte Steuerersparnis und damit ein erhöhter Unternehmenswert erreichbar. Den optimalen Verschuldungsgrad kann man für dieses Beispiel damit einfach durch "**Ausprobieren**" ermitteln. In der *Tabelle 5.3* sind die zustandsabhängigen Steuerzahlungen und die Insolvenzkosten für die **fünf Kandidatenstellen** des optimalen Forderungsvolumens angegeben. Dabei bezeichne etwa $\tilde{\tau}^{(40)}$ die ungewissen Steuerzahlungen bei einer Forderungshöhe (inclusive Zinsen) von F = 40 GE, $\tilde{\iota}^{(40)}$ stehe für die ungewissen Insolvenzkosten im Fall von F = 40 GE. In entsprechender Weise sind die übrigen Größen aus *Tabelle 5.3* definiert.

	$s^{(1)}$	$s^{(2)}$	$s^{(3)}$	$s^{(4)}$	$s^{(5)}$
$\tilde{\tau}^{(20)}$	0	4	8	12	16
$\tilde{\iota}^{(20)}$	0	0	0	0	0
$\tilde{\tau}^{(40)}$	0	0	4	8	12
$\tilde{\iota}^{(40)}$	10	0	0	0	0
$\tilde{\tau}^{(60)}$	0	0	0	4	8
$\tilde{\iota}^{(60)}$	10	10	0	0	0
$\tilde{\tau}^{(80)}$	0	0	0	0	4
$\tilde{\iota}^{(80)}$	10	10	10	0	0
$\tilde{\tau}^{(100)}$	0	0	0	0	0
$\tilde{\iota}^{(100)}$	10	10	10	10	0

Tabelle 5.3: Steuerzahlungen und Insolvenzkosten in Abhängigkeit vom eintretenden Umweltzustand und dem gewählten Fremdfinanzierungsvolumen

Man erhält die Werte aus *Tabelle 5.3*, indem man zu jeder betrachteten Forderungshöhe und jedem möglichen Zustand zunächst die Forderungshöhe von der maßgeblichen Einzahlung aus der unternehmerischen Tätigkeit abzieht und die Differenz mit 0,2 multipliziert, sofern sie positiv ist. Auf diese Weise gelangt man zu den von seiten der Unternehmung zu leistenden zustandsabhängigen **Steuerzahlungen**. Bei einer Forderungshöhe von 60 GE etwa ergeben sich positive steuerpflichtige Gewinne **nur** in den Zuständen $s^{(4)}$ und $s^{(5)}$, und zwar im Umfang von 20 bzw. 40 GE. Die entsprechenden Steuerzahlungen sind dann $20 \cdot 0{,}2 = 4$ GE und $40 \cdot 0{,}2 = 8$ GE. Ist die Forderungshöhe größer als der oder gleich dem Einzahlungsüberschuß der Unternehmung, verbleibt nach bestmöglicher Bedienung der Gläubiger ein "Gewinn" von **Null**, so daß die Steuerbelastung sich dann ebenfalls auf diesen Wert beläuft.

Insolvenzkosten hingegen fallen stets an, wenn sich eine negative Differenz zwischen $\tilde{z}_1$ und betrachteter Rückzahlungsverpflichtung auf die Forderungstitel ergibt. Bei einer Forderungshöhe von 60 GE etwa wird die Unternehmung nur in den Zuständen $s^{(1)}$ und $s^{(2)}$ insolvent. In $s^{(3)}$ kann sie ihren Verbindlichkeiten gerade noch nachkommen. In den Zuständen $s^{(4)}$ und $s^{(5)}$ verbleibt nach Bedienung der Forderungstitel sogar noch ein positiver Zahlungssaldo, der an die Inhaber der Beteiligungstitel ausgeschüttet wird.

Die **Summe** der Marktwerte der Steuerzahlungen und der Insolvenzkosten je nach der Höhe der Rückzahlungsforderung der Gläubiger ist in *Tabelle 5.4* auf der folgenden Seite wiedergegeben. Man erhält die jeweiligen Werte, indem man für jede Rückzahlungsforderung die entsprechenden beiden Zeilen aus *Tabelle 5.3* addiert und diese Summe als ein **Bündel elementarer Wertpapiere** bewertet. Beispielsweise ergibt sich für eine Rückzahlungshöhe von 60 GE folgende Rechnung:

$$V(\tilde{\tau}^{(60)}) + V(\tilde{\iota}^{(60)}) = 10 \cdot 0{,}2 + 10 \cdot 0{,}1 + 4 \cdot 0{,}1 + 8 \cdot 0{,}2 = 5. \qquad (5.7)$$

Die Unternehmung sollte nach *Tabelle 5.4* Forderungstitel mit einem Rückzahlungsanspruch von **60 GE** emittieren, um ihren Marktwert zu **maximieren**. Für diese Forderungshöhe ergeben sich künftige Einzahlungen $\tilde{z}_1^{(FK)}$ auf Forderungstitel und Einzahlungen $\tilde{z}_1^{(EK)}$ auf Beteiligungstitel gemäß *Tabelle 5.5*. Hierbei ist zu beachten, daß Insolvenzkosten die möglichen Zahlungen an die Gläubiger in den Zuständen $s^{(1)}$ und $s^{(2)}$ schmälern.

Rückzahlungsforderung	$V(\tilde{\tau}^{(F)})+V(\tilde{\iota}^{(F)})$
20	6,4
40	6
60	5
80	5,8
100	6

Tabelle 5.4: Summe der Marktwerte von Steuerzahlungen und Insolvenzkosten je nach gewähltem Fremdfinanzierungsvolumen

	$s^{(1)}$	$s^{(2)}$	$s^{(3)}$	$s^{(4)}$	$s^{(5)}$
$\tilde{z}_1^{(FK)}$	10	30	60	60	60
$\tilde{z}_1^{(EK)}$	0	0	0	16	32

Tabelle 5.5: Zahlungen auf Forderungstitel und Beteiligungstitel je nach eintretendem Umweltzustand $s^{(j)}$ $(j = 1, \ldots, 5)$

Der Marktwert der Forderungs- und der Beteiligungstitel beträgt im Optimum:

$$\begin{aligned} V(\tilde{z}_1^{(FK)}) &= 10\cdot 0{,}2+30\cdot 0{,}1+60\cdot 0{,}5 = 35, \\ V(\tilde{z}_1^{(EK)}) &= 16\cdot 0{,}1+32\cdot 0{,}2 = 8. \end{aligned} \tag{5.8}$$

Dies impliziert unmittelbar, daß durch die Emission von Finanzierungstiteln maximal $35+8 = 43$ GE aufgebracht werden können. Das Investitionsprogramm der Unternehmung kann demnach in t = 0 nur finanziert werden, wenn die **Anfangsauszahlung** in t = 0 **nicht höher** als 43 GE ist. Des weiteren läßt sich mit den Werten aus (5.8) auch der **optimale Verschuldungsgrad** der Unternehmung ermitteln. Er beläuft sich auf $\rho^* = 35/8 = 4{,}375$. □

4.2 Kritik

Auf den ersten Blick scheint es, daß ein adäquater Ansatzpunkt zur Modifikation des Irrelevanztheorems von *Modigliani* und *Miller* (1958) gefunden ist. Tatsächlich weist der Versuch, insbesondere die Wahl des unternehmerischen Verschuldungsgrades aus einem Trade-off zwischen jeweiligen Steuerwirkungen und drohenden künftigen Insolvenzkosten zu erklären, eine **Reihe von Schwächen** auf. Diese betreffen zunächst einmal die Möglichkeit der Entwicklung **praktischer Handlungsempfehlungen** für unternehmerische Finanzierungsentscheidungen. Selbst wenn man von der grundsätzlichen Richtigkeit der Überlegungen aus Abschnitt 4.1 ausgeht, lassen sich doch bestenfalls die jeweiligen steuerlichen Konsequenzen verschiedener Finanzierungsmaßnahmen vergleichsweise gut abschätzen. Weitaus schwieriger dürfte der Versuch sein, künftige direkte oder indirekte Insolvenzkosten unternehmensbezogen zu **quantifizieren**. Allenfalls käme der Versuch in Frage, auf **empirischem** Wege branchenbezogene Anhaltspunkte für das Ausmaß von Insolvenzkosten zu ermitteln. Aber selbst dies dürfte bestenfalls **nur** für die direkten Insolvenzkosten möglich sein. Überdies müßten die steuerlichen Zahlungskonsequenzen ebenso wie die drohenden Insolvenzkosten als **Wahrscheinlichkeitsverteilungen** abgebildet und dann auch noch **bewertet** werden. Schon letzteres kann nur gelingen, wenn man die **Marktbewertungsfunktion** für künftige Zahlungen in der Praxis hinreichend gut **abschätzen** kann, so wie es im Beispiel 5.4 durch die Vorgabe der Preise für die elementaren Wertpapiere der Fall war. Gerade diese Rechnung mit Preisen für elementare Wertpapiere hat aber im wesentlichen **konzeptionelle Bedeutung** im Zusammenhang mit der Veranschaulichung von Sachverhalten etwa wie im Beispiel 5.4. Tatsächlich werden elementare Wertpapiere auf Kapitalmärkten jedoch gar nicht gehandelt, da schon die Anzahl der denkbaren Umweltzustände und die real existierenden Transaktionskosten dies **unmöglich** machen. Dementsprechend gibt es auch nur sehr wenige Beiträge zu einer **approximativen Abschätzung** von Preisen fingierter elementarer Wertpapiere.[19]

Natürlich bestehen die gerade angesprochenen Datenerhebungsprobleme **sehr häufig** beim Treffen von realen Entscheidungen. Aber auch wenn man von den Schwierigkeiten bei der Herleitung anwendungsorientierter Entscheidungsregeln auf der Grundlage der Überlegungen des Abschnitts 4.1 absieht, läßt sich an dem Erklärungsansatz für unternehmerische Verschuldungsgradentscheidungen mit Bezug auf finanzierungsabhängige Steuern und Insolvenzkosten aus **grundlagentheoretischer** Sicht noch Kritik üben. Auf die beiden präsentierten Determinanten unternehmerischer Finanzierungsentscheidungen und die hiermit verbundenen Probleme soll im weiteren vertieft eingegangen werden.

4.2.1 Finanzierungsabhängige Steuern

Der **einzige** Grund, warum ein Unternehmen im hier behandelten Modellkontext nicht auf reine Eigenfinanzierung zurückgreift, ist in der unterstellten steuerlichen Bevorzugung der Fremdfinanzierung zu sehen. Sicherlich kann nicht ausgeschlossen werden, daß in der Realität immer wieder bestimmte, fein durchdachte Finanzierungskonstruktionen aufkommen, die fast ausschließlich steuerlich motiviert sind.[20] Die Vorstellung aber, daß eine derart grundlegende unternehmerische Finanzierungsmaßnahme wie die der Fremdfinanzierung allenfalls unter steuerlichen Aspekten in Erwägung zu ziehen ist, wirkt doch auch ohne genauere Prüfung bereits recht **wenig überzeugend**. Es sollte nochmals darauf hingewiesen werden, daß in Deutschland für Personengesellschaften Eigenfinanzierung

---

19 Vgl. hierzu insbesondere die Arbeit von *Banz/Miller* (1978).

20 So besteht etwa generell ein großer Anreiz, Forderungstitel mit fester Verzinsung **synthetisch** so nachzubilden, daß Einkommensteuerzahlungen auf Zinsen bei den jeweiligen Inhabern der Finanzierungstitel vermieden werden. Vgl. z.B. *Jonas* (1993), *Gürtler/Heesen* (1995), S. 63. Natürlich lösen derartige Bestrebungen entsprechende **Gegenreaktionen** des Fiskus aus.

der Fremdfinanzierung sogar bereits aus steuerlichen Erwägungen überlegen sein kann. Mit Insolvenzkosten als einziger weiterer Determinante von unternehmerischen Finanzierungsentscheidungen dürfte für diese Unternehmen demnach gar **keine Fremdfinanzierung** mehr zu beobachten sein. Auch diese Vorstellung erscheint reichlich **abwegig**.

Des weiteren sollte man ganz allgemein mit der Erklärung ökonomischer Phänomene allein durch steuerliche Überlegungen recht **vorsichtig** sein. Im hier betrachteten Kontext stellen steuerliche Regelungen nichts anderes als eine **exogene Störgröße** dar, die man kaum weiter hinterfragen kann. Allein schon deswegen scheint es angebracht, zunächst andere Erklärungsmöglichkeiten zu prüfen und steuerliche Aspekte trotz ihrer sicher gegebenen Relevanz[21] im weiteren **auszuschließen**.

4.2.2 Insolvenzkosten

Sieht man wegen der gerade angestellten Überlegungen von finanzierungsabhängigen Steuern im weiteren ab, dann ergibt sich gemäß Abschnitt 4.1 der marktwertmaximale Unternehmenswert stets für den Fall **reiner Eigenfinanzierung**, da auf diese Weise der Anfall jeglicher Insolvenzkosten verhindert werden könnte.

Insbesondere von *Haugen* und *Senbet* (1978) wurden allerdings auch Zweifel an der Relevanz von Insolvenzkosten im Zusammenhang mit unternehmerischen Finanzierungsentscheidungen geäußert. Ihre Kritik betrifft dabei sowohl die

---

[21] Die Relevanz steuerlicher Überlegungen für die Frage der Unternehmensfinanzierung zeigt sich auch in der Fülle der Beiträge, die zu diesem Themenkomplex bislang veröffentlicht wurde. Erwähnenswert ist insbesondere noch der prominente Beitrag von *Miller* (1977), in dem die **Irrelevanz** unternehmerischer Finanzierungsentscheidungen auf der Ebene des **einzelnen** Unternehmens auch unter Berücksichtigung von Steuern erhalten bleibt, **gesamtwirtschaftlich** jedoch eine **eindeutig optimale** (aggregierte) Verschuldung der Unternehmen existiert.

direkten wie auch die indirekten Insolvenzkosten.

Zunächst einmal wiesen *Haugen und Senbet* (1978) zu Recht darauf hin, daß man strikt zwischen **Insolvenz** und **Liquidation** einer Unternehmung unterscheiden muß. Die **Insolvenz** einer Unternehmung führt zunächst nur zu einem **Wechsel** in der **Verfügungsmacht** über die Unternehmung. Die Verfügungsrechte gehen von den Inhabern der Beteiligungstitel über auf die Inhaber der Forderungstitel. Ob im Insolvenzfall eine **Zerschlagung** oder aber eine **Fortführung** der Unternehmung im Interesse der Gläubiger ist, hängt letzten Endes davon ab, wodurch ein **höherer Unternehmenswert** erzielt werden kann. Genau dies sollte aber nach *Haugen* und *Senbet* (1978) auch der Kalkül der Inhaber der Beteiligungstitel sein. Insgesamt folgern die beiden Autoren hieraus, daß die **Fortführungswürdigkeit** einer Unternehmung unabhängig von ihrer **Solvenz** stets gleich zu beurteilen ist. Damit aber ist nicht einzusehen, daß sich bei Insolvenz signifikante indirekte Insolvenzkosten ergeben sollten.

Beispiel 5.5:

Eine Unternehmung verfüge über Verbindlichkeiten in Höhe von 500 Geldeinheiten (GE), die sämtlich in $t = 1$ zu begleichen sind. Die laufenden Einzahlungsüberschüsse der Unternehmung in $t = 1$ seien Null. Ferner seien in $t = 1$ zwei Umweltzustände möglich. Im Zustand $s^{(1)}$ ist der Unternehmenswert bei Fortführung 600 GE, bei Liquidation hingegen 700 GE. Im Zustand $s^{(2)}$ ist der Unternehmenswert bei Fortführung 450 GE, bei Liquidation hingegen nur 400 GE. Im Zustand $s^{(1)}$ ist die Unternehmung in jedem Fall in der Lage, ihre Verbindlichkeiten zu erfüllen, da wenigstens stets neue Finanzierungstitel mit einem Marktwert von 500 GE an andere Kapitalgeber verkauft werden könnten. Die Inhaber der Beteiligungstitel behalten daher die Verfügungsmacht und werden sich sicherlich für die **Liquidation** der Unternehmung entscheiden, um auf diese Weise ein Nettovermögen von 700-500 = 200 GE zu erreichen. Im Zustand $s^{(2)}$ hingegen wird die Unternehmung ihren Zahlungsverpflichtungen nicht nachkommen können. Daher geht die Verfügungsmacht auf die Gläubiger über, und diese werden die Unternehmung **fortführen**, um so die Höhe ihres partiellen Forderungsausfalls immerhin auf 500-450 = 50 GE zu begrenzen. In diesem Beispiel wird die Unternehmung demnach im Falle der Zahlungsfähigkeit liquidiert und bei Insolvenz fortgeführt. Entsprechend lassen sich für jede denkbare andere Konstellation von Zahlungsfähigkeit und Fortführungswürdigkeit einer Unternehmung passende Beispiele konstruieren. □

Schon **empirische Untersuchungen** deuten darauf hin, daß auch die direkten Insolvenzkosten aufgrund ihres vergleichsweise geringen Ausmaßes von eher untergeordneter Bedeutung für den Unternehmenswert sein sollten.[22] Aber selbst bei beträchtlichen drohenden, künftigen Insolvenzkosten infolge hoher Fremdfinanzierung würde nach *Haugen* und *Senbet* (1978), S. 389, der folgende **Arbitragemechanismus** eine Reduktion des Unternehmenswertes verhindern: Ein derartiges Unternehmen könnte **keinen geringeren** Unternehmenswert haben als ein anderes Unternehmen mit identischem Zahlungsstrom vor Insolvenzkosten, aber ohne Fremdfinanzierung. Denn in diesem Falle würde sich auf dem hier unterstellten, bis auf Insolvenzkosten vollkommenen Markt ein Investor finden, der **sämtliche** Finanzierungstitel der betreffenden Unternehmung aufkaufen und zeitgleich die Unternehmung **rein eigenfinanziert** wieder verkaufen würde. Aufgrund der so beseitigten Insolvenzgefahr könnte dieser Investor dabei einen **höheren** Verkaufserlös realisieren, als von ihm als Kaufpreis für den Erwerb aller Finanzierungstitel aufgewendet wurde. Aus dieser Überlegung ziehen *Haugen* und *Senbet* den Schluß, daß der Unternehmenswert auch bei ausfallbedrohter Fremdfinanzierung und der Existenz von Insolvenzkosten **nicht** von dem bei reiner Eigenfinanzierung abweichen kann und daher auch Insolvenzkosten ohne Bedeutung für unternehmerische Finanzierungsentscheidungen sind.

Im Gegensatz zu der von *Haugen* und *Senbet* (1978) für einen (weitgehend) vollkommenen Kapitalmarkt zu Recht betonten grundsätzlichen Unabhängigkeit von Insolvenz und Liquidation kann ihre letztere Argumentation **nicht unwidersprochen** bleiben. Natürlich stimmt es, daß bei Abstraktion von Steuern, aber

---

[22] Vgl. z.B. *Warner* (1977) oder auch *Gessner/Rhode/Strate/Ziegert* (1978).

Berücksichtigung von Insolvenzkosten zum Ausschluß der (im Gleichgewicht nicht existenten) angesprochenen Arbitragemöglichkeit der Marktwert einer Unternehmung bei einem Verschuldungsgrad $\rho > 0$ demjenigen für $\rho = 0$ entsprechen muß. Aber auch für diese Konstellation bestünden **Arbitragemöglichkeiten** derart, daß sich der Leerverkauf der Finanzierungstitel der betreffenden Unternehmung lohnte. Die Unternehmung wäre nämlich in dem Sinne **überteuert**, als unter Berücksichtigung der abfließenden Insolvenzkosten die aus den Finanzierungstiteln der Unternehmung resultierenden Zahlungsströme am Kapitalmarkt **preiswerter** beschafft werden könnten. Gerade deswegen könnte man durch **Leerverkauf** dieser Finanzierungstitel bei entsprechender Eindeckung mit den zur Begleichung der so begründeten Zahlungsverpflichtungen notwendigen elementaren Wertpapieren einen **Arbitragegewinn** realisieren.

Beispiel 5.6:

Betrachtet sei eine Unternehmung im Rahmen eines Zwei-Zeitpunkte-Modells, wobei in $t = 1$ zwei Umweltzustände möglich seien. Im Zustand $s^{(1)}$ erziele die Unternehmung Einzahlungen vor Insolvenzkosten von 50 GE, im Zustand $s^{(2)}$ von 100 GE. Die Preise für elementare Wertpapiere belaufen sich auf $\pi^{(1)} = 0{,}4$ und $\pi^{(2)} = 0{,}5$ GE. Im Falle **reiner Eigenfinanzierung** beträgt der Marktwert der Unternehmung somit $50 \cdot 0{,}4 + 100 \cdot 0{,}5 = 70$ GE. Nun sei angenommen, die Unternehmung habe Forderungstitel emittiert, die in $t = 1$ Rückzahlungsverpflichtungen von 80 GE begründen. Damit erweist sich die Unternehmung im Zustand $s^{(1)}$ als insolvent, wodurch Insolvenzkosten in Höhe von 10 GE anfallen sollen. Gemäß *Haugen* und *Senbet* (1978) hätte die Unternehmung auch in diesem Fall mit partieller Fremdfinanzierung einen Marktwert von 70 GE. Eine derartige Situation kann aber **kein Gleichgewicht** beschreiben, da der Leerverkauf der von der Unternehmung ihren Kapitalgebern gewährten Zahlungen von 40 GE in $s^{(1)}$ und 100 GE in $s^{(2)}$ zu einem Erlös von 70 GE führen würde, während man zum Erwerb dieser Zahlungsposition am Kapitalmarkt nur $40 \cdot 0{,}4 + 100 \cdot 0{,}5 = 66$ GE aufwenden müßte. Das bedeutet, daß man auf diese Weise in $t = 0$ einen **sicheren Gewinn** realisieren könnte, während sich in $t = 1$ per Saldo keine weiteren Zahlungen aus der Gesamtposition ergäben. Anders formuliert, würden die Finanzierungstitel der betrachteten verschuldeten Unternehmung zu einem Gesamtpreis von 70 GE keine Abnehmer, sondern nur zusätzliche Anbieter in Form der Leerverkäufer finden. □

Aus den gerade angestellten Überlegungen folgt damit, daß im Marktgleichgewicht bei Existenz von Insolvenzkosten **jede** Unternehmung einen so geringen Verschuldungsgrad wählt, daß für sie keine Insolvenzgefahr besteht. **Insolvenzkosten** im Zusammenhang mit Fremdfinanzierung **determinieren** also selbstverständlich die unternehmerischen Finanzierungsentscheidungen. Die Realisation eines Verschuldungsgrades $\rho > 0$ mit Insolvenzgefahr beschriebe hierbei schlicht **kein gleichgewichtiges** Verhalten.

Entsprechend bleibt auch die Herleitung aus Abschnitt 4.1 unter Hinzunahme steuerlicher Erwägungen vollkommen korrekt. Man könnte die gerade vorgestellte Argumentation hierbei nun auf jede **Abweichung** vom jeweils marktwertmaximierenden Verschuldungsgrad ρ^* beziehen: Stets ergäben sich dadurch Möglichkeiten zur Erzielung einer **Nettoersparnis** bei Steuern und/oder Insolvenzkosten durch die Realisierung des optimalen Verschuldungsgrades bei Unternehmen, die in der Ausgangssituation suboptimal finanziert sind. Daraus folgt nun aber eben **nicht**, daß Abweichungen vom jeweiligen ρ^* auftreten können und der Unternehmenswert hierbei dem für die Wahl von ρ^* entspricht. Denn auch dies würde kein Gleichgewicht beschreiben. Vielmehr resultiert, daß ein Gleichgewicht **nur denkbar** ist bei Wahl des jeweils optimalen unternehmerischen Verschuldungsgrades durch die betrachtete Unternehmung. Gerechtfertigt bleiben unter der Prämisse eines bis auf Steuern und Insolvenzkosten vollkommenen Kapitalmarktes allerdings der Einwand der aus empirischer Sicht wohl vernachlässigbaren Höhe direkter Insolvenzkosten sowie der Hinweis auf die erforderliche Unterscheidung von Insolvenz und Liquidation einer Unternehmung.

Tatsächlich zieht die Annahme eines **weitgehend vollkommenen** Kapitalmarktes jedoch **noch größere** Kreise. Insbesondere ist zu beachten, daß die durch Finanzierungsmaßnahmen verteilbare **Gesamt-Vermögensposition** erst unter Berücksichtigung des Fiskus und der Empfänger von Einzahlungen in Form direkter Insolvenzkosten der Unternehmung gegeben ist. Läßt man nun **Ausgleichszahlungen** vom Staat und den Empfängern der unternehmerischen Auszahlungen in Form direkter Insolvenzkosten (im weiteren "Insolvenzkostenbezieher" genannt) an die Kapitalgeber der Unternehmung als **Gegenleistung** für die Wahl einer bestimmten Finanzierungsweise zu, dann erhält man grundsätzlich erneut die **Irrelevanz** des Verschuldungsgrades für den Unternehmenswert. Diese Aussage hat unabhängig davon Gültigkeit, wie hoch die direkten Insolvenzkosten bei Zahlungsunfähigkeit der Unternehmung und die von ihr zu zahlenden Steuern sind.

Beispiel 5.7:
In Fortführung des Beispiels 5.4 sei angenommen, daß alle anfallenden Insolvenzkosten als "direkt" klassifiziert werden können. Der Fiskus und die Insolvenzkostenbezieher sollen den Kapitalgebern der Unternehmung in $t = 0$ nun aber **Ausgleichszahlungen** für die Realisation eines bestimmten Verschuldungsgrades anbieten können. Zunächst seien nur die Möglichkeiten reiner Eigen- und reiner Fremdfinanzierung (mit $F > 100$ GE) betrachtet. Weil der Fiskus bei reiner Eigenfinanzierung von seiten der Unternehmung Steuerzahlungen mit einem Marktwert von 9,6 GE erhält, ist dies zugleich auch sein höchstmögliches Gebot für reine Eigenfinanzierung der Unternehmung. Die Insolvenzkostenbezieher würden der Unternehmung für $\rho = 0$ keine Ausgleichszahlung anbieten. Statt dessen könnte von deren Seite ein Gebot von maximal 8 GE für Fremdfinanzierung mit $F > 100$ GE erfolgen. Bei gleichzeitiger Abgabe der Gebote durch Fiskus und Insolvenzkostenbezieher ist ein simultanes Optimalverhalten beider Bieter nur gegeben, wenn der Fiskus für reine Eigenfinanzierung der Unternehmung 9,6 GE Zahlung in Aussicht stellt und die Insolvenzkostenbezieher für reine Fremdfinanzierung ebenfalls ihr **höchstmögliches Gebot** tätigen. Der Marktwert der Unternehmung inclusive Ausgleichszahlungen entspricht dabei in beiden Fällen 48 GE, also dem **gleichen** Wert wie bei Abstraktion von Steuern und Insolvenzkosten. Bei allen anderen Geboten bestünden für wenigstens einen der beiden Bieter Anreize zur Modifikation seines Gebots. Bei einem Gebot von 9 GE durch den Fiskus etwa würden die Insolvenzkostenbezieher schon für etwas mehr

als 7,4 GE Gebot die Unternehmung zur reinen Fremdfinanzierung veranlassen können. Daraus resultiert für den Fiskus ein Anreiz, ein höheres Gebot als 9 GE abzugeben, um reine Eigenfinanzierung der Unternehmung doch noch zu erreichen, so daß ein Gebot von 9 GE durch den Fiskus kein gleichgewichtiges Verhalten beschreibt. Diese Argumentation behält ihre Gültigkeit, auch wenn man **beliebige Verschuldungsgrade ρ** und die zugehörigen Gebote seitens des Fiskus und der Insolvenzkostenbezieher in die Betrachtung einbezieht: Stets führt der Bietungsprozeß dazu, daß der Unternehmenswert im Gleichgewicht und unter Beachtung der Ausgleichszahlungen gerade 48 GE beträgt und ein gleichgewichtiges Bietungsverhalten der Beteiligten durch die Abgabe ihrer jeweils denkbaren Höchstgebote für alle betrachteten Verschuldungsgrade beschrieben wird. Dies aber bedeutet, daß man erneut ein Gleichgewicht mit der **Irrelevanz des Verschuldungsgrades** für den (Gesamt-) Marktwert einer Unternehmung erhält. □

Weil auf einem (bis auf Steuern und Insolvenzkosten) vollkommenen Markt Ausgleichszahlungen der obigen Art problemlos denkbar sind, müßte man wenigstens diese zusätzlich ad hoc **ausschließen**, um zu einer Relevanz von unternehmerischen Finanzierungsentscheidungen zu gelangen. Aber selbst dann blieben die anderen genannten **Einwände** gegen die Erklärung unternehmerischer Finanzierungsentscheidungen über den Trade-off von Steuern und Insolvenzkosten bestehen. Augenscheinlich benötigt man **weitere Marktunvollkommenheiten**, um die Relevanz unternehmerischer Finanzierungsentscheidungen zu begründen. Hierauf wird in den folgenden Kapiteln näher einzugehen sein.

5 Zusammenfassung

Gegenstand dieses Kapitels war die Prüfung der Frage, inwiefern **steuerliche Überlegungen** zusammen mit der expliziten Betrachtung von **Insolvenzkosten** zu einer Begründung **eindeutiger optimaler** unternehmerischer Verschuldungsgradentscheidungen führen können, inwiefern auf diese Weise also eine Modifikation des vergleichsweise unbefriedigenden **Irrelevanztheorems** von *Modigliani* und *Miller* (1958) gelingt. In vielen Ländern bedingen die nationalen Steuersysteme, daß Unternehmungen ihre Steuerbelastung durch zunehmende Verschuldung reduzieren können. **Fremdfinanzierung** ist damit unter steuerlichen Gesichtspunkten häufig **vorteilhaft**. Mit zunehmender Fremdfinanzierung steigt jedoch die Gefahr einer **unternehmerischen Insolvenz**. Diese wiederum geht typischerweise mit direkten und indirekten Kosten einher. Zu den **direkten Insolvenzkosten** zählen alle Auszahlungen der Unternehmung im Zusammenhang mit der Abwicklung des Insolvenzverfahrens. Unter den **indirekten Insolvenzkosten** versteht man zusätzliche Auszahlungen und verringerte Einzahlungen der Unternehmung, die sich aus der durch die Insolvenz bewirkten Störung der Beziehungen zwischen der Unternehmung und ihren Kunden, Lieferanten und Arbeitnehmern ergeben. Diese beiden **gegenläufigen Effekte** zunehmender Verschuldung machen es möglich, daß sich bei Berücksichtigung von Steuern und Insolvenzkosten ein eindeutiger optimaler unternehmerischer Verschuldungsgrad ermitteln läßt.

Die Erklärung unternehmerischer Finanzierungsentscheidungen über Steuern und Insolvenzkosten ist in mehrfacher Hinsicht **problematisch**. Zunächst einmal wird eine hinreichende **Quantifizierung** drohender künftiger Insolvenzkosten in aller Regel nicht gelingen, so daß die Durchführung **praktischer Entscheidungsrechnungen** zur Ermittlung optimaler unternehmerischer Verschuldungsgrade eine erhebliche Schwierigkeit darstellt. Aus einem mehr **grundlagentheoretisch** orientierten Blickwinkel heraus ist überdies die Erklärung unternehmerischer Fremdfinanzierung **allein** als Folge einer positiven Steuerwirkung wenig befriedigend. Die Argumentation über Insolvenzkosten wiederum sieht sich insbesondere der Kritik fehlender Verkennung der **Unterscheidung** von Insolvenz und Liquidation einer Unternehmung und **fehlender** empirischer Relevanz des Ausmaßes wenigstens der Höhe der direkten Insolvenzkosten ausgesetzt.

Aufgrund der recht **zahlreichen Unzulänglichkeiten** des in diesem Kapitel vorgestellten Erklärungsansatzes überrascht es nicht, daß in der Literatur schon wenig später Beiträge erschienen, in denen man die Relevanz unternehmerischer Finanzierungsentscheidungen durch **andere** als die bislang diskutierten Marktunvollkommenheiten zu erklären versucht. Hierauf ist als nächstes einzugehen.

VI. Finanzierungsentscheidungen und Informationsübermittlung

Die Irrelevanzergebnisse des vierten Kapitels basierten **entscheidend** auf der Annahme gegebener stochastischer Einzahlungsüberschüsse und damit - bei Abstraktion von finanzierungsabhängigen Steuern und Insolvenzkosten - eines **gegebenen** Investitionsprogramms der Unternehmung. Zulässig war diese Annahme wegen der Voraussetzung eines **vollkommenen Kapitalmarktes**, auf dem die externen Kapitalgeber die stochastischen Eigenschaften aller Investitionsmöglichkeiten kennen und Unternehmensleitung und externe Kapitalgeber sich kooperativ auf ein bestimmtes Investitionsverhalten einigen können. Für dieses gegebene Investitionsprogramm war sodann noch die optimale, das heißt marktwertmaximierende, Finanzierungsweise zu bestimmen.

Ist der Markt **unvollkommen**, kann es sein, daß die externen Kapitalgeber **nicht** über die **gleiche Kenntnis** wie die Geschäftsführung hinsichtlich der stochastischen Eigenschaften der möglichen Investitionsprojekte verfügen. Auch ist es denkbar, daß die **Investitionsmaßnahmen** der Unternehmensführung von Externen **nicht** ohne weiteres **überprüft** werden können. Man spricht hierbei von einer **asymmetrischen Informationsverteilung** zwischen der besser informierten Geschäftsführung und den schlechter informierten externen Kapitalgebern. Diese asymmetrische Informationsverteilung kann bereits **vor** Begründung einer Finanzierungsbeziehung bestehen und sich auf die **Eigenschaften** möglicher Investitionsprojekte beziehen. Sie kann aber auch erst **nach** Begründung einer Finanzierungsbeziehung aufkommen, wenn es um die mangelnde Beobachtbarkeit des konkreten Verhaltens der Geschäftsführung durch externe Kapitalgeber geht. Den ersten Fall bezeichnet man mit "**hidden information**" ("verborgene Information"), den zweiten mit "**hidden action**" ("verborgene Handlung").[1] In beiden

---

[1] Vgl. zu dieser Begriffsunterscheidung auch *Arrow* (1985), S. 38 ff. Zum Teil und mittlerweile wohl auch üblicher werden die Begriffe "hidden information" und "hidden action" auch anders, und zwar **differenzierter**, abge-

Fällen asymmetrischer Informationsverteilung ist die Annahme eines gegebenen Investitionsprogramms mit aus Sicht aller Beteiligten **festliegender** Wahrscheinlichkeitsverteilung künftiger Einzahlungsüberschüsse nicht mehr ohne weiteres gerechtfertigt. Bei Vorliegen von **Hidden-action-Problemen** kann sich die Unternehmensleitung gegenüber den externen Kapitalgebern unter Umständen nicht mehr **glaubwürdig** an ein bestimmtes Investitionsverhalten binden, sondern erstere wird die Investitionsentscheidung **eigenmächtig**, weil unbeobachtbar, treffen können. Im siebenten Kapitel werden wir sehen, daß sich gegebenenfalls die Vorteilhaftigkeit unterschiedlicher **Investitionsentscheidungen** aus Sicht des Managements in **Abhängigkeit** von der gewählten **Finanzierungsform** ergibt. Bei **Hidden-information-Problemen** hingegen kennen die externen Kapitalgeber gar nicht genau die **Wahrscheinlichkeitsverteilung** des Zahlungsstroms aus dem (gegebenen) Investitionsprogramm. Hier können sich den Irrelevanznachweis störende **Interdependenzen** zwischen unternehmerischen Finanzierungs- und Investitionsentscheidungen dadurch ergeben, daß die externen Kapitalgeber je nach **Finanzierungsweise** unterschiedliche **stochastische Eigenschaften** des zu finanzierenden Investitionsprogramms **vermuten**. Genau auf diese Interdependenz soll im Rahmen dieses Kapitels eingegangen werden.

Die aus dem Vorliegen von Informationsasymmetrien resultierenden Konsequenzen für unternehmerische Finanzierungsentscheidungen werden seit Mitte der siebziger Jahre bis heute intensiv in der finanzierungstheoretischen Literatur diskutiert. Frühe Arbeiten, die sich mit den Folgen aus dem Vorliegen von Hidden-information-Problemen für das Finanzierungsverhalten von Unternehmen befassen, stammen von *Ross* (1977) sowie *Leland* und *Pyle* (1977). Diese Beiträge wiederum haben ihre wichtigsten **methodischen Anregungen** aus einem Aufsatz von *Spence* (1973) bezogen, der ein Hidden-information-Problem des **Arbeitsmarktes**, nämlich die nur schlecht von Außenstehenden zu beurteilende Qualifi-

---

grenzt. Vgl. zum letzteren beispielsweise *Rasmusen* (1994), S. 165 ff. Diese differenziertere Begriffsabgrenzung ist für die hier angestellten Betrachtungen jedoch unerheblich und braucht deswegen **nicht** weiter vertieft zu werden.

kation von Stellenbewerbern, analysiert hat. Erwähnt werden sollte überdies auch noch die Arbeit von *Akerlof* (1970), der sich als einer der ersten überhaupt näher mit Hidden-information-Problemen auseinandergesetzt hat.

Im folgenden **Abschnitt 1** wird die Grundidee dieser Art von Beiträgen skizziert. Anschließend erfolgt im **Abschnitt 2** die Diskussion einer Variante der Modellwelt aus Abschnitt 2 des dritten Kapitels, die konkret die Auswirkungen eines Hidden-information-Problems für die Finanzierungsentscheidung einer Unternehmung untersucht. Die präsentierte Modellvariante stellt dabei eine vereinfachte Version des grundlegenden Beitrags von *Leland* und *Pyle* (1977) dar, wie sie von *Neus* und *Nippel* (1991, 1992) in die Literatur eingeführt wurde. **Abschnitt 3** schließlich nennt zum einen weitere wichtige Hidden-information-Ansätze und prüft insbesondere, inwiefern unternehmerische Finanzierungsentscheidungen unter dem Aspekt der Informationsübermittlung tatsächlich Relevanz besitzen können.

1 Das Grundproblem

Im weiteren sei angenommen, daß die Geschäftsführung einer Unternehmung die unternehmerische Ertragssituation **besser** beurteilen könne als externe Kapitalgeber. Prinzipiell könnte man vorschlagen, dieser Informationsasymmetrie dadurch abzuhelfen, daß die besser informierten Manager den externen Kapitalgebern **direkt** ihre Informationen zukommen lassen. Tatsächlich wäre dies jedoch nur dann **unproblematisch**, wenn das Management der Unternehmung von sich aus im Interesse der externen Kapitalgeber handeln wollte. Andernfalls müssen die externen Kapitalgeber nämlich grundsätzlich davon ausgehen, daß die Geschäftsführung Informationen in der Weise veröffentlichen wird, wie es sich aus Sicht des (eigennützig handelnden) Managements am vorteilhaftesten darstellt. Unter dem Aspekt eines seine **Eigeninteressen** verfolgenden Managements haftet damit allen veröffentlichten Informationen zunächst einmal der "**Ruch der Unglaubwürdigkeit**" an.

Aus diesem Ruch der Unglaubwürdigkeit resultiert insbesondere ein prinzipielles **Mißtrauen** externer Kapitalgeber gegenüber günstigen Darstellungen der unternehmerischen Ertragssituation. Eine Unternehmensleitung, die also tatsächlich über günstige Investitionsmöglichkeiten verfügt, sieht sich damit dem Problem ausgesetzt, wie sie dem durchaus begründeten Mißtrauen potentieller Kapitalgeber **entgegentreten** kann. Denn auch Unternehmensleitungen mit weniger guten Ertragsaussichten haben grundsätzlich ein Interesse daran, ihre Zukunftsperspektiven als sehr gut darzustellen und auf diese Weise potentielle Investoren zur Mittelüberlassung zu bewegen. Die Geschäftsführung einer guten Unternehmung muß deswegen nach Möglichkeiten suchen, durch die sie **Glaubwürdigkeit** gegenüber ihren möglichen Kapitalgebern erlangt. Sie muß in irgendeiner Weise die Unternehmensgüte "**signalisieren**". Die **Vorteilhaftigkeit** der Aussendung eines bestimmten Signals bestimmt sich hierbei über die **Differenz** aus den resultierenden **(Brutto-) Erträgen** infolge einer günstigeren Beurteilung der Unternehmensgüte seitens der uninformierten Marktteilnehmer und den anfallenden **Signalisierungskosten**. Diese Differenz kann man auch als **Nettoertrag** bezeichnen. Ein Signal ist generell nur **glaubwürdig**, wenn sich dessen fälschliche Aussendung für eine Unternehmensleitung wegen eines resultierenden **negativen** Nettoertrags **nicht** lohnt.

Dieser **Grundgedanke** kann sehr leicht auch in formaler Form präsentiert werden.[2] Dazu sei angenommen, daß es in $t = 0$ auf einem Kapitalmarkt **zwei Typen** von Unternehmen gebe. **Gute** Unternehmen sind auf jeden Fall in der Lage, ihren Zahlungsverpflichtungen aus aufgenommenen Krediten in $t = 1$ nachzukommen. **Schlechte** Unternehmen hingegen werden mit der Wahrscheinlichkeit $p > 0$ in $t = 1$ zahlungsunfähig und sollen dann überhaupt nicht in der Lage sein, positive Zinszahlungen zu erbringen. Nur die **Rückzahlung** der in $t = 0$ erhaltenen Mittel (ohne Zinsen) sei dann noch möglich. Die Kapitalgeber wissen, daß von allen Unternehmen der **Anteil** δ $(0 < \delta < 1)$ "schlecht" ist, der

---

[2] Die folgende Darstellung stellt ein modifiziertes Beispiel aus *Spremann* (1996), S. 723 f., dar.

restliche Anteil 1-δ entsprechend "gut". Ob ein **bestimmtes einzelnes** Unternehmen zur Kategorie "gut" bzw. "schlecht" gehört, weiß jedoch **nur** die Geschäftsführung der betreffenden Unternehmung. Alle Unternehmen benötigen den **gleichen** Betrag $\Delta I > 0$ von Externen zur Durchführung ihres jeweiligen Investitionsprogramms mit Volumen $I = \Delta I$, und zu Finanzierungszwecken kommt lediglich der Einsatz von Forderungstiteln, also eine **Kreditaufnahme**, in Frage.

Gelingt es den guten Unternehmen nicht, sich als solche zu offenbaren, dann werden alle Unternehmen sich dem **gleichen** geforderten Zinssatz in $t = 0$ gegenübersehen. Zu dessen Berechnung sei angenommen, daß alle Marktteilnehmer **risikoneutral** sind, ihre Entscheidungen also allein an den Erwartungswerten ihrer Einzahlungen ausrichten, und der Zinssatz für risikolose Anlage/Verschuldung i ist. Die externen Kapitalgeber werden damit zur Gewährung eines Kredits an irgendein beliebiges Unternehmen nur dann bereit sein, wenn die erwartete Verzinsung der überlassenen Mittel wenigstens i beträgt. Die Geschäftsführung einer Unternehmung wird deswegen eine solche vertraglich vereinbarte Verzinsung des Kredits gewähren, die für die Gläubiger genau zu dem von ihnen mindestens geforderten **Erwartungswert der Verzinsung** von i führt. Der **vereinbarte Zinssatz q** muß konkret der folgenden Gleichung genügen:

$$\begin{aligned} &(1-\delta)\cdot I\cdot(1+q) + \delta\cdot[(1-p)\cdot I\cdot(1+q)+p\cdot I] = I\cdot(1+i) \\ \Leftrightarrow\ &(1-\delta)\cdot q + \delta\cdot(1-p)\cdot q = i. \end{aligned} \tag{6.1}$$

Denn mit der Wahrscheinlichkeit 1-δ handelt es sich aus Sicht der Gläubiger um ein **gutes** Unternehmen, das auf jeden Fall zur Erfüllung seiner Verbindlichkeiten inclusive Zinszahlungen in der Lage ist. Mit der Gegenwahrscheinlichkeit δ jedoch ist das betreffende Unternehmen vom **schlechten** Typ. In diesem Fall werden die Gläubiger nur mit der (bedingten) Wahrscheinlichkeit 1-p von ordnungsgemäßer Erbringung der Zinszahlungsverpflichtungen seitens des Unternehmens ausgehen können. Mit der Wahrscheinlichkeit p erhalten die Gläubiger bei Vorliegen eines schlechten Unternehmenstyps lediglich die überlassenen Mittel zurück, erzielen also eine Verzinsung von Null. Die **Differenz** zwischen der vertraglich vereinbarten Verzinsung q und der erwarteten Verzinsung i wird hierbei auch "**Ausfallprämie**" genannt.[3]

Eine solche Situation, in der sich alle Unternehmen trotz unterschiedlicher Ertragskraft mit den **gleichen Kreditkonditionen** konfrontiert sehen, wird als Vorliegen eines "**gepoolten**" Marktes bezeichnet. Natürlich besteht für die guten Unternehmen ein **Interesse** daran, sich als "gut" zu offenbaren. Denn ein als gut erkanntes Unternehmen müßte **nur** noch eine Zinssatzforderung in Höhe von i erbringen. Die einfache Behauptung der Geschäftsführung einer Unternehmung jedoch, vom "guten" Typ zu sein, ist für die externen Kapitalgeber zunächst einmal ohne Wert, weil **jedes** Unternehmen einen Anreiz hat, sich zur Senkung seiner Zinsverbindlichkeiten als gut auszugeben. Damit die Darstellung als "gutes" Unternehmen glaubwürdig werden kann, müssen hierdurch **Kosten** anfallen, die für schlechte Unternehmen im Gegensatz zu der Situation bei guten Unternehmen so hoch sind, daß sich **kein** schlechtes Unternehmen fälschlich als gut ausgibt.

Zur näheren Veranschaulichung sei angenommen, daß sich ein gutes Unternehmen gegen Aufwendung von Kosten[4], die in t = 1 den **Bruchteil** c_g des Investitionsvolumens I ausmachen, den Kapitalgebern als gutes Unternehmen präsentieren kann. Gegen Kosten, die in t = 1 den **Bruchteil** c_s des Investitionsvolumens ausmachen, sei es schlechten Unternehmen möglich, das von den guten

---

3 Hiervon abzugrenzen ist der Begriff der "**Risikoprämie**", womit (unter anderem) die Differenz zwischen der erwarteten Verzinsung und dem Zinssatz für sichere Anlage/Verschuldung bezeichnet wird. Für das hier behandelte Beispiel ist die Risikoprämie **Null**. Tatsächlich ergeben sich von Null verschiedene Risikoprämien grundsätzlich nur, wenn man **nicht** von Risikoneutralität der Marktteilnehmer ausgeht.

4 Genaugenommen setzt die folgende Analyse voraus, daß sich hinter den unspezifizierten "Kosten" zunächst einmal **nicht-monetäre** Größen wie etwa Arbeitsleid für die Geschäftsführung verbergen, die allerdings in monetäre Äquivalente, eben etwa in Form des Parameters c_g, umgerechnet werden können. Ansonsten könnte unter anderem das **Problem** auftreten, daß unter Beachtung von Signalisierungskosten insbesondere die schlechten Unternehmen nicht einmal mehr stets die Rückzahlung der überlassenen Mittel I mit Sicherheit gewährleisten können.

Unternehmen ausgesandte Signal zu imitieren, sich also ebenfalls als "gut" zu präsentieren. Die Aussendung des Signals durch ein Unternehmen ist dann aus Sicht der externen Kapitalgeber **glaubwürdig**, wenn die Inkaufnahme der Signalisierungskosten **nur** für die guten Unternehmen lohnenswert ist. Unter dieser Voraussetzung werden die externen Kapitalgeber alle "signalisierenden" Unternehmen als gut und alle nicht signalisierenden Unternehmen als schlecht betrachten.

Mit q_s sei im weiteren derjenige Zinssatz bezeichnet, den ein als "schlecht" beurteiltes Unternehmen an seine Kapitalgeber zu zahlen hat. Da schlechte Unternehmen nur mit der Wahrscheinlichkeit 1-p Zinszahlungen leisten, ist q_s hierbei so zu bemessen, daß $(1-p)\cdot q_s = i$ gilt. Formal existiert ein **separierendes Gleichgewicht** damit dann, wenn die folgenden beiden Bedingungen erfüllt sind:

$$\text{I.} \quad c_g < q_s - i = \frac{i}{1-p} - i = \frac{p \cdot i}{1-p}, \qquad (6.2)$$

$$\text{II.} \quad c_s > i - (1-p) \cdot i = p \cdot i.$$

Ein gutes Unternehmen, das sich gegen relative Kosten von c_g als solches darstellt, **spart** auf diese Weise die Differenz q_s-i an Zinsforderungen je aufgenommener Geldeinheit ein. Denn **ohne** Signalisierung würden die Kapitalgeber vom Vorliegen eines schlechten Unternehmens ausgehen und damit den Zinssatz q_s verlangen, der von einem guten Unternehmen auch sicher gezahlt werden kann. Durch Einsetzen der Bestimmungsgleichung von q_s gewinnt man die erste Ungleichung in (6.2). Damit das Signal glaubwürdig ist, darf es sich für schlechte Unternehmen **nicht** lohnen, sich fälschlich als "gut" darzustellen. Dies ist dann gewährleistet, wenn die Signalisierungskosten c_s eine gewisse **Mindesthöhe** überschreiten,[5] die sich aus der zweiten Ungleichung in (6.2) ergibt. Schlechte

---

5 Genaugenommen genügt in der zweiten Ungleichung aus (6.2) auch schon ein " $\geq$ "-Zeichen, wenn man unterstellt, daß schlechte Unternehmen **nur dann** falsch signalisieren, wenn sie sich dadurch echt besserstellen als bei wahrheitsgemäßer Typ-Offenbarung. In ähnlicher Weise läßt sich in der

Unternehmen müssen bei Verzicht auf das Signal den Zinssatz q_s zahlen, wodurch für sie (natürlich) eine erwartete Zinsbelastung von gerade i je aufgenommener Geldeinheit resultiert. Geben sie sich fälschlich als gut aus und schenkt man ihnen Glauben, werden der geforderte Zinssatz hingegen nur i und die erwartete Zinsbelastung nur $(1-p) \cdot i$ betragen.

Sind beide Bedingungen aus (6.2) simultan erfüllt, so liegt ein **(*Nash*-) Gleichgewicht** dann vor, wenn gute Unternehmen sich zu erkennen geben und schlechte auf die fälschliche Behauptung guter Qualität verzichten. Alle Unternehmen verhalten sich dabei für gegebene Kreditkonditionen **optimal**, und die externen Kapitalgeber antizipieren zutreffend das Verhalten der Unternehmen, so daß für **keine** Partei Veranlassung zu einer **Verhaltensänderung** besteht. Gerade dies charakterisiert ein *Nash*-Gleichgewicht.[6] Man nennt ein solches Gleichgewicht "**separierend**", weil aus dem Verhalten der Unternehmen (im Gleichgewicht) **eindeutig** auf ihren jeweiligen Typ geschlossen werden kann. Separierendes Verhalten beschreibt dabei um so **eher** ein Gleichgewicht, je **kleiner** c_g und je **größer** c_s ist. Bemerkenswerterweise ist es allerdings **nicht** unbedingt erforderlich, daß $c_s > c_g$ gilt. Da $1-p < 1$, ist die Obergrenze für c_g aus (6.2) nämlich größer als die Untergrenze für c_s. Der Grund für die fehlende Notwendigkeit von $c_s > c_g$ liegt darin, daß die **(Brutto-) Erträge** aus der Signalisierung des guten Unternehmenstyps in Form geringerer erwarteter Zinszahlungen bei Vorliegen guter Unternehmensqualität hier **höher** als bei schlechter Unternehmensqualität sind. Die Erfüllung der Anforderung eines **positiven** Nettoertrags, also Bruttoertrags nach Abzug der Signalisierungskosten, aus der Signalisierung des guten Typs nur für gute Unternehmen ist damit auch bei $c_g > c_s$ möglich.

Grundsätzlich ist es denkbar, daß für gegebene Parameterwerte sowohl ein **se-**

---

ersten Ungleichung auch der Ansatz eines "$\leq$"-Zeichens begründen. Zur Darstellungsvereinfachung sei diese Feinheit aber im weiteren vernachlässigt.

6 Vgl. zum Konzept des *Nash*-Gleichgewichts etwa *Fudenberg/Tirole* (1991), S. 11 ff.

parierendes Gleichgewicht als auch ein **Pooling-Gleichgewicht** existiert. In einem Pooling-Gleichgewicht lohnt es sich für **kein** Unternehmen, also auch nicht für die guten, die Signalisierungskosten aufzuwenden, weswegen **alle** Unternehmen mit der Zinsforderung q aus (6.1) konfrontiert werden. Damit ein derartiges Pooling-Gleichgewicht **nicht** auftreten kann, muß c_g kleiner als q-i sein. Denn die Ausfallprämie q-i ist diejenige sichere Einsparung an Zinsbelastung, die ein gutes Unternehmen durch die Aufdeckung der guten Qualität erzielen kann, wenn für alle Unternehmen die einheitliche Zinsforderung q existiert. Da $q < q_s$ gilt, ist diese Anforderung an c_g strenger als die aus I. in (6.2). Sofern c_g demnach kleiner als q-i ist und außerdem c_s der Ungleichung II. aus (6.2) genügt, existiert **nur** ein separierendes, nicht aber ein Pooling-Gleichgewicht. Weil q mit wachsendem δ immer größer wird - es gibt immer mehr "schlechte" Unternehmen im "Pool" -, wird ein Pooling-Gleichgewicht mit **zunehmendem** δ ceteris paribus immer eher **auszuschließen** sein.

Beispiel 6.1:
Angenommen, es gelte p = 30 % und δ = 80 %. Ferner seien c_g = 2 %, c_s = 4 % und i = 10 %. Im Fall des **Pooling** würde sich der einheitlich geforderte Zinssatz q für alle Unternehmen infolge von $0{,}2 \cdot q + 0{,}8 \cdot 0{,}7 \cdot q = 0{,}1$ ungefähr als 13,158 % ergeben. Die **Ausfallprämie** betrüge hierbei demnach circa 3,158 %-Punkte und wäre somit **höher** als c_g: Gute Unternehmen würden deswegen bei pauschaler Zinsforderung q die Signalisierungskosten aufwenden, um sich als "gut" zu offenbaren. Daher kann Pooling **kein** Gleichgewicht sein. Im Rahmen eines **separierenden Gleichgewichts** hätten nicht-signalisierende Unternehmen einen Zinssatz von $q_s = 0{,}1/0{,}7 \approx 14{,}286$ % zu zahlen, signalisierende hingegen einen Zinssatz von i = 10 %. Natürlich ist c_g auch **kleiner** als die Ausfallprämie von 4,286 %-Punkten bei nicht signalisierenden Unternehmen. Zusätzlich gilt aber auch noch, daß c_s **größer** als $0{,}1-0{,}7 \cdot 0{,}1 = 3$ % ist, so daß sich für schlechte Unternehmen bei dieser Parameterkonstellation die fälschliche Darstellung als "gut" nicht lohnt. Insgesamt existiert damit hier **nur** ein separierendes Gleichgewicht, **nicht** jedoch ein Pooling-Gleichgewicht. □

Die Ausführungen dieses Abschnitts machen deutlich, daß **glaubwürdige Offenlegung** der Qualität eines Unternehmens, also seiner Ertragskraft, nur möglich ist, wenn sich ein Täuschen der externen Kapitalgeber als nicht lohnend erweist. Denn lohnende Möglichkeiten zur Täuschung werden von den externen Kapitalgebern grundsätzlich **antizipiert** und führen dementsprechend zur **Unglaubwürdigkeit** der signalisierenden Unternehmung. Abgesehen von Unternehmen mit den **schlechtesten** Ertragserwartungen[7] hat grundsätzlich **jede** Unternehmung ein gewisses **Interesse** an der Gewährleistung der Möglichkeit glaubwürdiger Qualitätsoffenlegung. Es ist deswegen zu fragen, welche Maßnahmen als glaubwürdige Signale in Frage kommen. Bislang wurde die Art des genutzten Signals nicht weiter spezifiziert. Tatsächlich bestehen hier vielfältige Möglichkeiten. Beispielsweise könnte das Einhalten bestimmter **Bilanzrelationen** insbesondere dann Signalcharakter[8] entwickeln, wenn man davon ausgehen kann, daß es für gute bzw. gut geführte Unternehmen **leichter** ist, bestimmte **Bilanzkennzahlen** einzuhalten als für andere. Bilanzrelationen der **Passivseite** sind ihrerseits im wesentlichen Ausdruck bestimmter **Finanzierungsmaßnahmen**, und tatsächlich ist die Art der **Unternehmensfinanzierung** selbst als ein besonders wichtiges **Signal** aufzufassen. Dieser Gedanke soll im folgenden Abschnitt 2 verdeutlicht werden, indem - in Fortführung des Ansatzes aus Abschnitt 2 des dritten Kapitels - die Möglichkeiten zur Signalisierung mit dem **Ausmaß der externen Eigenfinanzierung** einer Unternehmung aufgezeigt werden.

2 Externe Eigenfinanzierung als Signal

Im weiteren seien die Annahmen aus Abschnitt 2 des dritten Kapitels vorausgesetzt, wobei lediglich folgende **Modifikationen** eingeführt werden: Statt nur

---

7 Unternehmen mit den schlechtesten Ertragserwartungen brauchen keine Ressourcen auf die Offenlegung ihres Typs zu verschwenden, da sie sich von **keiner** anderen Unternehmung positiv abgrenzen können.

8 Vgl. zum Signalcharakter der Bilanzpolitik auch etwa *Coenenberg* (1997), S. 809.

eines Unternehmers werden **viele Unternehmer** mit jeweils einheitlichem Risikoaversionsparameter $\lambda^{(U)} > 0$ betrachtet. Jeder Unternehmer frage in t = 0 bei einem **anderen Kapitalgeber** mit - einheitlichem - Risikoaversionsparameter $\lambda^{(K)} \geq 0$ Mittel in jeweils gleicher Höhe ΔI zur Durchführung eines Investitionsprojekts der in Abschnitt 2 des dritten Kapitels beschriebenen Art nach. Die einzelnen Unternehmer haben dabei Zugang zu Projekten mit **unterschiedlichen Erwartungswerten** μ der Einzahlungsüberschüsse des Zeitpunktes t = 1. Im Gegensatz zu den potentiellen Kapitalgebern kenne jeder Unternehmer den für ihn maßgeblichen Erwartungswert μ der Projektrückflüsse. Diese Annahme soll einfacher Ausdruck einer Situation mit einem **überlegenen Informationsstand** des Managements einer Unternehmung sein. Die **Varianz** σ^2 der Projektrückflüsse soll hingegen für alle Unternehmer **identisch** und allen Beteiligten **bekannt** sein. Natürlich wäre es noch realistischer, insbesondere auch in bezug auf das Projektrisiko von einer asymmetrischen Informationsverteilung auszugehen. Doch würde dies im wesentlichen nur zu einer (erheblichen) Komplizierung der Zusammenhänge führen, ohne daß sich grundlegend neue Erkenntnisse ergäben.[9]

Da ein externer Kapitalgeber die Höhe von μ **nicht direkt** beobachten kann, ist er gezwungen, aus dem **Verhalten** des Unternehmers, das heißt hier der gewählten **Finanzierungsweise**, auf die jeweilige Ausprägung von μ **zurückzuschließen**. Konkret bietet sich das vom Unternehmer beabsichtigte **Ausmaß** α externer Eigenfinanzierung als Anhaltspunkt für die Schätzung von μ an, wie wir sehen werden. Jeder Kapitalgeber legt demnach im weiteren eine **Schätzfunktion M(α)** zugrunde, die zu jeder angebotenen Beteiligungsquote α eine Schätzung des Erwartungswerts μ der Projektrückflüsse angibt. Die von den Kapitalgebern angesetzte Schätzfunktion ist den Unternehmern **bekannt**, und es ist nun zu fragen, wie ein Unternehmer unter diesen Voraussetzungen die Beteiligungsquote α für den externen Kapitalgeber wählen wird. Die damit definierte Fragestellung stellt - wie bereits erwähnt - eine vereinfachte Version des "Klassikers" von

---

9 Bei **Informationssymmetrie** hinsichtlich der Parameter $\lambda^{(K)}$, $\lambda^{(U)}$, σ^2 sowie ΔI ist die Annahme ihrer **Gleichheit** in allen Finanzierungsbeziehungen übrigens grundsätzlich unkritisch, wie weiter unten noch skizziert wird.

Leland und *Pyle* aus dem Jahre 1977 dar und geht in dieser Form im wesentlichen auf die Beiträge von *Neus* und *Nippel* aus den Jahren 1991 und 1992 zurück.

Jeder Unternehmer hat bei seiner Finanzierungsentscheidung die **Teilnahmebedingung** seines externen Kapitalgebers zu beachten. Diese lautet im Gegensatz zu Gleichung (3.2) aus dem dritten Kapitel:

$$\alpha \cdot M(\alpha) + (1-\alpha) \cdot F - 0{,}5 \cdot \lambda^{(K)} \cdot \alpha^2 \cdot \sigma^2 - \Delta I \cdot (1+i) \geq 0. \qquad (6.3)$$

Denn statt mit dem "wahren" Erwartungswert μ muß jeder externe Kapitalgeber mit seiner **Schätzung $M(\alpha)$** arbeiten, die annahmegemäß auch dem Unternehmer bekannt ist. Natürlich wird jeder Unternehmer nach wie vor α und F so festsetzen, daß die Teilnahmebedingung des jeweiligen Kapitalgebers gerade als **Gleichheit** erfüllt ist. Bei Gültigkeit des Gleichheitszeichens in (6.3) erhält man durch **Auflösung** nach F in Analogie zu (3.3) aus dem dritten Kapitel:

$$F = \frac{\Delta I \cdot (1+i) + 0{,}5 \cdot \lambda^{(K)} \cdot \alpha^2 \cdot \sigma^2 - \alpha \cdot M(\alpha)}{1-\alpha}. \qquad (6.4)$$

Unter Beachtung der **Restriktion (6.4)** wird ein Unternehmer die Parameter α und F derart wählen, daß seine Präferenzfunktion $\Phi^{(U)}$ ein **Maximum** erreicht. Man erhält in weitgehender, aber eben doch nicht vollständiger Entsprechung zu (3.4) aus dem dritten Kapitel:

$$\begin{aligned} \Phi^{(U)} &= (W^{(U)} - I + \Delta I) \cdot (1+i) + (1-\alpha) \cdot (\mu - F) - 0{,}5 \cdot \lambda^{(U)} \cdot (1-\alpha)^2 \cdot \sigma^2 \rightarrow \max_{\alpha,F}! \\ &\Leftrightarrow (W^{(U)} - I) \cdot (1+i) + (1-\alpha) \cdot \mu + \alpha \cdot M(\alpha) - 0{,}5 \cdot [\lambda^{(K)} \cdot \alpha^2 + \lambda^{(U)} \cdot (1-\alpha)^2] \cdot \sigma^2 \rightarrow \max_{\alpha}! \end{aligned} \qquad (6.5)$$

Zunächst sei die Betrachtung auf **innere Lösungen** beschränkt. Durch **Ableiten** von (6.5) nach α erhält man die zugehörige **notwendige Bedingung** erster Ordnung für ein inneres Präferenzmaximum des betrachteten Unternehmers. Im **Unterschied** zum Entscheidungsproblem eines Unternehmers aus Abschnitt 2 im dritten Kapitel muß nun jeder Unternehmer bei der Wahl von α über die funktionale Abhängigkeit $M(\alpha)$ den **Einfluß** seiner Finanzierungsentscheidung auf die vom jeweiligen Kapitalgeber **unterstellte Ausprägung** des Erwartungswertes der Projektrückflüsse und damit auf die hieraus zur Erfüllung der Teilnahmebedingung des Kapitalgebers resultierende **Mindestanforderung** an α und F berücksichtigen. Formal erhält man:

$$\frac{d\Phi^{(U)}}{d\alpha} = -\mu + M(\alpha) + \alpha \cdot M'(\alpha) - \lambda^{(K)} \cdot \alpha \cdot \sigma^2 + \lambda^{(U)} \cdot (1-\alpha) \cdot \sigma^2 = 0. \qquad (6.6)$$

Die notwendige Bedingung zweiter Ordnung für ein inneres Präferenzmaximum des Unternehmers lautet:

$$\frac{d^2\Phi^{(U)}}{d\alpha^2} = 2 \cdot M'(\alpha) + \alpha \cdot M''(\alpha) - (\lambda^{(K)} + \lambda^{(U)}) \cdot \sigma^2 \leq 0. \qquad (6.7)$$

Natürlich hängt die Wahl von α von der gegebenen Schätzfunktion $M(\alpha)$ ab. Bei "**rationaler Erwartungsbildung**" werden externe Kapitalgeber **keine systematischen** Schätzfehler begehen.[10] Das bedeutet, jeder Kapitalgeber wird vom beobachteten Wert für α **zutreffend** auf die Höhe des Erwartungswertes der Projektrückflüsse schließen. Wäre dies nicht so, würde der jeweilige Kapitalgeber dies erstens zutreffend **folgern** und zweitens seine Schätzung entsprechend **anpassen**. Natürlich mag die Annahme derartig definierter rationaler Erwartungen dem Leser insofern suspekt erscheinen, als hierbei besonders **hohe** Anforderungen an den **Intellekt** der betrachteten Wirtschaftssubjekte gestellt werden. Tatsächlich wird diese kritische Einschätzung auch von nicht wenigen Ökonomen geteilt. Die **Alternative** zur Prämisse rationaler Erwartungsbildung bestünde jedoch im **Zulassen** systematischer Irrtümer von Entscheidungssubjekten. Die Problematik dieser Vorgehensweise liegt letztlich darin, daß man durch Annahme "passender" Fehler **fast jede** Verhaltensweise begründen kann. Deswegen erweist sich die **adäquate** Berücksichtigung **beschränkter kognitiver** Fähigkeiten

---

10 Vgl. zur Konzeption rationaler Erwartungen etwa *Felderer/Homburg* (1994), S. 258 ff. Der Begriff geht ursprünglich wohl auf *Muth* (1961) zurück.

von Wirtschaftssubjekten in ökonomischen Modellen als kein leichtes Unterfangen und stellt daher auch ein **angeregt diskutiertes** Feld aktueller ökonomischer Forschung dar.[11] Bislang sind die Entwicklungen hier jedoch noch recht stark im Fluß, weshalb im Rahmen des vorliegenden einführenden Lehrbuchs dieses Themengebiet **nicht** weiter problematisiert werden kann. Vielmehr wollen wir uns mit dem "traditionellen" Vorgehen in ökonomischen Modellen bescheiden, und das bedeutet gerade die Voraussetzung rationaler Erwartungsbildung.

Bei Bildung rationaler Erwartungen gilt gemäß den obigen Ausführungen im Gleichgewicht $M(\alpha) = \mu$. Damit vereinfacht sich (6.6) zu:

$$\begin{aligned} &\alpha \cdot M'(\alpha) - (\lambda^{(K)} + \lambda^{(U)}) \cdot \alpha \cdot \sigma^2 + \lambda^{(U)} \cdot \sigma^2 = 0 \\ \Leftrightarrow\ &M'(\alpha) = (\lambda^{(K)} + \lambda^{(U)}) \cdot \sigma^2 - \frac{\lambda^{(U)} \cdot \sigma^2}{\alpha}. \end{aligned} \tag{6.8}$$

Gleichung (6.8) muß für **alle** Werte α und damit letztlich alle Werte μ gelten, die bei Unternehmen in der betrachteten Volkswirtschaft (bei Ausschluß von Randlösungen) auftreten können. Damit ist (6.8) nichts anderes als eine **Charakterisierung** der Funktion $M'(\alpha)$ für alle **relevanten** Werte α. Dies wiederum bedeutet, daß man durch **Integration** über α aus (6.8) die (im Gleichgewicht) vom externen Kapitalgeber zugrunde gelegte Funktion $M(\alpha)$ (bis auf eine Integrationskonstante C) **spezifizieren** kann. Es ergibt sich:[12]

$$M(\alpha) = (\lambda^{(K)} + \lambda^{(U)}) \cdot \sigma^2 \cdot \alpha - \lambda^{(U)} \cdot \sigma^2 \cdot \ln \alpha + C. \tag{6.9}$$

Die Höhe von C ist grundsätzlich **unbestimmt** und spiegelt lediglich wider, wel-

---

11 Exemplarisch seien die Arbeiten von *Rubinstein* (1985), *Spear* (1989) und *Aumann/Sorin* (1989) genannt. Vgl. auch die Monographie von *Rubinstein* (1996).

12 Man sieht, daß M auch von $\lambda^{(K)}$, $\lambda^{(U)}$ und σ^2 abhängt. Sofern diese (allgemein bekannten) Parameter für verschiedene Finanzierungsbeziehungen unterschiedlich sein können, sind mehrere Schätzfunktionen $M(\alpha)$ je nach auftretenden Parameterkonstellationen zu differenzieren.

ches **Niveau** μ konkret von den Kapitalgebern mit einem bestimmten Wert α verbunden wird. Generell können Gleichgewichte für verschiedene Höhen von C vorliegen. Hierauf wird zum Ende dieses Abschnitts noch einmal zurückzukommen sein. Unabhängig von der Höhe von C jedoch liegen M'(α) und M''(α) eindeutig fest, und man kann die hierfür gültigen Ausdrücke in die notwendige Bedingung zweiter Ordnung für ein Präferenzmaximum aus (6.7) einsetzen. Dies führt zu:

$$2\cdot\left[(\lambda^{(K)}+\lambda^{(U)})\cdot\sigma^2-\frac{\lambda^{(U)}\cdot\sigma^2}{\alpha}\right]+\frac{\lambda^{(U)}\cdot\sigma^2}{\alpha}-(\lambda^{(K)}+\lambda^{(U)})\cdot\sigma^2 \leq 0 \tag{6.10}$$

$$\Leftrightarrow M'(\alpha) \leq 0.$$

Damit ist die Konsistenz der bisherigen Darstellung dann gewährleistet, wenn M'(α) für **jedes** als möglich erachtete α über ein nicht-positives Vorzeichen verfügt. Aus (6.8) erkennt man dabei, daß sich M'(α) nur für genau einen kritischen Wert α_{max} mit $0 < \alpha_{max} \leq 1$ auf **Null** belaufen wird. Für $\alpha < \alpha_{max}$ ist M'(α) < 0, für $\alpha > \alpha_{max}$ hingegen **positiv**. Unter Beachtung von (6.9) kann man (6.6) auch schreiben als:

$$\frac{d\Phi^{(U)}}{d\alpha} = M(\alpha)-\mu = 0. \tag{6.11}$$

Weil M'(α) zunächst über ein negatives und anschließend über ein positives Vorzeichen verfügt, kann $\mu = M(\alpha)$ **höchstens** für zwei Kandidatenstellen α erreicht werden, wobei **nur eine** im Bereich $\alpha < \alpha_{max}$ liegt und damit das eindeutige innere Präferenzmaximum charakterisiert. Der **Spezialfall** genau einer Kandidatenstelle wird erreicht, falls $\mu = M(\alpha_{max})$ gilt. In diesem Fall ergibt sich $\mu < M(\alpha)$ und damit $d\Phi^{(U)}/d\alpha > 0$ für $\alpha \neq \alpha_{max}$. Hierbei erhält man demnach für $\alpha = \alpha_{max}$ **kein** (relatives) Extremum, sondern einen **Sattelpunkt**: Der Unternehmer hätte hierbei einen **Anreiz**, eine externe Beteiligungsquote **jenseits** von α_{max} zu wählen. Beschränkt man etwa den Definitionsbereich der externen Beteiligungsquote auf Werte α mit $0 < \alpha \leq 1$, würde der Unternehmer konkret $\alpha = 1$ anstreben. Dies stünde aber bei Zugrundelegung der Schätzfunktion aus (6.9) im **Widerspruch** zur (Gleichgewichts-) Anforderung $M(\alpha) = \mu$. Tatsächlich kann ein solcher Anreiz zur Wahl $\alpha = 1$ **auch** im Falle eines inneren (relativen) Präferenzmaximums für $\alpha < \alpha_{max}$ bestehen. Augenscheinlich gelangt man **nur dann** zu einem separierenden Gleichgewicht, wenn man externe Beteiligungsquoten $\alpha > \alpha_{max}$ aus der weiteren Betrachtung **ausklammert**. Dies kann auf verschiedene Arten **gerechtfertigt** werden. Beispielsweise kann man annehmen, daß in Abweichung von (6.9) $M(\alpha) \equiv M(\alpha_{max})$ für **alle** Werte $\alpha > \alpha_{max}$ definiert wird. Weil (6.9) **nur** für die im Gleichgewicht denkbaren Werte von α gelten muß, ist diese Modifikation der Schätzfunktion $M(\alpha)$ dann **zulässig**, wenn damit das **Angebot** einer externen Beteiligungsquote $\alpha > \alpha_{max}$ seitens eines Unternehmers tatsächlich **ausgeschlossen** werden kann.[13]

Augenscheinlich ist für die so modifizierte Schätzfunktion die Wahl von $\alpha > \alpha_{max}$ für **keinen** Unternehmer mehr von Interesse, der sein inneres Präferenzmaximum für einen Wert $\alpha < \alpha_{max}$ erreicht. Aber **auch** ein Unternehmer mit $M(\alpha_{max}) = \mu$ würde sich auf die Wahl von $\alpha = \alpha_{max}$ beschränken, wie man mit Hilfe folgender Überlegungen schnell erkennen kann. Löst man nämlich die für $\alpha \leq \alpha_{max}$ gültige Gleichung (6.8) nach α auf, so ergibt sich:[14]

$$\alpha^* = \frac{\lambda^{(U)} \cdot \sigma^2}{(\lambda^{(U)} + \lambda^{(K)}) \cdot \sigma^2 - M'(\alpha^*)} \leq \frac{\lambda^{(U)}}{\lambda^{(U)} + \lambda^{(K)}}. \tag{6.12}$$

Das Gleichheitszeichen gilt dabei unter der Voraussetzung von $\alpha \leq \alpha_{max}$ gerade

---

[13] Weil Werte $\alpha > \alpha_{max}$ im Gleichgewicht gar **nicht beobachtet** werden können, ist die Vorgabe einer Schätzfunktion für solche Werte von α zunächst einmal recht **willkürlich**. Tatsächlich stellt der **adäquate** Ansatz von derartigen Schätzwerten für ein **nicht-gleichgewichtiges** Unternehmerverhalten ein **komplexes** ökonomisches Problem dar. Es geht hierbei um sogenannte **Verfeinerungskonzepte** im Rahmen von Signalisierungsansätzen, auf die hier nicht näher eingegangen werden kann. Zu erwähnen sind aber die Arbeiten von *Kreps/Wilson* (1982), *Cho/Kreps* (1987) und *Banks/Sobel* (1987). Vgl. auch *van Damme* (1991), S. 276 ff., und *Wohlschieß* (1996), S. 82 ff.

[14] Natürlich ist in (6.12) die Auflösung nach α nicht vollständig gelungen, da M' auf der rechten Seite der Gleichung auch noch eine Funktion von α ist.

nur für den Fall $\alpha = \alpha_{max}$. Das bedeutet, daß ein Unternehmer mit $\mu = M(\alpha_{max})$ für $\alpha = \alpha_{max}$ die **gleiche (optimale**[15]**)** Risikoteilung wie im Falle der **symmetrischen** (gleichartigen) Informationsverteilung aus dem dritten Kapitel erreichen kann. Da die Wahl von $\alpha > \alpha_{max}$ lediglich zu einer **schlechteren** Risikoteilung zwischen ihm und dem externen Kapitalgeber führt, wegen $M(\alpha) \equiv M(\alpha_{max})$ ($\alpha > \alpha_{max}$) **nicht** aber zu einer günstigeren Beurteilung der Projektqualität seitens des externen Kapitalgebers, lohnt es sich auch für diesen Unternehmertyp **nicht**, eine externe Beteiligungsquote größer als α_{max} anzubieten. Schließlich wären auch noch Unternehmer mit $\mu < M(\alpha_{max})$ denkbar. Diese verfügen für $\alpha \in (0, \alpha_{max}]$ ebenfalls über kein inneres Präferenzmaximum, da hier $d\Phi^{(U)}/d\alpha > 0$ für $\alpha \in (0, \alpha_{max}]$ gilt. Unternehmer dieser Art würden daher stets $\alpha > \alpha_{max}$ wählen. Um **systematische Schätzfehler** der externen Kapitalgeber auszuschließen, dürfen Unternehmer mit $\mu < M(\alpha_{max})$ hier demnach nicht als Nachfrager externer Beteiligungsfinanzierung auftreten. Die einfachste Begründung hierfür wäre, daß es Unternehmer mit solch **geringen** Werten für μ auf dem betrachteten Kapitalmarkt gar **nicht** gibt. Weiter unten werden wir jedoch noch eine elegantere Rechtfertigung für die hier erforderliche Betrachtungsverengung kennenlernen.

(6.12) belegt, daß **alle** Unternehmer mit $\mu > M(\alpha_{max})$ wegen $M'(\alpha) < 0$ für $\alpha < \alpha_{max}$ unter Berücksichtigung der Informationsasymmetrie eine **geringere** externe Beteiligungsquote realisieren werden als bei symmetrischer Informationsverteilung. Genau dies beschreibt hier die **maßgebliche Konsequenz** aus dem Vorliegen von Hidden-information-Problemen für unternehmerische Finanzierungsentscheidungen. Wenn unternehmerische Finanzierungsentscheidungen **Signalcharakter** erfüllen, dann können sie zwangsläufig **andere Funktionen** nicht

---

[15] Erwähnt werden sollte, daß die Optimalität der für $\alpha = \alpha_{max}$ erreichten Risikoteilung bloß unter der getroffenen Annahme Bestand hat, daß jeder Kapitalgeber nur genau einen Unternehmer finanzieren kann. In der Tat wäre es zwecks Ausnutzung von **Risikostreuungseffekten** unter Risikoteilungsaspekten am besten, wenn **jeder** Kapitalgeber mit jeweils einem kleinen Anteil zur Finanzierung eines **jeden** Unternehmers beitrüge. Die Berücksichtigung dieser Art der Projektfinanzierung würde die Darstellung jedoch sehr komplizieren, ohne in gleicher Weise Erkenntnisfortschritte zu liefern.

ebenso gut wie bei symmetrischer Informationsverteilung wahrnehmen. Bei **symmetrischer Informationsverteilung** wurde das Ausmaß externer Beteiligungsfinanzierung allein unter dem Aspekt der **Risikoallokation** festgelegt. Tritt nun jedoch die Aufgabe der **Informationsübermittlung** neben die der Risikoteilung, dann wird die Wahl von α aus dem Gesichtspunkt der Risikoteilung heraus "**verzerrt**": Der betrachtete Unternehmer wird **mehr** Risiko selber tragen, also ein geringeres α realisieren, um auf diese Weise **glaubwürdig** seine Projektqualität zu offenbaren. Eine ceteris paribus **höhere** Beteiligungsquote 1-α, als unter Risikoteilungsüberlegungen optimal wäre, erhält man nämlich für den Unternehmer deshalb, weil damit die **Kosten** der Imitation des Signals für Unternehmer mit schlechterer Projektqualität **steigen**, deren Nettoerträge also **reduziert** werden. Unternehmer, die **trotz** eines geringen Wertes für μ eine hohe Projektqualität signalisieren wollen, müssen in diesem Falle selbst einen **recht hohen** eigenen Anteil an den Beteiligungstiteln halten. Das so bei ihnen **verbleibende Zusatzrisiko** kann dabei trotz eines ceteris paribus höheren "Verkaufspreises" für die Beteiligungstitel infolge der tatsächlich lediglich **mäßigen Höhe** von μ durch die höheren, beim Unternehmer verbleibenden erwarteten Erträge im Vergleich zur Situation von Unternehmen mit höherem Wert für μ **nur unvollkommen** ausgeglichen werden. Durch die Wahl geringerer externer Beteiligungsquoten gelingt es Unternehmen deswegen **glaubwürdig**, ihre Projektqualität zu offenbaren. Tatsächlich erhalten wir konkret erneut das, was im Abschnitt 1 in sehr einfacher Form bereits angedeutet wurde. Das **Signalisieren** einer bestimmten gegebenen Projektqualität ist für Unternehmen unterschiedlicher **Güte** im Rahmen eines separierenden Gleichgewichts unterschiedlich **lukrativ**. Im Gegensatz zur Darstellung des Abschnitts 1 konnten nun insbesondere die **Kosten** der Signalisierung **genauer** spezifiziert werden. Sie ergeben sich hier aus der **suboptimalen Risikoteilung**. Unternehmerische Finanzierungsmaßnahmen lassen sich demnach hierbei unter dem Gesichtspunkt der Risikoteilung wie der Informationsübermittlung erklären.

Einzig für Unternehmer, die als Optimum $\alpha = \alpha_{max}$ realisieren, resultiert **keine** suboptimale Risikoteilung mit ihren jeweiligen Kapitalgebern. Tatsächlich sind dies wegen $M'(\alpha) < 0$ für $\alpha < \alpha_{max}$ diejenigen Unternehmer, bei denen die erwarteten Projektrückflüsse in $t = 1$ von allen investierenden Unternehmen am **geringsten** sind. Die **Intuition** für dieses Ergebnis ist einfach: Unternehmer mit schlechtester Projektqualität brauchen sich **nicht** durch eine "überhöhte" Selbstfinanzierungsquote von anderen Unternehmern **abzugrenzen**. Wie hoch μ im Falle von $\alpha = \alpha_{max}$ sein wird, hängt im übrigen von der Höhe der **Integrationskonstanten C** ab. Ein hinsichtlich des unternehmerischen Investitionsverhaltens **effizientes** Gleichgewicht wäre dadurch gekennzeichnet, daß alle Unternehmer, die bei Informationssymmetrie ihre Investitionsprojekte durchgeführt hätten, dies **auch noch** bei Informationsasymmetrie tun. Läßt man den **Verzicht** auf die Investitionsdurchführung explizit als **Alternative** zu, dann muß μ bei Informationssymmetrie mindestens einen **kritischen Wert** μ_{min} annehmen, so daß $\Phi^{(U)} = W^{(U)} \cdot (1+i)$ erreicht wird. Bei **Informationsasymmetrie** wird dieser kritische Wert dann unverändert sein, wenn

$$M(\alpha_{max}) = \mu_{min} \tag{6.13}$$

gilt, also Unternehmer mit dem kritischen Erwartungswert μ_{min} bei Informationsasymmetrie gerade **keine** zusätzliche Wohlfahrtseinbuße aus suboptimaler Risikoteilung erleiden. Aus der Bedingung (6.13) leitet sich unmittelbar eine bestimmte Höhe für C her. Geht man davon aus, daß sich von mehreren möglichen Gleichgewichten nur solche mit effizientem Investitionsverhalten der Unternehmer etablieren werden, dann ist C durch (6.13) demnach **eindeutig** bestimmbar. Zugleich kann damit ohne weiteres angenommen werden, daß es auch Unternehmer mit $\mu < M(\alpha_{max}) = \mu_{min}$ gibt. Denn deren Existenz ist nun insofern unkritisch, als diese schon aus **Eigeninteresse** nicht als Nachfrager externer Beteiligungsfinanzierung zur Investitionsrealisation auftreten werden.

Auch wenn damit grundsätzlich aus dem betrachteten Hidden-information-Problem keine negativen Konsequenzen für das unternehmerische **Investitionsverhalten** resultieren müssen, ergeben sich **Wohlfahrtsverluste** im Vergleich zur Situation mit symmetrischer Informationsverteilung, und zwar aus der generell verschlechterten **Risikoteilung**. Weil die externen Kapitalgeber stets nur das gleiche Präferenzniveau wie bei sicherer Anlage ihrer Mittel zum Zinssatz i erhalten, geht dieser Wohlfahrtsverlust komplett zu Lasten der **Unternehmer**.

Beispiel 6.2:

Zur Veranschaulichung sei ein mittelloser Unternehmer betrachtet, der in t = 0 die Möglichkeit zur Durchführung eines Projekts mit einer Anfangsauszahlung von I = 250 Geldeinheiten (GE) bei einem Erwartungswert μ = 371,5736 GE und einer Varianz σ^2 = 1.000 GE^2 der aus der Investition in t = 1 resultierenden Einzahlungsüberschüsse besitzt. Der Zinssatz für sichere Anlage sei i = 10 %. Der Unternehmer verfüge über eine μ-σ-Präferenzfunktion $\Phi^{(U)}$ gemäß Gleichung (3.1) aus dem dritten Kapitel mit $\lambda^{(U)}$ = 0,5/GE.[16] Die Finanzierung der Anfangsauszahlung erfolge durch die Aufnahme von Mitteln $\Delta I = I$ = 250 GE bei einem risikoneutralen externen Kapitalgeber. Damit dieser zur Überlassung von Mitteln I bereit ist, müssen ihm in t = 0 eine bestimmte **Beteiligung α** an den Beteiligungstiteln der Unternehmung sowie Forderungstitel mit einem bestimmten **Rückzahlungsanspruch F** in t = 1 gewährt werden. Die **Betrachtung** sei auf Werte α mit $0 < \alpha \leq 1$ beschränkt.

Bei **Informationssymmetrie** erhält man gemäß Gleichung (3.5) sofort $\alpha^* = 1$, weil unter den hier allein maßgeblichen **Risikoteilungsaspekten** der externe Kapitalgeber wegen seiner Risikoneutralität das gesamte Risiko übernehmen sollte. Es ergibt sich hierbei also eine 100-%ige externe Eigenfinanzierung. Weil $\mu > I\cdot(1+i)$ ist, kann der Unternehmer von dem externen Kapitalgeber eine zusätzliche Ausgleichszahlung in Höhe von 96,5736 GE in t = 1 verlangen.[17] Das heißt, der Unternehmer erwirbt gewissermaßen Forderungstitel gegenüber

---

16 Es sei nochmals daran erinnert, daß die **Einheit** der Risikoaversionsparameter $\lambda^{(K)}$ und $\lambda^{(U)}$ 1/GE ist. Vgl. hierzu auch die Ausführungen im Rahmen des dritten Kapitels.

17 Für $\alpha^* = 1$ kann dieser Zahlungsanspruch leider **nicht** als Forderungstitelerwerb seitens der Unternehmung, das heißt als der Fall $F^* < 0$, interpretiert werden, wie es in Abschnitt 2 des dritten Kapitels beschrieben wurde, da F^* in Formel (3.3) wegen $1-\alpha^* = 0$ für diesen Spezialfall nicht definiert wäre.

dem externen Kapitalgeber mit einem **Rückzahlungsanspruch** in Höhe von 96,5736 GE in t = 1. Damit resultiert für den Unternehmer insgesamt ein **Präferenzwert** von $\Phi^{(U)}(\alpha = 1) = 1{,}1 \cdot (250\text{-}250) + 96{,}5736 = 96{,}5736$ GE.

Wenn der externe Kapitalgeber μ nicht direkt beobachten kann, muß er mit einer **Schätzfunktion M** arbeiten, die von folgender Gestalt sein soll:

$$M(\alpha) = 500 \cdot (\alpha - \ln \alpha) - 225 \tag{6.14}$$

mit $0 < \alpha \leq \alpha_{max}$. Infolge der Risikoneutralität des externen Kapitalgebers gilt hierbei übrigens $\alpha_{max} = 1$. Unter diesen Voraussetzungen wird der Unternehmer dem externen Kapitalgeber nur eine **deutlich niedrigere** Beteiligungsquote $\alpha^* = 0{,}5$ anbieten. Durch Einsetzen in die Formeln (6.6) und (6.7) prüft man leicht, daß durch diese Beteiligungsquote (näherungsweise) eine **globales Präferenzmaximum** des Unternehmers erreicht wird. Außerdem gilt (auf vier Stellen genau) $M(0{,}5) = 500 \cdot (0{,}5 - \ln 0{,}5) - 225 = 371{,}5736$ GE, so daß der externe Kapitalgeber **zutreffend** auf den wahren Wert $\mu = 371{,}5736$ GE zurückschließt. Wegen $0{,}5 \cdot 371{,}5736 = 185{,}7868 < I \cdot (1+i)$ müssen dem externen Kapitalgeber **zusätzlich** zu der Beteiligungsquote von 50 % an den Beteiligungstiteln der Unternehmung Forderungstitel mit einem Rückzahlungsanspruch von $F^* = 178{,}4264$ GE in t = 1 eingeräumt werden. Weil aufgrund der Risikoneutralität externer Kapitalgeber Zahlungsströme auf dem Kapitalmarkt grundsätzlich risikoneutral bewertet werden, resultiert damit übrigens ein **optimaler Verschuldungsgrad** der Unternehmung von

$$\frac{\dfrac{371{,}5736 - 178{,}4264}{1{,}1}}{\dfrac{178{,}4264}{1{,}1}} \approx 1{,}0825, \tag{6.15}$$

sofern man annimmt, daß die externen Kapitalgeber Finanzierungstitel nach deren Emission untereinander handeln können. Unternehmer dürfen sich an einem (anonymen) Handel nicht beteiligen können, da ansonsten wieder das **Irrelevanztheorem** von *Modigliani* und *Miller* (1958) zur Geltung käme: Die den externen Kapitalgebern (auf dem Primärmarkt) angebotenen Beteiligungsquoten würden wegen mangelnder Relevanz unter Risikoteilungsaspekten und damit **mangelnder Signalisierungskosten** ihren Signalcharakter verlieren:[18] **Jeder** Unternehmer würde bei Gültigkeit der Schätzfunktion M aus (6.14) α möglichst nahe Null wählen wollen, um einen möglichst großen Schätzwert M(α) zu realisieren. Im anschließenden Sekundärmarkthandel könnte jeder Unternehmer die zunächst jeweils fast völlig selbst übernommenen Beteiligungstitel zu **weit überhöhten** Preisen verkaufen und so beliebig hohe Präferenzwerte $\Phi^{(U)}$ (für $\alpha \rightarrow 0$) zu Lasten Externer realisieren. Als einziges (gehaltvolles) Gleichgewicht bei allgemeinem (anonymen) Sekundärmarkthandel resultiert daher die **Irrelevanz** der Unternehmensfinanzierung für den Marktwert einer Unternehmung und die Wohlfahrt der Beteiligten. Hierauf ist im Abschnitt 3 noch zurückzukommen.

Erwähnenswert ist überdies, daß M(1) = 500·(1-ln 1)-225 = 275 GE gilt. Für $\alpha_{max} = 1$ wird somit auf μ_{min} = 275 GE geschlossen. Bei μ_{min} = 275 GE handelt es sich um die Projektqualität, bei der auch im Falle der Informationssymmetrie **gerade noch** die Projektdurchführung ebenso gut ist wie die sichere Anlage der Anfangsauszahlung I = 250 GE zu i = 10 %. Denn bei Informationssymmetrie wären wegen der Risikoneutralität des externen Kapitalgebers alle Projekte mit $(\mu\text{-I})/\text{I} \geq 10$ % vorteilhaft. Genau dies gilt nun auch im Falle der Informationsasymmetrie, so daß durch die angenommene Schätzfunktion M **keinerlei** Verzerrung auf der **Investitionsseite** entsteht. Trotzdem resultieren durch die Informationsasymmetrie **Wohlfahrtsverluste**. Bei Informationssymmetrie ergibt sich für den betrachteten Unternehmer ein Wohlfahrtsniveau von $\Phi^{(U)}(\alpha = 1)$ = 96,5736 GE, bei asymmetrischer Informationsverteilung **sinkt** der erreichbare Präferenzwert auf $\Phi^{(U)}(\alpha = 0{,}5) = 0{,}5\cdot(371{,}5736-178{,}4264)-0{,}5\cdot 0{,}5\cdot 0{,}5^2\cdot 1000$ = 34,0736 GE. Die **Differenz** 96,5736-34,0736 = 62,5 GE bezeichnet den monetär ausgedrückten Wohlfahrtsverlust des Unternehmers. □

---

[18] Infolge mangelnder Signalisierungskosten ist übrigens auch die Höhe der **externen Mittelaufnahme ΔI** nicht als Signal geeignet. Gerade deswegen kann man auch ohne weiteres annehmen, daß das Ausmaß der externen Mittelaufnahme von Unternehmer zu Unternehmer **unterschiedlich** ist, ohne daß sich an den Herleitungen dieses Abschnitts etwas Wesentliches änderte.

3 Diskussion

3.1 Weitere Signalisierungsbeispiele

Die Idee, daß unternehmerische Finanzierungsmaßnahmen Informationsübermittlungsfunktionen erfüllen, hat seit Mitte der siebziger Jahre große Aufmerksamkeit gefunden, und bis heute sind Hidden-information-Überlegungen ein **wesentlicher Bestandteil** vieler Analysen der Determinanten unternehmerischer Finanzierungsentscheidungen. Mit etwas Phantasie kann nämlich so gut wie jede Finanzierungsmaßnahme als Signal für die Unternehmensqualität interpretiert werden. In dem bereits genannten Beitrag von *Ross* (1977) wurde etwa der Signalcharakter der **Verschuldungsgradwahl** näher analysiert. Neben der Möglichkeit, das **Ausmaß externer Eigenfinanzierung** als Signal zu wählen, wurde insbesondere von *Myers* und *Majluf* (1984) und einer ganzen Reihe nachfolgender Autoren[19] geprüft, inwiefern der Entscheidung über die Durchführung einer **Kapitalerhöhung gegen Einlagen** Signalcharakter zukommt. Viele Arbeiten haben sich schließlich mit der Frage auseinandergesetzt, ob auch der **Dividendenpolitik** einer Unternehmung die Funktion eines Signals für die Unternehmensgüte zugesprochen werden kann. Hier sind etwa die Beiträge von *Kalay* (1980) sowie *Miller* und *Rock* (1985) zu nennen.

In all diesen Fällen verursacht die Nutzung des betreffenden Signals, also konkret der Finanzierungsmaßnahme, für den Entscheidungsträger **Kosten**, die typischerweise von der Unternehmensgüte abhängen. *Ross* (1977)[20] etwa trifft die Annahme, daß das Management im Falle der Insolvenz mit **unangenehmen Sanktionen** rechnen muß. Da die Insolvenzwahrscheinlichkeit zum einen von der Ertragskraft der Unternehmung und zum anderen von dem gewählten Verschul-

---

19 Erwähnt werden sollte insbesondere noch der Beitrag von *Cooney/Kalay* (1993).

20 Vgl. zum Beitrag von *Ross* (1977) auch etwa *Swoboda* (1982), S. 714 f., sowie *Swoboda* (1994), S. 198 f.

dungsgrad abhängt, variieren für das Management einer Unternehmung die Kosten verschiedener Verschuldungsgradwahlen in Form von möglichen Bestrafungen bei Insolvenz in Abhängigkeit von der jeweiligen unternehmerischen Ertragskraft. Es dürfte einleuchten, daß die Festlegung des Verschuldungsgrades damit als Signal der Unternehmensqualität grundsätzlich geeignet ist.

Bei *Myers* und *Majluf* (1984)[21] stellt die **Ankündigung** einer Kapitalerhöhung gegen Einlagen ein **negatives** Signal dar, weil bestimmte Unternehmen trotz grundsätzlich rentabler Investitionen auf diese Finanzierungsmaßnahme und damit die Investitionsdurchführung verzichten. Die Ursache für diesen Verzicht ist dabei in einer zu **niedrigen** Bewertung der Beteiligungstitel der betreffenden Unternehmung durch die Kapitalmarktteilnehmer zu sehen. Alle Unternehmen sind annahmegemäß rein eigenfinanziert und werden infolge unbeobachtbarer individueller Ertragskraft am Kapitalmarkt zunächst einmal einheitlich beurteilt und bewertet, wie es auch in dem Beispiel aus Abschnitt 1 dieses Kapitels der Fall war. Die Bewertung der Beteiligungstitel von **guten** Unternehmen ist damit natürlich aus Sicht des jeweiligen Managements zwingend **zu niedrig**. Das heißt, wenn alle Marktteilnehmer über die gleichen Informationen wie die Geschäftsführung der jeweiligen Unternehmung verfügten, ergäbe sich ein deutlich **höherer** Marktwert der Beteiligungstitel und damit der gesamten Unternehmung. Eine niedrige Bewertung von Beteiligungstiteln wiederum bedeutet jedoch, daß man im Rahmen einer Kapitalerhöhung gegen Einlagen bei gegebenem Emissionskurs relativ **viele** neue Aktien ausgeben muß, um einen bestimmten festen Emissionserlös zu erzielen. Damit **sinkt** aber mit zunehmender "Unterbewertung" der Anteil der **Altaktionäre** an der Unternehmung nach der Kapitalerhöhung, und die Neuaktionäre kaufen sich gewissermaßen **zu preiswert** in die Unternehmung ein. Der so auftretende **Reichtumstransfer** von Alt- zu Neuaktionären kann dazu führen, daß ein im Interesse der Altaktionäre handelndes Management auf die Kapitalerhöhung und damit auf die Investitionsdurchführung verzichtet, **obwohl** die

---

21 Vgl. zum Beitrag von *Myers/Majluf* (1984) insbesondere auch die sehr übersichtliche Darstellung von *Martens* (1996).

Investition selbst unstrittig rentabel ist. Unternehmen, die **keine** Kapitalerhöhung durchführen, sind damit im Gleichgewicht bei *Myers* und *Majluf* (1984) vor der Finanzierungsentscheidung zwingend **unterbewertet**, so daß deren Marktwert bei Nichtdurchführung der Kapitalerhöhung **steigt**. Der Marktwert von Unternehmen, die eine Kapitalerhöhung durchführen, hingegen **sinkt** wegen der hieraus resultierenden Separation von den besonders guten, nicht investierenden Unternehmen. Die **Kosten** des Signalisierens einer guten Unternehmensqualität bestehen hier damit im **Verzicht** auf die Durchführung einer rentablen Investition und im Falle von (bei einer Kapitalerhöhung gegen Einlagen) überbewerteten Unternehmen in einem entgangenen **Reichtumstransfer** von Neu- zu Altaktionären.

In ähnlicher Weise verhält es sich in dem Beitrag von *Miller* und *Rock* (1985)[22]. Hohe gegenwärtige Dividenden sind hier nur möglich durch die Einsparung von Mitteln über die **Einschränkung** des aktuellen unternehmerischen **Investitionsprogramms** oder bei hohen erwirtschafteten Erträgen der Vergangenheit, die im Rahmen dieses Ansatzes aufgrund entsprechender **Korrelationen** Schlüsse auch auf eine künftig ebenfalls günstige Ertragssituation der Unternehmung zulassen. Augenscheinlich ist damit die Höhe der Dividende einer Unternehmung als positives Signal für ihre Ertragskraft geeignet. Denn die **Imitation** dieses Signals durch ertragsschwache Unternehmen verursacht bei diesen **höhere Kosten** als bei ertragsstarken, weil erstere hohe Dividenden nur über eine entsprechend starke Einschränkung ihrer Investitionen finanzieren können.

3.2 Informationsübermittlung und die Relevanz unternehmerischer Finanzierungsentscheidungen

Der obige kleine Überblick über Ansätze, die sich mit der Informationsübermittlungsfunktion von unternehmerischen Finanzierungsmaßnahmen beschäftigen, dürfte genügen, um die **Reichhaltigkeit** der damit analysierbaren Fragestellungen

---

22 Vgl. zum Beitrag von *Miller/Rock* (1985) insbesondere auch *Hartmann-Wendels* (1986), S. 176 ff.

offenzulegen. Tatsächlich kann man mit Hilfe dieser Ansätze sogar **Erklärungen** für Phänomene finden, die ansonsten kaum zu verstehen sind. Beispielsweise läßt sich in der Empirie recht häufig beobachten, daß der Kurs einer Aktie fällt, nachdem die Durchführung einer Kapitalerhöhung gegen Einlagen angekündigt wurde.[23] In Kenntnis der Überlegungen von *Myers* und *Majluf* (1984) ist dieser Effekt nun als Reaktion der Marktteilnehmer auf das ausgesandte "**schlechte**" **Signal** einer beabsichtigten Kapitalerhöhung interpretierbar.

Natürlich wurde und wird an solchen Ansätzen auch nicht wenig **Kritik** geübt. Beispielsweise stellt sich die Frage, warum unternehmerische Finanzierungsmaßnahmen von Unternehmensleitungen und Externen als Medien der Informationsübermittlung genutzt werden sollten, wo es doch zahlreiche andere Möglichkeiten zum direkten Informationstransfer gibt. Sofern aber für Unternehmen je nach ihren konkreten (nicht allgemein beobachtbaren) Charakteristika unterschiedliche Finanzierungsmaßnahmen optimal sind, werden unternehmerische Finanzierungsentscheidungen auf jeden Fall auch einen gewissen **Informationsgehalt** haben, und zwar **unabhängig** davon, ob es noch weitere Kanäle zur Informationsübermittlung gibt und ob die Informationsübermittlung durch Finanzierungsentscheidungen "**gewollt**" ist oder nicht. Wesentlicher als dieser Kritikpunkt dürfte deswegen die Analyse der grundsätzlichen Frage sein, inwiefern sich durch die Informationsübermittlungsfunktion unternehmerischer Finanzierungsentscheidungen deren **Relevanz** tatsächlich erklären läßt. In diesem Zusammenhang ist in mehrfacher Hinsicht zu **differenzieren**. Zunächst einmal kann man prüfen, ob die Informationsübermittlungsfunktion für sich **allein** genommen bereits dazu führt, daß nicht mehr **alle** Formen der Unternehmensfinanzierung als gleich gut zu betrachten sind.

Zweitens kann man prüfen, ob die Hinzunahme der Informationsübermittlungsfunktion zu einer **Modifikation** der Irrelevanzaussage im Kontext des Ansatzes

---

23 Vgl. etwa die empirische Untersuchung von *Brakmann* (1993) und die dort angegebenen weiteren Quellen.

von *Modigliani* und *Miller* (1958) führt. Diese Irrelevanzaussage kann dabei wenigstens in **zweierlei** Form interpretiert werden. Zum einen stellt sich die Frage, ob bei Möglichkeit zum **friktionsfreien Sekundärmarkthandel** von Finanzierungstiteln verschiedene Formen der Unternehmensfinanzierung zu **unterschiedlichen Wohlfahrtsniveaus** der Entscheidungsträger führen. Ist dies nicht der Fall, ist die Wahl der konkreten Form der Unternehmensfinanzierung augenscheinlich **irrelevant**. Zum anderen kann man die Herleitungen von *Modigliani* und *Miller* (1958) aber auch so verstehen, daß der Kapitalmarkthandel ein **perfektes Substitut** zur Transformationsfunktion von unternehmerischen Finanzierungsmaßnahmen ist, und dementsprechend untersuchen, ob eine derartige Substitutionsbeziehung auch noch unter Hinzunahme der Informationsübermittlungsfunktion von Finanzierungsmaßnahmen **Gültigkeit** besitzt.

3.2.1 Die Relevanz alleiniger Informationsübermittlung

Um zu prüfen, ob bei **reiner Informationsübermittlung** unternehmerische Finanzierungsentscheidungen Relevanz besitzen können, muß sinnvollerweise von differenzierenden Zeit- und Risikopräferenzen aller Wirtschaftssubjekte **abstrahiert** werden. Zu diesem Zweck sei angenommen, daß alle Subjekte **risikoneutral** sind und eine Einzahlung von 1 Geldeinheit unabhängig vom Zeitpunkt des Anfalls stets den **gleichen** Nutzen stiftet. Für jedes Subjekt zählt damit nur die Höhe seiner insgesamt über alle Betrachtungsperioden resultierenden erwarteten Zahlungen. Eine **Transformationsfunktion** von unternehmerischen Finanzierungsmaßnahmen läßt sich unter diesen Voraussetzungen **verneinen**. Des weiteren sollen alle Investitionsentscheidungen bereits getroffen und die erforderlichen Anfangsauszahlungen schon geleistet worden sein, so daß auch eine **Mittelbeschaffungsfunktion** von Finanzierungsmaßnahmen **nicht** mehr besteht.

Unter diesen Voraussetzungen wäre bei **Informationssymmetrie** die unternehmerische Finanzierungsentscheidung augenscheinlich **irrelevant**. Der Unternehmer könnte **beliebige** Finanzierungstitel an externe Kapitalgeber verkaufen. Unter der Prämisse, daß die Verhandlungsmacht allein bei den Unternehmern liegt, entspräche der jeweilige Verkaufserlös **stets** den erwarteten kumulierten Einzahlungen auf die emittierten Titel. Gerade für derartige Preise sind die Unternehmer als risikoneutrale Entscheidungssubjekte jedoch **indifferent** zwischen dem Verkauf von Finanzierungstiteln und deren Halten. Folglich resultiert unter den getroffenen Annahmen (natürlich) die **Irrelevanz** unternehmerischer Finanzierungsentscheidungen für die Wohlfahrtsposition des Unternehmers.

Anders kann es sich verhalten, wenn **Hidden-information-Probleme** bestehen, so daß die Wahrscheinlichkeitsverteilung der stochastischen Einzahlungsüberschüsse der Unternehmungen **nur** den jeweiligen Unternehmern selbst bekannt sind. Unter dieser Voraussetzung ist es denkbar, daß ein **separierendes Gleichgewicht** derart existiert, daß die Marktteilnehmer mit verschiedenen Finanzierungsformen zutreffend **verschiedene Unternehmenstypen** assoziieren. Hierbei gäbe es letzten Endes für jeden Unternehmenstyp bestimmte **typische** Finanzierungsformen, deren Imitation sich für andere Unternehmenstypen nicht lohnte, weil die dann resultierenden Verkaufserlöse für die emittierten Finanzierungstitel unter den hierauf tatsächlich entfallenden kumulierten erwarteten Einzahlungsüberschüssen **zurückblieben**. Aufgrund dieser Mindererlöse bei Nachahmung anderer Unternehmenstypen würde sich eine solche für keinen Unternehmer lohnen.[24] Weil mit verschiedenen Finanzierungsformen dann unterschiedliche Wohlfahrtspositionen der Unternehmer einhergehen, ergibt sich für einen derartigen Kontext in der Tat die **Relevanz** unternehmerischer Finanzierungsentscheidungen, und zwar **allein** infolge des betrachteten Hidden-information-Problems.

Eindeutig ist das Optimalverhalten eines Unternehmers allerdings **nicht**. Da im separierenden Gleichgewicht alle Unternehmen adäquat bewertet werden, ist jeder Unternehmer grundsätzlich **indifferent**, ob er Finanzierungstitel an externe Kapitalgeber verkaufen oder darauf vollständig verzichten soll. Wenn ein Unter-

---

[24] Vgl. hierzu auch *Hartmann-Wendels* (1990), S. 233 ff., dessen **allgemeine** Ausführungen ohne weiteres auf den Fall risikoneutraler Subjekte ohne differenzierende Zeitpräferenzen bezogen werden können.

nehmer jedoch zu externer Finanzierung greift, dann wird er nicht alle Formen als gleichwertig erachten.

Im **Gegensatz** zur reinen Transformationsfunktion von unternehmerischen Finanzierungsmaßnahmen läßt sich mit der Informationsübermittlungsfunktion also nicht die Vorteilhaftigkeit **externer** Finanzierung herleiten. Um diese zu begründen, benötigte man die weiteren Annahmen einer **unzureichenden Mittelausstattung** des Unternehmers und einer noch **nicht** geleisteten Investitionsanfangsauszahlung. Alles in allem dürfte aber deutlich geworden sein, daß schon **reine** Hidden-information-Probleme zur **Relevanz** unternehmerischer Finanzierungsmaßnahmen führen können.

Bemerkenswerterweise gibt es jedoch viele Signalisierungsbeiträge, in denen tatsächlich auch schon bei **Informationssymmetrie** eine Relevanz unternehmerischer Finanzierungsmaßnahmen besteht. Insbesondere gilt dies für **fast alle** im Rahmen dieses Kapitels skizzierten Signalisierungsansätze. Im Modellbeispiel des vorhergehenden Abschnitts 2 hatte die **externe Beteiligungsfinanzierung** Bedeutung unter dem Gesichtspunkt **effizienter Risikoteilung** zwischen Unternehmern und externen Kapitalgebern. Im Beitrag von *Ross* (1977) wurde der Wahl des Verschuldungsgrads wegen der angenommenen **Bestrafung** der Manager im Insolvenzfall durch diese bereits Beachtung geschenkt. Bei *Myers* und *Majluf* (1984) ebenso wie bei *Miller* und *Rock* (1985) gab es annahmegemäß jeweils **keine alternativen** Möglichkeiten zur **Investitionsfinanzierung**. Bestimmte Finanzierungsmaßnahmen waren hier deshalb relevant, weil ohne ihre Durchführung vorteilhafte Investitionen nicht realisiert werden konnten. Man spricht in diesem Zusammenhang auch von sogenannten **dissipativen** Signalisierungsansätzen, weil die Kosten der Signalisierung hierbei stets **gesamtwirtschaftliche Wohlfahrtsverluste** beschreiben. Gerade deswegen ergibt sich in derartigen Beiträgen auch schon bei **Informationssymmetrie** die Relevanz unternehmerischer Finanzierungsmaßnahmen. Die Zusammenhänge sind hier **ähnlich** wie bei der Diskussion von finanzierungsabhängigen Steuern und Insolvenzkosten im fünften Kapitel. Modelle, in denen es derartige gesamtwirtschaftlichen Reibungsverluste nicht gibt, nennt man **nicht-dissipative** Ansätze.[25] Augenscheinlich läßt sich **nur durch solche** Beiträge die **Relevanz** unternehmerischer Finanzierungsmaßnahmen unter dem Aspekt **reiner Informationsübermittlung** belegen.

Trotz dieser Problematik dissipativer Signalisierungsansätze sind diese **nicht** völlig ohne Erkenntnisgewinn. Denn in derartigen Modellen werden andere Aspekte unternehmerischer Finanzierungsmaßnahmen durch deren Informationsübermittlungsfunktion **überlagert**, so daß man mit Hilfe dieser Aufgabe von Finanzierungsmaßnahmen die Wahl von Finanzierungsformen erklären kann, die **ohne** Hidden-information-Problem **völlig nachteilig** erschienen. Die Ursache hierfür liegt dann darin, daß die Nachteile der betreffenden Finanzierungsmaßnahmen in Relation zum Ertrag aus der Typsignalisierung für gute Unternehmen **geringer** sind als für schlechte. Man denke nur an die Wahl einer suboptimalen Risikoteilung durch die Unternehmer im Rahmen des obigen Abschnitts 2. Demnach lassen sich auch mit dissipativen Signalisierungsansätzen durchaus **bemerkenswerte Ergebnisse** herleiten wie z.B. der bereits erwähnte **negative "Ankündigungseffekt"** im Modell von *Myers* und *Majluf* (1984).

Nachdem somit die grundlegende Bedeutung der Informationsübermittlungsfunktion von unternehmerischen Finanzierungsmaßnahmen geklärt ist, kann nun näher auf das Verhältnis von Hidden-information-Problemen zum Ansatz von *Modigliani* und *Miller* (1958) eingegangen werden.

3.2.2 Signalisierungsansätze und *Modigliani/Miller*-Theorem

Im folgenden soll zunächst geprüft werden, ob verschiedene Formen der Unternehmensfinanzierung bei Existenz von **Hidden-information-Problemen** die **unternehmerische Wohlfahrt** (im Gleichgewicht) beeinflussen können, wenn im Anschluß an die (Primärmarkt-) Ausgabe von Finanzierungstiteln an externe

---

[25] Nicht-dissipative Signalisierungsmodelle stammen unter anderem von *Bhattacharya* (1980), *Heinkel* (1982), *Brennan/Kraus* (1984, 1987), *Franke* (1987) sowie *Hartmann-Wendels* (1990).

Kapitalgeber ein allgemeiner (friktionsfreier) **Sekundärmarkthandel** von Finanzierungstiteln möglich ist.[26] Zur Gewährleistung der Analogie zu den Überlegungen des vierten Kapitels sei dabei angenommen, daß alle Marktteilnehmer als **Mengenanpasser**[27] handeln, also von **gegebenen** Preisen der Finanzierungstitel auf dem Sekundärkapitalmarkt ausgehen. Selbst unter dieser Voraussetzung läßt sich leicht verdeutlichen, daß die Irrelevanzaussage von *Modigliani* und *Miller* (1958) **keinen** allgemeinen Bestand mehr hat, die resultierende Modifikation der Irrelevanzaussage ihrerseits aber **nicht** recht befriedigen kann.

Als Ansatzpunkt dient der Nachweis, daß ein Unternehmer eine bestimmte Finanzierungsform $\mathcal{F}^{(A)}$ einer Finanzierungsform $\mathcal{F}^{(B)}$ vorziehen kann, auch wenn der Marktwert seiner Unternehmung für $\mathcal{F} = \mathcal{F}^{(A)}$ **geringer** als für $\mathcal{F} = \mathcal{F}^{(B)}$ ist und nach der Wahl der Unternehmensfinanzierung der Unternehmer wie alle anderen Marktteilnehmer auf einem **Sekundärmarkt** als Mengenanpasser grundsätzlich beliebige Finanzierungstitel (unbeobachtbar) handeln kann. Die Wahl der Finanzierungsweise $\mathcal{F}^{(A)}$ führe zur zutreffenden Markteinschätzung der Unternehmung als vom Typ A, während bei Wahl von $\mathcal{F}^{(B)}$ die Marktteilnehmer zu einer falschen Unternehmensbewertung (gemäß Typ B) verleitet werden. Durch die Wahl seiner Finanzierungsweise $\mathcal{F}$ legt der Unternehmer fest, wie jeder **einzelne** überhaupt denkbare Finanzierungstitel seiner Unternehmung bewertet wird. Auch wenn der Unternehmenswert für $\mathcal{F} = \mathcal{F}^{(B)}$ höher als für $\mathcal{F} = \mathcal{F}^{(A)}$ ist, können bestimmte Finanzierungstitel der betrachteten Unternehmung bei unzutreffender Signalisierung des Typs B nicht über-, sondern **unterbewertet** sein. Insgesamt

---

26 Es gibt vergleichsweise wenige Signalling-Ansätze, in denen die möglichen Konsequenzen eines unternehmerischen Sekundärmarkthandels von Finanzierungstiteln untersucht werden. Zu nennen sind etwa die Beiträge von *Bagnoli* und *Khanna* (1992) sowie *Giammarino*, *Heinkel* und *Hollifield* (1994).

27 Die Annahme des Mengenanpasserverhaltens von Unternehmern ist nur bei allgemein nicht beobachtbarem Ausmaß des unternehmerischen Handels **adäquat**. Andernfalls hätten die unternehmerischen Handelsaktivitäten selbst bei kleinem Umfang sofort **Signalcharakter** für die anderen Kapitalmarktteilnehmer. In einem solchen Fall käme jedoch ohnehin ein generelles **vertragliches Verbot** unternehmerischen Handels in Betracht. Vgl. weiter unten.

bestimmt der Unternehmer durch die Wahl seiner Finanzierungsform das **Preisgefüge** aller Finanzierungstitel, deren Zahlungsströme eine Funktion des Einzahlungsüberschusses seiner Unternehmung sind. Je nach seinen **Zeit- und Risikopräferenzen** wird der Unternehmer unter Umständen vor allem solche Finanzierungstitel seiner Unternehmung (nach Kapitalmarkthandel) selbst halten wollen die bei $\mathscr{F} = \mathscr{F}^{(B)}$ **überbewertet** und damit für ihn vergleichsweise "teuer" wären. Der höhere Gesamtunternehmenswert wäre hierbei für den betrachteten Unternehmer möglicherweise **ohne** hinreichenden Nutzen. Die Beurteilung verschiedener Formen der Unternehmensfinanzierung bei Existenz von Hidden-information-Problemen kann also selbst bei friktionsfreiem Sekundärmarkthandel noch **präferenz- und typabhängig** sein. Damit sind **Gleichgewichte** denkbar, in denen verschiedene (beobachtbare) Finanzierungsformen mit **unterschiedlichen Unternehmenswerten** und **Nutzenniveaus** der Beteiligten einhergehen.

Angemerkt werden sollte allerdings, daß **Irrelevanz** der Unternehmensfinanzierung auch bei Vorliegen von Hidden-information-Problemen nach wie vor ein (weiteres) **Gleichgewicht** beschreibt. Denn wenn die Marktbeurteilung einer Unternehmung **nicht** von der gewählten Finanzierungsform abhängt, dann kann der Unternehmer keinen Einfluß nehmen auf die Struktur der **Preise** von Finanzierungstiteln seiner Unternehmung. Auch seine gesamte **Vermögensposition** ist finanzierungsunabhängig, so daß die **Irrelevanz der Unternehmensfinanzierung** hier widerspruchsfrei Bestand hat. In **Ausnahmefällen** wie etwa dem aus Beispiel 6.2 kann es sogar sein, daß im **Gleichgewicht** alle beobachtbaren Formen der Unternehmensfinanzierung stets zur gleichen Marktbewertung führen **müssen**. Vor allem aber ist in Gleichgewichten mit Relevanz der Finanzierung die Zuordnung verschiedener Unternehmenstypen zu verschiedenen Finanzierungsweisen infolge des anschließenden allgemeinen Sekundärmarkthandels und der damit verbundenen **fehlenden Bedeutung** der ursprünglichen Finanzierungstitelverteilung im Rahmen der Primärmarktaktivitäten völlig **willkürlich**: War oben etwa ein separierendes Gleichgewicht über die Wahl von $\mathscr{F}^{(A)}$ durch Typ A und $\mathscr{F}^{(B)}$ durch Typ B beschrieben, so liegt ein weiteres und von den resultierenden Konsequenzen her grundsätzlich identisches für den Fall vor, daß $\mathscr{F}^{(A)}$ durch Typ

B und $\mathscr{F}^{(B)}$ durch Typ A gewählt wird.

Gerade die zuletzt angesprochenen Beispiele zeigen, daß die Möglichkeit zum (anonymen) unternehmerischen Sekundärmarkthandel wegen der damit einhergehenden größeren Freiräume zur Kapitalgebertäuschung durch Unternehmer die **Informationsübermittlungsfunktion** der Unternehmensfinanzierung tendenziell **erschwert**: Unternehmer können mißliebige Allokationswirkungen ihrer Primärmarktaktivitäten durch den (unbeobachtbaren) Handel von Finanzierungstiteln wenigstens partiell **konterkarieren**. Ein **separierendes** Gleichgewicht ohne Kapitalmarkthandel muß bei Zulassen von unternehmerischen Handelsmöglichkeiten deswegen **keinen** Bestand mehr haben. Andererseits kann ein **separierendes** Gleichgewicht bei Möglichkeit allgemeinen Sekundärmarkthandels grundsätzlich leicht für den Fall ohne Sekundärmarkt **reproduziert** werden, indem man Unternehmensfinanzierungen betrachtet, die unmittelbar exakt zu der nach Kapitalmarkthandel ansonsten resultierenden Allokation führen. Gemäß den Ausführungen im vierten Kapitel kann man als **zweite** denkbare Interpretation des Irrelevanztheorems die Möglichkeit der **perfekten Substituierbarkeit** der Transformationsfunktionen unternehmerischer Finanzierungsentscheidungen durch den Sekundärmarkthandel von Finanzierungstiteln ansehen. Diese Substitutionsmöglichkeit läßt sich auf die Informationsübermittlungsfunktion von unternehmerischen Finanzierungsmaßnahmen generell **nicht** übertragen. Vielmehr stellt es für die resultierenden Wohlfahrtspositionen der Beteiligten in der Regel einen **Unterschied** dar, ob Sekundärmarkthandel möglich ist oder nicht. Damit ergeben sich hier sogar Argumente für die Aufwendung von Ressourcen zur **Begrenzung** des Sekundärmarkthandels wenigstens hinsichtlich der informierten Unternehmer.

4 Zusammenfassung

Gegenstand des vorliegenden Kapitels war eine Analyse der Möglichkeiten, mit Hilfe von unternehmerischen Finanzierungsentscheidungen **Informationen** über die unternehmerische Ertragslage von der besser informierten Geschäftsführung einer Unternehmung an die schlechter informierten externen Kapitalgeber zu übermitteln. In diesem Zusammenhang spricht man von **Hidden-information-Ansätzen**, und unternehmerische Finanzierungsmaßnahmen sollen hierbei als **Signal** für die "Güte" einer Unternehmung genutzt werden. Praktisch läßt sich sehr häufig der Signalcharakter unternehmerischer Finanzierungsentscheidungen beobachten. Erwähnt werden sollen nur die im Gefolge der Ankündigung einer **Kapitalerhöhung gegen Einlagen** bei Aktiengesellschaften oftmals zu beobachtenden **Kursreaktionen**. Auch die theoretische Analyse zeigte, daß unternehmerische Finanzierungsentscheidungen Signalwirkung entfalten können. **Notwendige** Voraussetzung für die Erfüllung einer Informationsübermittlungsfunktion von unternehmerischen Finanzierungsentscheidungen ist jedoch, daß verschiedene Formen der Unternehmensfinanzierung für unterschiedliche Unternehmenstypen mit **unterschiedlich** hohen Kosten und Erträgen verbunden sind. Ansonsten wäre es guten Unternehmen nicht möglich, sich von schlechteren Unternehmen durch geeignete Finanzierungsmaßnahmen positiv abzugrenzen. Das bedeutet, daß ohne je nach Finanzierungsform und Unternehmenstyp variierende Kosten und Erträge schlechte Unternehmen **stets** das Verhalten guter Unternehmen ohne weiteres **imitieren** könnten. Damit kann unternehmerischen Finanzierungsmaßnahmen unter dieser Voraussetzung **keinerlei Signalfunktion** zugesprochen werden.

Eine wichtige Unterscheidung von Signalisierungsansätzen betrifft die Frage, ob die **Kosten** im Zusammenhang mit bestimmten Finanzierungsformen gesamtwirtschaftliche Wohlfahrtsverluste darstellen **(dissipative Ansätze)** oder nicht **(nicht-dissipative Ansätze)**. **Nur** letztere Ansätze können die **Relevanz** reiner Informationsübermittlung unternehmerischer Finanzierungsentscheidungen belegen.

Ferner führt die Berücksichtigung von **Hidden-information-Problemen** zu einer **partiellen Revision** des Irrelevanztheorems von *Modigliani* und *Miller* (1958). Insbesondere wird allgemeiner Sekundärmarkthandel die Informationsübermittlung durch unternehmerische Finanzierungsmaßnahmen grundsätzlich **nicht** ersetzen können. Die jeweiligen Allokationen mit und ohne Sekundärmarkthandel entsprechen sich hierbei also nicht, so daß sich Argumente für eine Beschränkung wenigstens unternehmerischen Sekundärmarkthandels finden lassen.

VII. Finanzierungsentscheidungen und Verhaltensbeeinflussung

Ungefähr **zeitgleich** mit den ersten Beiträgen zu Hidden-information-Problemen im Zusammenhang mit unternehmerischen Finanzierungsentscheidungen erschienen die ersten Ansätze, in denen **Hidden-action-Probleme** unternehmerischer Finanzierungs- und Investitionsentscheidungen analysiert wurden. Als **bahnbrechend** können hierbei insbesondere die Arbeiten von *Jensen* und *Meckling* (1976) und *Myers* (1977) bezeichnet werden. Konkret wurde geprüft, inwiefern verschiedene Finanzierungsformen **unterschiedliche Verhaltensweisen** der Geschäftsführung einer Unternehmung bedingen können. Damit solch eine **Interdependenz** zwischen Finanzierungsform und Verhaltensweise des Managements einer Unternehmung auftreten kann, muß vorausgesetzt werden, daß das Management grundsätzlich **eigennützig** handelt, die Interessen der Kapitalgeber der Unternehmung unmittelbar für die Unternehmensleitung also bedeutungslos sind, und ferner die betreffenden Verhaltensweisen der Geschäftsleitung **nicht** durch die Kapitalgeber **beobachtet** und damit direkt beeinflußt werden können. Nur bei Gültigkeit dieser beiden Voraussetzungen kann das Management gewissermaßen ein von den externen Kapitalgebern unabhängiges "**Eigenleben**" entwickeln. Die dabei vom Management eigennützig getroffenen Entscheidungen bedingen den **Zahlungsstrom** der Unternehmung. Man kann daher hierbei generell in einem weiten Sinne von **Investitionsentscheidungen** des Managements sprechen.

Bemerkenswert ist nun, daß sich für das Management je nach gewählter **Finanzierungsweise** unterschiedliche Anreize zum **Abweichen** von dem bei Informationssymmetrie realisierten und "gesamtwirtschaftlich" effizienten Verhalten ergeben können. Weil diese auftretenden Abweichungen insgesamt ex ante, also vor Begründung einer Finanzierungsbeziehung, eine ***Pareto*-Verschlechterung** für die Beteiligten implizieren, besteht grundsätzlich ein allgemeines Interesse, eine solche Finanzierungsform zu finden, die mit möglichst **wenig ungünstigen** Verhaltensanreizen für die Leitung einer Unternehmung einhergeht. Der **Zah-**

lungsstrom der Unternehmung wird hierbei eine Funktion der **Finanzierungsweise** und letztere deshalb bedeutsam. Im folgenden **Abschnitt 1** wird gezeigt, welche Verhaltensanreize mit externer Beteiligungsfinanzierung einhergehen. Dabei wird auch vertieft der Frage nachgegangen, inwiefern Hidden-action-Probleme tatsächlich die **Relevanz** unternehmerischer Finanzierungsentscheidungen, insbesondere auch im Hinblick auf die Arbeit von *Modigliani* und *Miller* (1958), bedingen können. Im **Abschnitt 2** stehen die mit Fremdfinanzierung verbundenen Anreizprobleme im Vordergrund. Zum Ende dieses Kapitels wird im Abschnitt 2.3 geprüft, welche Hilfestellung die gewonnenen Resultate bei **praktischen** Fragen der Unternehmensfinanzierung bieten können.

1 Anreizprobleme im Falle externer Eigenfinanzierung

1.1 Problembeschreibung

Bereits im dritten Kapitel haben wir gesehen, daß **externe Eigenfinanzierung** bei Nichtvorliegen eines vollkommenen Kapitalmarktes den Vorteil der **Risikoteilung** zwischen Kapitalgebern und Unternehmung bietet. Aus der Verringerung des unternehmerischen Erfolgsanteils von 100 % auf einen Wert kleiner als 1 erwächst jedoch das Problem, daß jede Form der **Anstrengung** seitens der Geschäftsführung zum Zwecke der Ertragssteigerung ceteris paribus tendenziell für das Management **unattraktiver** wird. Am deutlichsten wird dies, wenn man von nicht ausfallbedrohten Forderungstiteln ausgeht, also **lineare** Zahlungsstrukturen für Beteiligungs- und Forderungstitel unterstellt, wie sie schon im zweiten Kapitel über Formel (2.3) eingeführt worden sind. In diesem Fall hat das Management bei einer externen Beteiligungsquote von $\alpha = 0$ **beste Anreize** zur Verbesserung der Ertragssituation der Unternehmung, weil jede zusätzlich verdiente DM **vollständig** der Unternehmensleitung zufließt. Wenn hingegen externe Kapitalgeber durch ihre Beteiligungsquote $\alpha > 0$ an den unternehmerischen Erträgen **partizipieren**, werden die "Früchte" der Anstrengungen des Managements teilweise "**sozialisiert**". Dies ist dann ein Problem, wenn die Maßnahmen der Unternehmensleitung zur positiven Beeinflussung der Ertragssituation der Unternehmung für die Unternehmensleitung selbst mit **negativen Nutzeneffekten** verbunden sind, denn diese Nutzenminderungen werden weiterhin "**privatisiert**", da sie allein beim jeweiligen Management anfallen. Anders formuliert, bewirkt eine externe Beteiligungsquote $\alpha > 0$, daß ein Teil der positiven Konsequenzen aus der unternehmerischen Tätigkeit für die Geschäftsführung als unbeachtlicher **externer Effekt** aufzufassen ist, während die Kosten in Form der auftretenden Mißnutzeneffekte vollständig beim Management **internalisiert** sind. Man kann sich ohne weiteres vorstellen, daß aufgrund dieses Effekts die Anstrengungen des Managements **hinter** dem Niveau zurückbleiben, daß für $\alpha = 0$ optimal wäre. Sofern die Handlungen des Managements beobachtbar wären, könnte sich die Geschäftsführung **glaubwürdig** daran binden, auch für $\alpha > 0$ die gleiche Verhaltensweise wie im Falle von $\alpha = 0$ umzusetzen. Tatsächlich wäre dies aus gesamthafter Sicht aller Beteiligten auch die einzig vernünftige Verhaltensweise. Die "**Fehlanreize**" des Managements für den Fall $\alpha > 0$ verkleinern nämlich den für alle verfügbaren "Kuchen". Unterstellt man, daß die externen Kapitalgeber die bestehenden Fehlanreize **zutreffend antizipieren** und eine Finanzierungsbeziehung nur dann eingehen, wenn auch ihre **Teilnahmebedingung** erfüllt ist, dann wird der **Leidtragende** dieser Fehlanreizproblematik letztlich das Management selbst sein, da die Mittelüberlassung seitens externer Kapitalgeber nur noch zu **ungünstigeren** Konditionen als im Falle der Informationssymmetrie erfolgt.

Der gerade geführte Gedankengang ist deshalb praktisch bedeutsam, weil eine ganze Reihe von Gründen existiert, warum Maßnahmen der Geschäftsführung zur **Verbesserung** der unternehmerischen Ertragssituation für die Unternehmensleitung mit **Nutzenminderungen** einhergehen. Am nächstliegenden dürfte wohl das **Arbeitsleid** sein, das aus dem Arbeitseinsatz des Unternehmers zum Zwecke der Steigerung der künftigen Einzahlungsüberschüsse der Unternehmung resultiert. Mit wachsender externer Beteiligungsquote wird sich die Motivation der Unternehmensleitung zur Erbringung von Arbeitseinsätzen zunehmend verringern. Diese Überlegung und die hieraus resultierenden Konsequenzen sollen im **Abschnitt 1.2** anhand eines einfachen Modellkontextes präzisiert werden. Im **Abschnitt 1.3** werden die Ergebnisse aus Abschnitt 1.2 diskutiert. Zum einen werden weitere praktisch relevante Fehlanreize externer Eigenfinanzierung präsentiert. Zum anderen wird wie bei der Diskussion von Hidden-information-Ansätzen im sechsten Kapitel geprüft, in welchem Zusammenhang die Resultate dieses Abschnitts 1 zum **Irrelevanztheorem** aus dem vierten Kapitel stehen.

1.2 Der Fehlanreiz verminderten Arbeitseinsatzes als Beispiel

1.2.1 Die Modellannahmen

Im weiteren sei erneut an den Modellrahmen aus Abschnitt 2 des dritten Kapitels angeknüpft. Das heißt, es werde ein Unternehmer betrachtet, der bei einem Kapitalgeber mit (konstanter) Risikoaversion $\lambda^{(K)} \geq 0$ Mittel in Höhe von ΔI für investive Zwecke nachfragt. Im Gegensatz zur dortigen Darstellung sei nun aber angenommen, daß der Unternehmer **nach** Begründung der Finanzierungsbeziehung einen Arbeitseinsatz leisten kann, der die **Höhe** μ des erwarteten Rückflusses aus dem Investitionsprojekt in $t = 1$ determiniert. Die Gewährleistung eines bestimmten Wertes μ soll dabei für den Unternehmer progressiv steigendes **Arbeitsleid** verursachen, dessen monetäres Äquivalent sich als $c(\mu) = k \cdot \mu^2$ ($k > 0$) darstelle, und der **Arbeitseinsatz** seitens des Unternehmers sei durch externe Kapitalgeber **nicht beobachtbar**. Aufgrund der getroffenen Annahmen kann μ im weiteren auch direkt als der Arbeitseinsatz des Unternehmers bezeichnet werden. Der Parameter k läßt sich als eine Art **Kostenindikator** deuten. Je höher k ist, um so höher ist ceteris paribus das unternehmerische Arbeitsleid bei einem bestimmten Arbeitseinsatz μ. Ansonsten gelten alle Annahmen, wie sie im Abschnitt 2 aus dem dritten Kapitel beschrieben wurden. Insbesondere sei zur Vereinfachung angenommen, daß das **Projektrisiko** σ^2 nach wie vor **exogen**, also nicht durch unternehmerische Entscheidungen beeinflußbar ist. Der auf diese Weise definierte Modellkontext stimmt (bis auf die Interpretation der zwischen externem Kapitalgeber und dem Unternehmer vereinbarten **linearen** Teilungsregel) mit dem sogenannten **LEN-Modell** von *Spremann* aus dem Jahre 1987[1]

---

[1] Vgl. *Spremann* (1987, 1988). Siehe dort auch zur Begriffserläuterung.

überein,[2] das aufgrund seiner großen Flexibilität und leichten formalen Handhabbarkeit in der deutschsprachigen Literatur **weite Verbreitung** gefunden hat.

1.2.2 Die optimale externe Beteiligungsquote

Der Unternehmer wird seinen Arbeitseinsatz μ so wählen, daß sein Präferenzwert $\Phi^{(U)}$ **maximiert** wird. Für gegebene Finanzierungsweise (α,F) und gegebenen Arbeitseinsatz μ lautet der erreichbare **Präferenzwert** des Unternehmers:

$$\Phi^{(U)} = (W^{(U)} - I + \Delta I)\cdot(1+i) + (1-\alpha)\cdot(\mu - F) - k\cdot\mu^2 - 0{,}5\cdot\lambda^{(U)}\cdot(1-\alpha)^2\cdot\sigma^2. \qquad (7.1)$$

Im Gegensatz zur Formulierung (3.4) aus dem dritten Kapitel ist lediglich der Term $-k\cdot\mu^2$ neu hinzugetreten. Wäre μ ebenso wie im dritten Kapitel unbeeinflußbar, ergäbe sich daraus keine Modifikation der optimalen Lösung für α und F. Jetzt jedoch ist μ selbst Entscheidungsvariable. Das **Ableiten** von $\Phi^{(U)}$ aus (7.1) nach μ führt mittels Nullsetzen zu der folgenden notwendigen (und hinreichenden) Bedingung für den **optimalen Arbeitseinsatz** des Unternehmers:

$$(1-\alpha) - 2\cdot k\cdot\mu = 0 \quad \Leftrightarrow \quad \mu = \frac{1-\alpha}{2\cdot k}. \qquad (7.2)$$

---

2 Als **theoretische Grundlage** des LEN-Modells kann seinerseits ein Beitrag von *Holmström* und *Milgrom* (1987) aufgefaßt werden. Insbesondere werden hier Bedingungen genannt, unter denen die Beschränkung auf lineare Aufteilungen des Einzahlungsüberschusses zwischen den Beteiligten (trotz des unterstellten **Hidden-action-Problems**) infolge ihrer **Optimalität** tatsächlich zulässig ist. Aufgrund der recht komplexen Zusammenhänge kann auf derartige Fragen hier allerdings nicht näher eingegangen werden. Vgl. deswegen hierzu und zum LEN-Modell näher *Breuer* (1993a, 1995a). Eine bemerkenswerte jüngere Fortentwicklung des Ansatzes von *Holmström* und *Milgrom* (1987) stammt übrigens von *Sung* (1995), der die Optimalität linearer Teilungsregeln unter bestimmten Voraussetzungen auch für den Fall **endogenen Projektrisikos** nachweisen kann. Erwähnenswert ist überdies ein Beitrag von *Gillenkirch* und *Velthuis* (1997), die eine Variante des LEN-Modells mit ebenfalls endogener Varianz analysieren (allerdings ohne theoretische Rechtfertigung der Betrachtungsverengung auf lineare Teilungsregeln).

Zu **jeder** externen Beteiligungsquote α läßt sich damit der optimale unternehmerische Arbeitseinsatz eindeutig bestimmen. Wie im Rahmen der Einleitung zu diesem Abschnitt 1 bereits angedeutet wurde, wird der Unternehmer seinen **Arbeitseinsatz** dabei um so **geringer** wählen, je **höher** der Anteil α des externen Kapitalgebers an den Beteiligungstiteln der Unternehmung ist. Die durch (7.2) beschriebene **Reaktionsfunktion** $\mu(\alpha)$ wird bei Kenntnis der unternehmerischen Zielfunktion aus (7.1) und **rationaler** Erwartungsbildung von externen Kapitalgebern korrekt antizipiert. Das heißt, ein externer Kapitalgeber wird **zutreffend** aus dem angebotenen Anteil α auf die Höhe von μ und damit auf die erforderliche Höhe von F zur Erfüllung seiner Teilnahmebedingung **schließen**. Man mag diese Annahmen als **kritisch** auffassen. **Mangelnde** Kenntnis des unternehmerischen Entscheidungskalküls durch externe Kapitalgeber würde aber letzten Endes nichts anderes bedeuten, als daß zum schon vorausgesetzten Hidden-action-Problem auch noch **Hidden-information-Probleme** träten. Diese Komplizierung der Problemstellung soll hier aus Vereinfachungsgründen unterbleiben. Die Zulassung von **trotz** Kenntnis des unternehmerischen Entscheidungsproblems resultierenden **falschen Schlußfolgerungen** durch externe Kapitalgeber schließlich liefe auf die Annahme **systematischer Schätzfehler** von Externen hinaus. Es wurde schon im sechsten Kapitel ausgeführt, daß diese Vorstellung als Grundlage einer ökonomischen Theorie wenigstens beim augenblicklichen Stand der Forschung für Lehrbuchdarstellungen prinzipiell noch **weniger** geeignet sein dürfte als die der rationalen Erwartungsbildung.

Damit der Unternehmer die erwünschten Mittel ΔI vom externen Kapitalgeber erhält, müssen α und F demnach gemäß (3.3) aus dem dritten Kapitel der folgenden Gleichung genügen:

$$\begin{aligned} F &= \frac{\Delta I\cdot(1+i)+0{,}5\cdot\lambda^{(K)}\cdot\alpha^2\cdot\sigma^2-\alpha\cdot\mu}{1-\alpha} \qquad \left(\text{mit } \mu = \frac{1-\alpha}{2\cdot k}\right) \\ \Leftrightarrow F &= \frac{\Delta I\cdot(1+i)+0{,}5\cdot\lambda^{(K)}\cdot\alpha^2\cdot\sigma^2}{1-\alpha} - \frac{\alpha}{2\cdot k}. \end{aligned} \tag{7.3}$$

Einsetzen von (7.3) in die Präferenzfunktion des Unternehmers aus (7.1) führt unter Beachtung der Reaktionsfunktion $\mu(\alpha)$ aus (7.2) zu einer **Zielfunktion**, die nur noch von einer Entscheidungsvariablen, nämlich α, abhängt:

$$\Phi^{(U)} = (W^{(U)} - I) \cdot (1+i) + \frac{1-\alpha^2}{4 \cdot k} - 0{,}5 \cdot \sigma^2 \cdot [\lambda^{(U)} \cdot (1-\alpha)^2 + \lambda^{(K)} \cdot \alpha^2]. \tag{7.4}$$

Aus (7.4) erkennt man, daß auch unter der vorausgesetzten Informationsasymmetrie die Höhe der vom Unternehmer angestrebten **Mittelüberlassung ΔI** seitens des Kapitalgebers erneut **ohne Bedeutung** für das vom Unternehmer erreichbare Präferenzniveau ist. Durch Ableitung von (7.4) nach α, Nullsetzen dieser Ableitung und Auflösung nach α erhält man als **optimale externe Beteiligungsquote**:

$$\alpha^* = \frac{2 \cdot k \cdot \sigma^2 \cdot \lambda^{(U)}}{2 \cdot k \cdot \sigma^2 \cdot (\lambda^{(U)} + \lambda^{(K)}) + 1}. \tag{7.5}$$

Stünde im Nenner nicht "+1" erhielte man die gleiche Lösung wie im Rahmen des Abschnitts 2 aus dem dritten Kapitel, wo die externe Beteiligungsquote **allein** unter dem Aspekt der **optimalen Risikoteilung** festgelegt wurde. Hier nun jedoch wird durch die Wahl von α **auch** auf das **Verhalten** des Unternehmers Einfluß genommen: Je **höher** die externe Beteiligungsquote α, um so **geringer** ist der Arbeitseinsatz des Unternehmers. Unter dem Aspekt der Vermeidung zu geringer Arbeitseinsätze lohnt es sich daher, die externe Beteiligungsquote **möglichst niedrig** anzusetzen. Dieser Effekt führt dazu, daß man im Rahmen des hier präsentierten Ansatzes grundsätzlich einen **geringeren** optimalen Anteil α^* des externen Kapitalgebers an den Beteiligungstiteln der Unternehmung erhält als bei Bestimmung von α allein unter dem Aspekt optimaler Risikoteilung. Die darüber hinaus resultierenden **komparativ-statischen** Konsequenzen aus einer Variation einzelner Parameterwerte sind ohne weiteres verständlich: Die **externe Beteiligungsquote** steigt ceteris paribus mit wachsender unternehmerischer **Risikoscheu** $\lambda^{(U)}$, wachsendem **Projektrisiko** σ^2 und wachsendem **Kostenparameter k** des Unternehmers, sie fällt mit wachsender **Risikoscheu** $\lambda^{(K)}$ des jeweiligen Kapitalgebers. Ferner erkennt man, daß $\alpha \in [0, 1)$ gilt, wobei die Grenzlösung $\alpha = 0$ nur für den Fall eines **risikoneutralen** Unternehmers ($\lambda^{(U)} = 0$), unter der Annahme der **Sicherheit** ($\sigma^2 = 0$) oder aber bei sehr geringem[3] **Arbeitsleid** des Unternehmers ($k \rightarrow 0$) erreicht werden kann.

Grundsätzlich kann man festhalten, daß sich infolge der **Informationsasymmetrie** in aller Regel eine **geringere** Beteiligungsquote des externen Kapitalgebers und ein **geringerer** Erwartungswert μ der Projektrückflüsse des Zeitpunktes $t = 1$ als bei Informationssymmetrie ergeben. Im Vergleich zur Situation mit Informationssymmetrie bedeutet beides einen **Wohlfahrtsverlust**. Eine Steigerung des Arbeitseinsatzes lohnt sich nämlich wegen der Exogenität des Projektrisikos insgesamt so lange, wie der (konstante) erwartete Grenzertrag in Höhe von 1 aus dem höheren Arbeitseinsatz nicht unter den Grenzkosten von $2 \cdot k \cdot \mu$ liegt, also bis $1 = 2 \cdot k \cdot \mu \Leftrightarrow \mu = 1/(2 \cdot k)$ gilt. Wäre der unternehmerische Arbeitseinsatz auch von dem externen Kapitalgeber ohne weiteres **beobachtbar**, dann hätten sich die beiden Beteiligten **kooperativ** und unabhängig von der Fixierung von α auf dieses **gesamtwirtschaftlich effiziente** Anstrengungsniveau des Unternehmers verständigen können. Diese Festlegung auf den insgesamt effizienten Arbeitseinsatz käme dabei letzten Endes dem **Unternehmer** in Form günstigerer Konditionen für die Mittelüberlassung seitens des externen Kapitalgebers in $t = 0$ zugute. Bei Vorliegen asymmetrischer Informationsverteilung ist genau dies jedoch **nicht** möglich. Der Unternehmer entscheidet **allein** über seinen Arbeitseinsatz, und seine **Motivation** ist hierbei unmittelbar von der bei ihm verbleibenden Erfolgsbeteiligung $1-\alpha$ abhängig. Die Festlegung von α muß demnach bei Informationsasymmetrie **zwei Funktionen** gleichzeitig erfüllen, nämlich die der **Risikoteilung** und die der **Verhaltenssteuerung**. Es überrascht daher nicht, daß der optimale Wert von α hierbei in aller Regel so beschaffen ist, daß **keine** der beiden Funktionen bestmöglich erfüllt wird.

---

3 Zwar erhält man in (7.5) $\alpha^* = 0$ für $k = 0$, doch ist die Betrachtung dieses Falls **nicht** sehr sinnvoll, da dann der Arbeitseinsatz vom Unternehmer "unendlich" groß gewählt würde. Aus diesem Grunde ist es weitaus sachgerechter, auf den **Grenzübergang k → 0** abzustellen, nach dem für (sehr) kleine Werte von k ungefähr $\alpha^* = 0$ (bei einem sehr großen, aber endlichen Arbeitseinsatz) resultiert.

Nur in **Sonderfällen** wird sich $\alpha^* = 0$ und damit ein gesamtwirtschaftlich effizienter Arbeitseinsatz des Unternehmers ergeben. Weiter oben wurde schon dargelegt, **wann** es zu einer solchen Situation kommt: Dies ist dann der Fall, wenn der Unternehmer **risikoneutral** ist, **Sicherheit** herrscht oder der Arbeitseinsatz beim Unternehmer (so gut wie) **kein Arbeitsleid** verursacht. Im **ersten** Fall entfällt der Konflikt zwischen Risikoteilung und Arbeitsanreiz dadurch, daß beide Aufgaben durch $\alpha = 0$ bestmöglich erfüllt werden können. Im **zweiten** Fall entfällt der Konflikt, weil infolge der Sicherheit des künftigen unternehmerischen Einzahlungsüberschusses Risikoteilungsüberlegungen schlicht gegenstandslos werden. Im **dritten** Fall besteht zwar nach wie vor ein Konflikt zwischen Risikoteilung und Arbeitsanreiz. Bei sehr geringem Arbeitsleid des Unternehmers bewirkt jede Variation von α jedoch sehr hohe Veränderungen beim unternehmerischen Arbeitseinsatz, so daß ein Abweichen von $\alpha = 0$ aus Risikoteilungsüberlegungen heraus einfach aufgrund des dann resultierenden überaus hohen Rückgangs des erwarteten Einzahlungsüberschusses μ **nicht** in Betracht kommt.

In allen anderen Fällen, das heißt so gut wie immer, besteht jedoch bei asymmetrischer Informationsverteilung zwischen externen Kapitalgebern und Unternehmern ein **unauflöslicher Konflikt** zwischen Risikoteilung und Anreizsteuerung, der dazu führt, daß weder das eine noch das andere Ziel ebenso gut wie bei Informationssymmetrie erreicht werden kann.

Die daraus resultierenden **Wohlfahrtsverluste** muß letzten Endes der jeweilige Unternehmer tragen. Denn annahmegemäß wird externen Kapitalgebern im Rahmen der Erfüllung ihrer Teilnahmebedingung unter Antizipation des künftigen Managementverhaltens ohnehin jeweils ein bestimmtes fixiertes Präferenzniveau $W^{(K)} \cdot (1+i)$ ermöglicht. Aufgrund dieser Zusammenhänge läßt sich folgendes bemerkenswertes Phänomen hinsichtlich der **Interessenlage der Geschäftsführung** einer Unternehmung beobachten:[4] **Vor** Begründung der Finanzierungsbe-

4 Vgl. hierzu etwa *Schmidt* (1981), S. 190 ff, oder auch *Franke/Hax* (1994), S. 425 ff.

ziehung und damit Festlegung der Konditionen für die Mittelüberlassung wird das Management grundsätzlich ein Interesse daran haben, etwaige "**Fehlanreize**" aus der Art der gewählten Finanzierung möglichst zu **begrenzen**, da diese Fehlanreize allein auf die Unternehmensführung zurückfallen. **Nach** Begründung der Finanzierungsbeziehung und damit Fixierung der Konditionen wird das Management hingegen nur noch im **Eigeninteresse** die vorhandenen Verhaltensspielräume ausnutzen, und zwar auch **zu Lasten** externer Kapitalgeber. Für das hier betrachtete Beispiel bedeutet dies konkret, daß der Unternehmer nach erfolgter Konditionenfixierung weniger als im Falle der Informationssymmetrie arbeiten wird, weil die hieraus resultierende Reduktion der erwarteten Einzahlungsüberschüsse mit dem Anteil $\alpha > 0$ von dem externen Kapitalgeber getragen wird.

Beispiel 7.1:
Betrachtet werde ein mittelloser Unternehmer, der in $t = 0$ ein Investitionsprojekt mit einer Anfangsauszahlung von $I = 250$ Geldeinheiten (GE) durchzuführen beabsichtigt. Wie in den Beispielen 3.2 und 6.2 sei unterstellt, daß $\sigma^2 = 1.000$ GE^2 gelte. Der **Erwartungswert** μ der Projektrückflüsse hänge nun aber vom **Arbeitseinsatz** des Unternehmers ab. Die Implementierung eines Erwartungswertes μ verursache dem Unternehmer ein **Arbeitsleid** in Höhe von von $c(\mu) = k \cdot \mu^2$ mit $k = 1{,}34562843 \cdot 10^{-3}$/GE.[5] Der Unternehmer verfügt über eine μ-σ-Präferenzfunktion $\Phi^{(U)}$ der in Gleichung (3.1) aus dem dritten Kapitel beschriebenen Art mit $\lambda^{(U)} = 0{,}5$/GE. Die Finanzierung des Projekts soll durch die Hinzuziehung eines **(risikoneutralen)** externen Kapitalgebers erfolgen, dem für eine Mittelüberlassung in $t = 0$ von $\Delta I = I = 250$ GE ein Anteil α an den Beteiligungstiteln der Unternehmung sowie eine sichere Forderung F gegen das Unternehmen in $t = 1$ eingeräumt wird. Der Zinssatz für sichere Anlage belaufe sich auf $i = 10$ %.

Im Falle der **Informationssymmetrie** würde aus Risikoteilungserwägungen $\alpha^* = 1$ gewählt, der Unternehmer würde also selbst **keinerlei Beteiligungstitel** der

---

[5] Die Einheit von k muß 1/GE sein, damit sich für $c(\mu)$ als Einheit GE ergibt.

Unternehmung halten. Der **Arbeitseinsatz** des Unternehmers könnte infolge Beobachtbarkeit von den beiden Beteiligten **einvernehmlich** so festgelegt werden, daß der erwartete Grenzertrag den Grenzkosten des Unternehmers entspräche. Hieraus ergäbe sich unter den getroffenen Annahmen μ = 371,5736 GE, also genau der Wert, der bereits im Beispiel 6.2 für μ angenommen wurde, dort aber durch den Unternehmer nicht beeinflußbar war. Erneut erhielte man des weiteren unter diesen Annahmen, daß der Kapitalgeber an den Unternehmer in t = 1 eine **Ausgleichszahlung** in Höhe von 96,5736 GE leisten müßte.

Die Situation ändert sich grundlegend, wenn der **Arbeitseinsatz** des Unternehmers durch die externen Kapitalgeber **nicht direkt** beobachtet werden kann. Unter dieser Voraussetzung lassen sich Risikoteilungs- und Anreizüberlegungen nicht mehr trennen. Vielmehr ist α unter Beachtung beider Aspekte gemäß Gleichung (7.5) zu fixieren. Man erhält durch Einsetzen $\alpha \approx 57{,}368\ \%$, also einen **deutlich** von dem unter Risikoteilungsaspekten optimalen Wert von α = 1 **abweichenden** Wert. Der Arbeitseinsatz des Unternehmers führt dabei nur noch zu $\mu \approx 158{,}41$ GE, so daß dem Kapitalgeber neben seinem Anteil α an den Beteiligungstiteln der Unternehmung **zusätzlich** noch eine (nicht ausfallbedrohte) Forderung in Höhe von F $\approx$ 431,89 GE eingeräumt werden muß, um ihn in t = 0 zur Überlassung der 250 GE zu bewegen. Natürlich ist unter diesen Bedingungen die Durchführung des Investitionsprojekts für den Unternehmer überhaupt **nicht** mehr **lohnenswert**.[6] Das bedeutet, hier führt die Informationsasymmetrie nicht nur dazu, daß sich für den Unternehmer eine geringeres Präferenzniveau und ein geringerer Arbeitseinsatz als bei Informationssymmetrie ergeben, die Investition kann allein infolge der **asymmetrischen Informationsverteilung** sogar insgesamt **unvorteilhaft** werden.[7] □

---

6 Selbstverständlich gilt diese Schlußfolgerung auch für jede andere unterstellte Mittelüberlassung ΔI seitens des Kapitalgebers an den Unternehmer.

7 Im Zusammenhang mit dem reinen Hidden-information-Problem des sechsten Kapitels konnten **negative Konsequenzen** der Informationsasymmetrie für das unternehmerische Investitionsverhalten durch Voraussetzung einer geeigneten Schätzfunktion M hingegen **vermieden** werden.

1.3 Diskussion

1.3.1 Verallgemeinerungen

Der gerade beschriebene Effekt, daß sich aus der Erfolgsbeteiligung externer Kapitalgeber grundsätzlich verminderte Arbeitsanreize für die Geschäftsführung einer Unternehmung ergeben, läßt sich auf andere unternehmerische Entscheidungen analog übertragen. Beispielsweise läßt sich auch zeigen, daß die Attraktivität von **produktiven Mittelverwendungen**, also (rentablen) Investitionen im engeren Sinne, aus Sicht der Geschäftsleitung abnehmen kann. Würde man annehmen, daß sich der Erwartungswert μ der Projektrückflüsse als $k \cdot I^{0,5}$ beschreibt, wobei I das endogen zu bestimmende Investitionsvolumen der Unternehmung in $t = 0$ bezeichnet, und ließe man zu, daß das Management monetäre Mittel in $t = 0$ alternativ einer **privaten Verwendung** zuführen könnte, also die Kostenfunktion - wegen des durch Investitionen bedingten **Konsumverzichts** - $c(I) = I$ sei, dann kann man grundsätzlich die gleichen Zusammenhänge wie im Abschnitt 1.2 herleiten.[8] Insbesondere fände der verminderte unternehmerische Arbeitseinsatz aus Abschnitt 1.2 bei optimaler Festlegung von α dabei seine Entsprechung in einem **zu geringen** Investitionsvolumen der Unternehmung, das heißt also der Unterlassung gesamtwirtschaftlich vorteilhafter Investitionen. Man könnte für diese Konstellation daher auch von einem **Unterinvestitionsproblem** sprechen.[9] Gern genannte Beispiele im Zusammenhang mit diesem Unterinvestitionsproblem des Managements sind dessen Verwendungen von Mitteln für repräsentative Büroausstattung, teure Dienstwagen sowie aufwendige - und unnötige - Dienstreisen. Bemerkenswerterweise kann sich für die Unternehmensführung aus externer Beteiligungsfinanzierung aber nicht nur ein Anreiz zur Verringerung

---

[8] Vgl. hierzu die Darstellung in *Breuer* (1993b), S. 264 ff.

[9] Genaugenommen beschreibt natürlich auch der Anreiz zum **verminderten Arbeitseinsatz** eine Art "Unterinvestitionsproblem", doch wird dieser Begriff in der Regel wohl nicht derart weit gefaßt, "Investition" hierbei also vielmehr eng (nur) als "Einsatz **monetärer** Mittel" verstanden.

von Investitionsvolumina ergeben, sondern es kann auch ein Streben nach **allzu umfangreicher** Investitionstätigkeit resultieren. Das bedeutet, daß über die gesamtwirtschaftlich vorteilhaften Investitionen hinaus auch noch solche getätigt werden, die besser **unterblieben** wären, bei denen die entsprechenden Mitteleinsätze also besser für die Realisation von Alternativanlagen außerhalb der Unternehmenssphäre verwendet worden wären. Gemeinhin sagt man Managern nämlich ein gewisses Verlangen nach Macht und Prestige nach, das seinerseits positiv verkoppelt ist mit der Größe des jeweils geführten Unternehmens. Anders formuliert kann für die Leitung eines Unternehmens ein **hohes Investitionsvolumen** einen **Selbstzweck** insofern darstellen, als die Unternehmung hieraus **Nutzen**[10] zieht, der **unabhängig** von der Ertragskraft der betreffenden Investitionsprojekte ist. Dies wiederum kann dazu führen, daß vorhandene liquide Mittel im Unternehmen gebunden bleiben, obwohl keine aussichtsreiche Investitionsmöglichkeit besteht. Es liegt ein "**Überinvestitionsproblem**" vor. Derartige Geldbestände, die unter Ertragsaspekten besser ausgeschüttet werden sollten, werden in der Literatur auch als "**Free Cash-flow**" bezeichnet.[11]

All die gerade skizzierten Beispiele für Managementfehlanreize aus externer Eigenfinanzierung werden ihrerseits häufig unter dem Stichwort "**Perquisites-Konsum**" zusammengefaßt. Grundsätzlich besitzt das Management einer Unternehmung ganz allgemein ein Interesse an der Verwendung von Ressourcen für **eigene (Konsum-) Zwecke**, auch wenn dadurch die **Ertragssituation** der betreffenden Unternehmung **negativ** beeinflußt wird. Derartige Anreize sind so lange **unproblematisch**, wie deren **Kosten** in Form ungünstigerer künftiger Einzahlungsüberschüsse aus der unternehmerischen Tätigkeit vom Nutznießer des Per-

---

10 An dieser Nutzenstiftung sieht man im übrigen, daß die Unterscheidung von Unter- und Überinvestitionsanreizen letztlich nur **marginaler** Natur ist: Auch die Aufwendung von Mitteln für unnötige Dienstreisen und ähnliches kann natürlich als Realisation von (sehr) unrentablen Investitionsprojekten interpretiert werden. Bei Überinvestitionsanreizen geht es allerdings in der Regel um die nutzenstiftende Wirkung des bloßen **Investitionsumfangs**.

11 Vgl. hierzu insbesondere *Jensen* (1986, 1989) sowie *Stulz* (1990).

quisites-Konsums **selbst** getragen werden, also im Falle von $\alpha = 0$. Für externe Beteiligungsquoten $\alpha > 0$ hingegen kommt es wenigstens zur **partiellen "Sozialisierung"** der Kosten des Perquisites-Konsums. Dies bedingt, daß **Ressourcen** von der Unternehmensleitung in allzu starkem Umfang **unproduktiven** Verwendungen zugeführt werden: Es resultiert ein **"exzessiver" Perquisites-Konsum**.

Praktisch am bedeutsamsten dürften dabei neben dem angesprochenen **Überinvestitionsproblem** im Zusammenhang mit Free Cash-flow insbesondere Fälle **geringeren Arbeitseinsatzes** des Managements im Zusammenhang mit der Lösung von **Konflikten**, etwa gegenüber Arbeitnehmervertretern, sein.[12] Denn zum einen wird das **Arbeitsleid** von Managern bei "herkömmlicher" Tätigkeit vergleichsweise **gering** sein, das heißt, vielen Managern wird ihre Tätigkeit überwiegend Freude bereiten, und zum anderen dürfte die Bedeutung des unternehmerischen Unterinvestitionsproblems in Form **exzessiver Auszahlungen** aus repräsentativen oder Statusgründen unter Beachtung der Gesamtheit unternehmerischer Einzahlungsüberschüsse oft ebenfalls vergleichsweise **vernachlässigbar** sein. So mag es zwar ein Ärgernis darstellen, wenn die Leitung einer Unternehmung mit 50 Mrd. DM Umsatz 10 Mio. DM für (zu) teure Dienstwagen und Einrichtung ihrer Diensträume ausgibt, doch ist dies für die Ertragslage der Unternehmung insgesamt von untergeordneter Bedeutung. **Anders** ist der letztere Aspekt bei kleinen und mittleren Unternehmen zu beurteilen, doch wird hier die **Erfolgsbeteiligung** der Unternehmensleitung auch **größer** und damit der Fehlanreiz für exzessiven "unproduktiven" Konsum entsprechend geringer sein.

1.3.2 Verhaltensbeeinflussung und die Relevanz unternehmerischer Finanzierungsentscheidungen

Die in diesem Abschnitt 1 diskutierten **Anreize** aus externer Beteiligungsfinanzierung für das Verhalten der Leitung einer Unternehmung sind sicherlich **praktisch bedeutsam**. Aus **finanzierungstheoretischer** Sicht ist jedoch wie im

---

[12] Vgl. hierzu ähnlich *Franke/Hax* (1994), S. 420.

sechsten Kapitel im Zusammenhang mit der Informationsübermittlungsfunktion von unternehmerischen Finanzierungsentscheidungen **zweierlei** zu prüfen: Erstens ist zu fragen, ob eine **Verhaltensbeeinflussungsfunktion** von unternehmerischen Finanzierungsmaßnahmen **allein** schon deren Relevanz begründen kann. Zweitens ist zu ergründen, inwiefern das **Irrelevanztheorem** von *Modigliani* und *Miller* (1958) durch Hidden-action-Überlegungen eine **Modifikation** erfährt.

Beide Fragen lassen sich recht leicht beantworten. Betrachtet man einen **Unternehmer**, der allein an der Summe seiner erwarteten Gesamteinzahlungen während eines Betrachtungszeitraums interessiert ist und der über genügend eigene Mittel verfügt, um alle erwünschten Projekte durchzuführen, so ist bei **Informationssymmetrie** die Form der Unternehmensfinanzierung **ohne** jede Bedeutung. Stets kann sich der Unternehmer glaubwürdig an die Durchführung des insgesamt effizienten Investitionsprogramms binden, und eine Transformationsfunktion von unternehmerischen Finanzierungsmaßnahmen besteht nicht.

Bei **Informationsasymmetrie** hinsichtlich des unternehmerischen Investitionsverhaltens[13] wird der Unternehmer grundsätzlich **nur dann** die gleiche Investitionsentscheidung wie für den Fall der Informationssymmetrie treffen, falls alle Ertragszuwächse aus dem Übergang von gesamtwirtschaftlich suboptimalen Investitionsprogrammen hin zum optimalen Investitionsprogramm **allein** beim Unternehmer anfallen, also **keine** positiven externen Effekte bei den Kapitalgebern realisiert werden. Beispielsweise würde bei einem großen Ausmaß externer Beteiligungsfinanzierung der Unternehmer kaum noch Anreize zu nennenswerten produktiven Mittelverwendungen besitzen, wie weiter oben dargelegt wurde. Tatsächlich sollte der Unternehmer sinnvollerweise allein **risikolose Forderungstitel**

---

[13] Zur Vereinfachung von Formulierungen soll das unternehmerische Investitionsverhalten im folgenden ähnlich wie im vierten Kapitel in einem derart **weiten** Sinne verstanden werden, daß es **alle** Maßnahmen des Unternehmers zur Beeinflussung der **Wahrscheinlichkeitsverteilung** des Einzahlungsüberschusses der Unternehmung umfaßt. Insbesondere auch der unternehmerische Arbeitseinsatz kann nämlich als eine Investitionsentscheidung des Unternehmers interpretiert werden.

emittieren, also eine Fixzahlung an externe Kapitalgeber gewähren, wenn er denn Externe an der Investition partizipieren lassen möchte, da dann jede Variation seines Verhaltens **allein** seine eigenen Erträge betrifft.[14] Die unternehmerische Finanzierungsform ist demnach hierbei **nicht** mehr **irrelevant**. Allerdings gilt wie bei Hidden-information-Ansätzen, daß die **reine Verhaltensbeeinflussungsfunktion** unternehmerischer Finanzierungsmaßnahmen **nicht** erklären kann, warum es überhaupt zur **externen Mittelbeschaffung** kommt. Erneut könnten gesamtwirtschaftlich effizientes Investitionsverhalten und damit zusammenhängend ein maximales unternehmerisches **Wohlfahrtsniveau** auch durch den Verzicht auf jegliche Ausgabe von Finanzierungstiteln an Externe gewährleistet werden. Erst wenn dies aufgrund **fehlender Mittel** des Unternehmers nicht möglich ist, resultiert ein **Bedürfnis** zur Emission risikoloser Forderungstitel.

Auch mittels **Hidden-action-Ansätzen** läßt sich demnach eine **eigenständige Motivation** für bestimmte unternehmerische Finanzierungsmaßnahmen finden. Die **Irrelevanz** der Unternehmensfinanzierung bei Handel von Finanzierungstiteln auf einem **friktionsfreien Sekundärmarkt** unter der Prämisse des **Mengenanpasserverhaltens** als mögliches Gleichgewichtsphänomen wird hierdurch jedoch einmal mehr nicht berührt.[15] Zum konkreten Nachweis für den hier betrachteten Modellkontext muß man noch Kapitalmarkthandel **nach** der Festlegung der externen Beteiligungsquote α und des Rückzahlungsanspruchs F auf Forderungstitel zulassen.[16] Tatsächlich ist eine vergleichbare Fragestellung in

---

[14] Dieses Ergebnis ist seit längerem aus der allgemeinen Literatur zu Hidden-action-Ansätzen bekannt. Vgl. etwa *Harris/Raviv* (1979), S. 239, oder auch *Grossman/Hart* (1983), S. 16 f.

[15] Ähnlich wie im Zusammenhang mit Signalisierungsbeiträgen existieren recht wenige Ansätze mit Hidden-action-Elementen, in denen überdies unternehmerische Handelsmöglichkeiten berücksichtigt werden. Neben den im Haupttext genannten Arbeiten sei aus jüngster Zeit *Garvey* (1997) erwähnt.

[16] Für den Irrelevanznachweis ist es hierbei unerheblich, ob der Unternehmer seine Investitionsentscheidungen vor dem, nach dem oder gleichzeitig mit dem Sekundärmarkthandel trifft.

der Literatur auch untersucht worden. Im deutschsprachigen Raum ist hier insbesondere die Dissertation von *Neus* (1989) zu nennen, dessen Ansatz vor allem von *Laux* (1990, 1991) fortgeführt wurde. Diesen Arbeiten zeitlich vorgelagert sind die verwandten Beiträge von *Campbell* und *Kracaw* (1985, 1987).

In den genannten Beiträgen wird die zwischen Unternehmer und Kapitalgeber vereinbarte ursprüngliche Teilungsregel zwar zum Teil **nicht** primär als Finanzierungsarrangement, sondern mehr als **Entlohnungsvereinbarung** für den jeweiligen Geschäftsführer interpretiert, doch begründet jede Entlohnungsvereinbarung natürlich auch nichts anderes als **Anwartschaften** auf künftige Einzahlungen, so daß im hier beschriebenen Kontext die Charakterisierung der Vereinbarungen als Ausdruck bestimmter Finanzierungsformen durchaus zweckmäßig ist. Tatsächlich wäre jede Art der **Trennung** der dem Unternehmer zufließenden Einzahlungsüberschüsse in Einzahlungen aus Arbeitsentlohnung und Einzahlungen auf Finanzierungstitel ohne nähere modellkonsistente Begründung sogar weitgehend willkürlich und allein schon deswegen **wenig sachgerecht**.

Im Hinblick auf die oben genannten Quellen läßt sich damit im Kern festhalten, daß bei der Möglichkeit zum anschließenden Handel von Finanzierungstiteln deren **anfängliche Aufteilung** auf Unternehmer und externe Kapitalgeber weitgehend **bedeutungslos** wird.[17] Dieser Nachweis soll hier nicht im einzelnen nachvollzogen werden, vielmehr soll kurz erläutert werden, daß auch bei **beliebigen Hidden-action-Problemen** ganz allgemein weiterhin von der **Irrelevanz** der unternehmerischen Finanzierungsweise ausgegangen werden kann, solange alle Beteiligten auf einem **reibungsfrei** arbeitenden Sekundärmarkt als **Mengenanpasser** Finanzierungstitel handeln können. Zu diesem Zweck sei angenommen, daß **alle** Formen $\mathcal{F}$ der Unternehmensfinanzierung zum **gleichen** Marktwert V_U eines Unternehmens auf dem Sekundärmarkt führen. Wenn der Unternehmer bei der Finanzierungsweise $\mathcal{F}$ insgesamt Finanzierungstitel mit einem Sekundärmarktwert

---

[17] Insbesondere von *Laux* (1990), S. 1354 f., wird in diesem Zusammenhang sogar **explizit** auf das **Irrelevanztheorem** von *Modigliani* und *Miller* (1958) eingegangen.

$\alpha(\mathscr{F})\cdot V_U$ an externe Kapitalgeber ausgibt, dann wird bei rationaler Erwartungsbildung auf seiten der externen Kapitalgeber auch der Erlös des Unternehmers aus seinen Primärmarktaktivitäten gerade $\alpha(\mathscr{F})\cdot V_U$ betragen. Mit einem Marktwert von $[1-\alpha(\mathscr{F})]\cdot V_U$ der beim Unternehmer verbliebenen Finanzierungstitel verfügt der Unternehmer demnach **finanzierungsunabhängig** stets über ein **Gesamtvermögen** von V_U. Damit aber wird unter der Mengenanpasserannahme auch sein **Verhalten** auf dem Sekundärmarkt, also die von ihm angestrebte finanzielle Position, ebenso wie das dafür optimale **Investitionsverhalten** im Rahmen der Unternehmensführung **unabhängig** von $\mathscr{F}$ stets identisch sein. Dies bedeutet, daß ohne Auftreten von Widersprüchen grundsätzlich von der **Irrelevanz** der unternehmerischen Finanzierungsweise für die Wohlfahrtsposition des Unternehmers, sein Investitionsverhalten sowie den zugehörigen Unternehmensmarktwert ausgegangen werden kann.[18]

Im Hinblick auf die gerade angestellte Überlegung könnte man noch die grundlegenden Fragen der **Existenz** und **Eindeutigkeit** eines Gleichgewichts mit den beschriebenen Eigenschaften problematisieren. Zur Bejahung der Existenzfrage muß V_U nämlich derart sein, daß das hierdurch induzierte und zutreffend von den Kapitalgebern antizipierte Investitionsverhalten des Unternehmers gerade zu einer adäquaten Unternehmensbewertung von V_U führt. **Jedem** unterstellten Unternehmenswert $V_U^{(1)}$ kann man demnach einen nach Kapitalmarkthandel und

---

[18] Ähnlich wie bei der Diskussion des Irrelevanztheorems im sechsten Kapitel ist die Annahme des **Mengenanpasserverhaltens** von Unternehmern dabei nur sachgerecht, wenn die Handelsaktivitäten von Unternehmern durch die übrigen Kapitalmarktteilnehmer nicht allgemein beobachtbar sind. Ansonsten nämlich können letztere unmittelbar aus dem Kapitalmarktverhalten eines Unternehmers auf die sich für ihn jeweils ergebenden Investitionsanreize und damit auf die Wahrscheinlichkeitsverteilung der künftigen Einzahlungsüberschüsse der jeweiligen Unternehmung zurückschließen, so daß der Unternehmenswert zu einer Funktion des unternehmerischen Sekundärmarkthandels würde. Der obige Irrelevanznachweis gilt daher generell nur bei **anonymem** Sekundärmarkthandel. Wieder wäre es bei Beobachtbarkeit der unternehmerischen Handelsaktivitäten aber ohnehin generell am sinnvollsten, diese vertraglich **auszuschließen**.

unternehmerischer Investitionsentscheidung resultierenden Unternehmenswert $V_U^{(2)}$ zuordnen, der sich ergibt, wenn die Kapitalmarktteilnehmer infolge ihrer rationalen Erwartungsbildung zutreffend auf das unternehmerische Investitionsverhalten zurückschließen. Die getroffenen Annahmen sind nur dann **nicht widersprüchlich**, wenn $V_U^{(2)} = V_U^{(1)}$ gilt. Technisch gesprochen geht es hierbei um die Frage, ob ein sogenannter **Fixpunkt** existiert. Dies dürfte aber in der Regel kein Problem darstellen. Grundsätzlich ist dabei auch die Existenz **mehrerer** Fixpunkte, also **Uneindeutigkeit** des resultierenden Gleichgewichts mit irrelevanter Unternehmensfinanzierung, möglich.

Gibt es **mehrere** Fixpunkte, dann sind überdies sogar **Gleichgewichte** denkbar, in denen unternehmerische Finanzierungsentscheidungen **Relevanz** sowohl für den resultierenden Unternehmenswert als auch die Wohlfahrt der Beteiligten besitzen. Dazu muß man nur annehmen, daß mit verschiedenen Finanzierungsweisen $\mathscr{F}^{(A)}$ und $\mathscr{F}^{(B)}$ verschiedene "Fixpunkte" $V_U^{(A)}$ und $V_U^{(B)}$ verbunden sind. Unter dieser Bedingung würde die Wahl einer der beiden Finanzierungsformen $\mathscr{F}^{(A)}$ und $\mathscr{F}^{(B)}$ seitens des betrachteten Unternehmers zu unterschiedlichen, aber gleichwohl jeweils auf der Grundlage rationaler Erwartungen gebildeten Unternehmenswerten und damit zu einem echten Entscheidungsproblem für den Unternehmer führen. Sofern hierbei unternehmerische Finanzierungsentscheidungen allerdings Relevanz erlangen können, ist die **Zuordnung** bestimmter Unternehmenswerte zu bestimmten unternehmerischen Finanzierungsentscheidungen jedoch erneut **vollkommen willkürlich**: Infolge der anschließenden Handelsmöglichkeit ist die aus der Unternehmensfinanzierung resultierende **anfängliche Allokation** der Finanzierungstitel **bedeutungslos**, relevant ist nur das implizierte **Preisgefüge** der Finanzierungstitel sowie das **Anfangsvermögen** des Unternehmers. Weiterhin dürfte einleuchten, daß es Gleichgewichte mit Relevanz unternehmerischer Finanzierungsentscheidungen **nur** geben kann, wenn es auch solche mit **Irrelevanz** gibt. Das heißt, wenn kein Fixpunkt der oben beschriebenen Art existiert, kann der betrachtete Kapitalmarkt in keinem Fall im Gleichgewicht sein. Auch über die Betrachtung von Hidden-action-Problemen läßt sich demnach keine sehr überzeugende Modifikation der Irrelevanzaussage von *Modigliani* und

Miller (1958) herleiten.

Überdies zeigen gerade die Gleichgewichte mit irrelevanter Unternehmensfinanzierung, daß Sekundärmarkthandel erneut **kein** perfektes Substitut für die Verhaltensbeeinflussungsfunktion unternehmerischer Finanzierungsmaßnahmen darstellt. Das bedeutet, die maximal für einen Unternehmer erreichbare Wohlfahrt ist **nicht** unabhängig von seiner Möglichkeit zum Sekundärmarkthandel. In der Tat dürfte Sekundärmarkthandel durch Unternehmer in aller Regel **nachteilig** sein, weil damit natürlich die **glaubwürdige Bindung** an ein bestimmtes Investitionsverhalten durch die vorangehenden Primärmarktaktivitäten **konterkariert** wird. Tatsächlich kann bei **Irrelevanz** der unternehmerischen Finanzierungsentscheidung nur die Bindung an jeweils ein **einziges**, ganz bestimmtes Investitionsverhalten des Unternehmers gelingen: nämlich das, das für gegebene Vermögensposition V_U und die daraus resultierenden unternehmerischen Sekundärmarkttransaktionen **optimal** ist.[19] Bei **Ausschluß** von Sekundärmarkthandel hingegen wird durch eine Variation der Unternehmensfinanzierung eine **viel differenziertere** Steuerung des Investitionsverhaltens des Unternehmers nach Emission der Finanzierungstitel ermöglicht. Für das im Abschnitt 1.2 vorgestellte Modell etwa läßt sich leicht zeigen, daß durch Ausschluß von Sekundärmarkthandelsmöglichkeiten des Unternehmers insgesamt eine ***pareto*-superiore Allokation** erreicht werden kann, die allein dem Unternehmer zugute kommt.[20]

Zusammenfassend sind bei Zugrundelegung asymmetrischer Informationsverteilungen zwar durchaus Kapitalmarktgleichgewichte mit **Relevanz** unternehmerischer Finanzierungsentscheidungen möglich, doch sind diese mindestens aufgrund ihrer weitgehend willkürlichen Zuordnung zwischen Unternehmenswerten

---

19 Allgemein gibt es **maximal** so viele mögliche Investitionsmaßnahmen, an die sich der Unternehmer glaubwürdig binden kann, wie es Fixpunkte gibt.

20 Vgl. etwa auch die entsprechenden Ergebnisse von *Neus* (1989) und *Breuer* (1993b), S. 285, die sich im wesentlichen auf einen Modellkontext der hier im Abschnitt 1.2 zugrunde gelegten Art beziehen.

und Finanzierungsformen wenig befriedigend, und überdies bleibt die **Irrelevanz** der Unternehmensfinanzierung als Gleichgewichtsphänomen (wenngleich **nicht** mehr als einzig denkbares) auch bei Zugrundelegung von Hidden-information- oder Hidden-action-Ansätzen generell **erhalten**. Natürlich verwundern diese Ergebnisse nicht allzu sehr, da im Falle des Zugangs zu Sekundärmärkten in erster Linie nur die **nach** dem Handel resultierenden Positionen der einzelnen Beteiligten von Interesse sind. Akzeptiert man dies, läßt sich festhalten, daß bei funktionsfähigen Sekundärmärkten und Unterstellung des allgemeinen Marktzugangs auch für das Management von Unternehmen die **Unternehmensfinanzierung** in ihrer **Relevanz** recht **eingeschränkt** ist und man vielmehr auf die Position der Unternehmensleitung unter **Einbezug** des Sekundärmarkthandels abstellen muß. Insofern läßt sich zwar bei funktionsfähigem Sekundärmarkt **generell** die mögliche **Irrelevanz** unternehmerischer Finanzierungsentscheidungen in Fortführung der Überlegungen von *Modigliani* und *Miller* (1958) als denkbares Gleichgewichtsphänomen konstatieren; gerade dann ist aber auch die **isolierte** Betrachtung der Unternehmensfinanzierung tatsächlich eine weitgehend **irrelevante** Fragestellung. Ist der Zugang zum Sekundärmarkt hingegen wenigstens für bestimmte **Insider** derart **beschränkt**, daß etwa Manager einer Unternehmung **nicht** Finanzierungstitel der betreffenden Unternehmung völlig **frei** handeln können, wird die Frage der Unternehmensfinanzierung ganz generell zu einem **echten** Entscheidungsproblem.

Informationsökonomische Ansätze liefern damit insbesondere eine **Begründung** dafür, wenigstens dem Management einer Unternehmung den **Handel** mit Finanzierungstiteln seiner **eigenen** Unternehmung zu **versagen**, insofern also gewisse **Insiderverbote** zu erlassen und deren Einhaltung zu überwachen. In der Tat wird der **Sekundärmarkthandel** von Finanzierungstiteln in vielen Fällen **nicht** derart friktionsfrei ablaufen, wie bislang zumeist unterstellt, und dürfte die **Geschäftsführung** einer Unternehmung selbst auf dem Sekundärmarkt de facto nur in **begrenztem** Umfang auftreten können. So bestehen auch etwa in Deutschland seit 1994 mit dem **Wertpapierhandelsgesetz** zahlreiche gesetzliche Restriktionen zum **Insiderhandel** von Finanzierungstiteln.[21]

Für die **weitere Analyse** der Konsequenzen aus Hidden-action-Problemen sei deswegen von der Möglichkeit zum Sekundärmarkthandel von Finanzierungstiteln generell **abgesehen**. Um die Bedeutung von **Anreizproblemen** bei unternehmerischen Finanzierungsentscheidungen zu verdeutlichen, wird oft von Fragen der Risiko- und Fristentransformation abstrahiert.[22] Natürlich werden diese Aspekte stets eine Rolle spielen, wenn es um die Bestimmung der endgültigen Allokation von Finanzierungstiteln einer Unternehmung geht. Da wir auf diese Frage aber schon ausführlich eingegangen sind, soll im weiteren wie in einem Großteil der Literatur auch von **Risikoneutralität** aller Beteiligten und dem **Fehlen differenzierender Zeitpräferenzen** ausgegangen werden.[23] Damit allerdings überhaupt noch ein Bedarf nach externer Finanzierung besteht, ist für den Rest dieses Kapitels anzunehmen, daß der Unternehmer **nicht** über eine hinreichend hohe **monetäre Anfangsausstattung** verfügt, als daß er alle bei Informationssymmetrie vorteilhaften Projekte auch vollständig aus eigenen Mitteln finanzieren könnte. Wie bereits weiter oben dargelegt, ist unter diesen angepaßten Voraussetzungen bei Informationsasymmetrie die **optimale Lösung** des unternehmerischen Finanzierungsproblems aus Abschnitt 1.1 einfach durch den völligen Verzicht auf externe Eigenfinanzierung und die alleinige Emission **risikoloser** Forderungstitel gekennzeichnet. Tatsächlich resultieren aus der Emission von Forderungstiteln jedoch **neue Anreizprobleme**, wenn der Unternehmer durch sein Verhalten auf das **Ausfallrisiko** der Gläubiger Einfluß nehmen kann. Bislang wurde von dieser Möglichkeit abgesehen. Ausfallgefahren für Gläubiger

---

21 Vgl. z.B. *Schweizer* (1996), S. 112 ff.

22 Vgl. hierzu auch *Goldberg* (1990).

23 Infolge dieser Vereinfachungen ist es übrigens auch **unschädlich**, daß im weiteren nicht einmal mehr zwischen externen Kapitalgebern Sekundärmarkthandel zugelassen wird. Aufgrund **homogener Präferenzen** aller Marktteilnehmer käme es nämlich zwischen den externen Kapitalgebern ohnehin zu **keinen** Tauschtransaktionen.

bedingen, daß selbst bei Risikoneutralität Maßnahmen der externen Eigenfinanzierung **nicht** suboptimal sein müssen. Hierauf wird im folgenden Abschnitt 2 vertieft eingegangen. Zuvor sollen die wichtigsten **Ergebnisse** dieses doch recht langen Abschnitts noch einmal **zusammengefaßt** werden.

1.4 Zusammenfassung

Gegenstand des vorliegenden Abschnitts 1 war eine Untersuchung der Frage, welche **Anreize** sich für das Verhalten der Geschäftsführung einer Unternehmung aus **externer Eigenfinanzierung** ergeben, wenn die externen Kapitalgeber dieses Verhalten **nicht** kostenlos beobachten können. Da externe Kapitalgeber durch ihre Beteiligungsquote α an den Erträgen aus der Anstrengung der Unternehmensführung **partizipieren**, der Mißnutzen aus erhöhten Anstrengungen jedoch voll **zu Lasten** des Unternehmers geht, wird die Geschäftsführung sich **nicht** in dem Maße engagieren, wie es bei völligem **Verzicht** auf externe Beteiligungsfinanzierung der Fall wäre. Entsprechendes wie für den **unternehmerischen Arbeitseinsatz** gilt grundsätzlich auch für den Anreiz der Geschäftsführung zu anderen Formen **unproduktiver Ressourcenverwendung**. Zu nennen wäre etwa der **(unrentable)** Einsatz von Mitteln der Unternehmung seitens der Unternehmensleitung zur Befriedigung eigener Image- oder Prestigeziele. Allgemein kann man diese Phänomene unter dem Stichwort "**exzessiver Perquisites-Konsum**" zusammenfassen. **Exzessiv** ist dieser Konsum deswegen im Vergleich zu einer Situation ohne externe Eigenfinanzierung, weil die insgesamt hieraus resultierende Beeinträchtigung der unternehmerischen Ertragssituation wenigstens teilweise auch zu Lasten der externen Kapitalgeber geht. Tatsächlich liegt hier damit ein Problem **externer Effekte** vor. Diese Problematik wird bei angenommenem **Rationalverhalten** aller Beteiligten aber sicherlich von den externen Kapitalgebern **antizipiert** und im Rahmen ihrer Konditionenfixierung berücksichtigt. Letztlich werden sich die externen Kapitalgeber gegen **Reichtumsverschiebungen** zu ihren Lasten durch entsprechende verringerte Mittelüberlassungen bei gleichen Werten für α und F bzw. durch höhere Werte für α und F bei gleicher gewährter Mittelüberlassung **schützen**. Damit aber gehen alle aus dem beschriebenen "Fehlanreiz" resultierenden Wohlfahrtsverluste **allein** zu Lasten der Unternehmensleitung. Diese wird deswegen aus eigenem Interesse **vor** erfolgter Konditionenfixierung für die Mittelüberlassung seitens der externen Beteiligungsgeber versuchen, **Hidden-action-Probleme** nach Möglichkeit zu **entschärfen**. Die gewählte **Finanzierungsform** wird damit für die Unternehmensführung ein Mittel zur **glaubwürdigen Bindung** an bestimmte Verhaltensweisen.

Hidden-action-Probleme begründen schon für sich **allein** genommen eine **Relevanz** unternehmerischer Finanzierungsentscheidungen. Ähnlich wie im Fall von Hidden-information-Problemen gelingt mit Hidden-action-Problemen jedoch allenfalls eine **partielle Revision** des Irrelevanztheorems von *Modigliani* und *Miller* (1958) für den Fall allgemeinen friktionsfreien Sekundärmarkthandels von Finanzierungstiteln. Hervorzuheben ist insbesondere, daß auch bei Vorliegen von Hidden-action-Problemen der **Sekundärmarkthandel** von Unternehmern in Finanzierungstiteln ihrer Unternehmung eher **störend** wirkt, wenn es um das Ziel der glaubwürdigen Bindung der Unternehmensleitung an ein bestimmtes Verhalten geht. Man gelangt somit zu einer **Rechtfertigung** für die generelle **Ausblendung** von Möglichkeiten zum Sekundärmarkthandel von Finanzierungstiteln. Genau diese Ausblendung soll deswegen im folgenden auch vorgenommen werden.

Um die weitere Analyse auf die Betrachtung **reiner Anreizeffekte** zu beschränken, wird im folgenden ferner stets **Risikoneutralität** aller Beteiligten unterstellt. Unter der Prämisse der allgemeinen Risikoneutralität würde man im hier betrachteten Modellkontext unmittelbar die Optimalität **reiner Fremdfinanzierung** folgern können. Dies liegt aber nur daran, daß das Risiko eines Forderungsausfalls für Gläubiger und die sich hieraus ergebenden **spezifischen Fehlanreize** von Fremdfinanzierungsmaßnahmen bislang noch gar nicht erörtert wurden. Diese Lücke in der Darstellung wird durch den folgenden **Abschnitt 2** geschlossen.

2 Anreizprobleme im Falle der Fremdfinanzierung

2.1 Problembeschreibung

Es wurde bereits mehrfach darauf hingewiesen, daß der Unternehmer aus dem vorhergehenden Abschnitt 1.1 bei allgemeiner **Risikoneutralität** der Beteiligten sämtliche negativen Anreizeffekte aus externer Beteiligungsfinanzierung durch die Wahl $\alpha = 0$ und damit die alleinige Nutzung reiner **risikoloser** Fremdfinanzierung hätte vermeiden können. Tatsächlich ist **Fremdfinanzierung** eine **ideale** Form der Finanzierung, solange keine **Ausfallprobleme** bestehen oder entstehen können und Fragen der **Risikoallokation** ausgeklammert bleiben. Die **Schwächen** der Fremdfinanzierung liegen demnach zum einen in der vergleichsweise **ungünstigen Risikoteilung**, da die Risikoträchtigkeit der Einzahlungsüberschüsse weitgehend vom Unternehmer selbst zu tragen ist, zum anderen aber in den **Anreizproblemen**, die bei der Möglichkeit des vollständigen oder teilweisen **Forderungsausfalls** resultieren. In der Tat ergibt sich ein **externer Effekt** von unternehmerischen Tätigkeiten stets dann, wenn das Verhalten der Unternehmensleitung Einfluß nimmt auf die **Ausfallwahrscheinlichkeit** oder die **Höhe** der Ausfälle bei Insolvenz. Denn Verschlechterungen der Rückzahlungschancen für die Gläubiger werden vom Unternehmer im Rahmen seines privaten Kalküls zur Ermittlung seines optimalen Verhaltens **nach** erfolgter Mittelüberlassung gerade **nicht** berücksichtigt.

Sofern demnach **Perquisites-Konsum** zu einer Erhöhung der **Ausfallgefahr** für die Inhaber von Forderungstiteln führen kann, wird **auch** die Fremdfinanzierung exzessiven Perquisites-Konsum des Unternehmers zur Folge haben. Trotzdem wird man in diesem Zusammenhang vermuten dürfen, daß der **Fehlanreiz** bei externer Eigenfinanzierung **ausgeprägter** ist, da hier **jede** Erhöhung des Perquisites-Konsums unmittelbar zum Teil von den externen Kapitalgebern zu tragen ist, während dies im Falle der Fremdfinanzierung **erst** zutrifft, wenn der Konsum der Geschäftsführung so stark ausgedehnt wurde, daß es sogar zu verschärften Problemen unternehmerischer **Zahlungsunfähigkeit** kommt. Zu nennen ist hier insbesondere der **Anreiz** der Unternehmensleitung, **weniger** monetäre Mittel zu investieren, als im Falle allgemeiner Beobachtbarkeit des unternehmerischen Investitionsverhaltens festgelegt würde, also "gesamtwirtschaftlich" optimal wäre. Dieses mit Fremdfinanzierung einhergehende **Unterinvestitionsproblem** wurde wohl zum ersten Mal von *Myers* (1977) angesprochen. Neben solchen Erscheinungsformen exzessiven Konsums infolge der Fremdfinanzierung gibt es aber auch **weitere**, hiervon unabhängige Fehlanreize aus der Emission von Forderungstiteln für das Investitionsverhalten des Managements einer Unternehmung. Der grundlegende **Wirkungsmechanismus**, nämlich Auftreten externer Effekte infolge **verstärkter Ausfallgefahr** für Gläubiger bei gesamtwirtschaftlich suboptimalem Unternehmerverhalten, ist dabei stets derselbe. An erster Stelle zu nennen ist das von *Jensen* und *Meckling* (1976) in die Literatur eingeführte "**Risikoanreizproblem**",[24] bei dem es um die Möglichkeit **allzu riskanten** unternehmerischen Investitionsverhaltens (bei **gegebenem** Investitionsvolumen) infolge der Emission von Forderungstiteln geht. Ferner kann Fremdfinanzierung auch noch mit einem **Überinvestitionsproblem** einhergehen, weil etwaige negative Einzahlungsüberschüsse aus einer Investition zum großen Teil von den Gläubigern der Unternehmung in Form erhöhter Ausfallgefahren zu tragen sind, während mögliche hohe Rückflüsse weitgehend zugunsten des Unternehmers zu Buche schlagen.[25] Im Gegensatz zur Situation bei externer Eigenfinanzierung kann somit bei Fremdfinanzierung ein **Überinvestitionsproblem** selbst dann bestehen, wenn hohe Investitionsvolumina für die Unternehmensleitung **keinen Eigenwert** aus Prestige- und Imagegründen haben.

Alle drei bislang genannten Fehlanreize führen ceteris paribus dazu, daß sich die

---

[24] Vgl. beispielsweise neben anderen auch die Arbeiten von *Gavish/Kalay* (1983) sowie *Green/Talmor* (1986). Zur Frage der sachgerechten Modellierung von Risikoanreizproblemen sei insbesondere auf *Nippel* (1994a, 1995) sowie *Neus* (1995), S. 18 f., hingewiesen.

[25] Auch hier wirkt also ein gewisser Risikoanreiz, wobei nun aber sogar eine Variation des **Investitionsvolumens** in Betracht gezogen wird. Vgl. zum Überinvestitionsproblem auch *Ewert* (1986), S. 18.

Ertragssituation der Unternehmung im Falle der Fremdfinanzierung und bei Vorliegen **asymmetrischer Information** zwischen Gläubigern und Unternehmer schlechter darstellt als bei Informationssymmetrie. Auch hier gilt wieder, daß die Kapitalgeber bei **Antizipation** derartiger Fehlanreize vor der Mittelüberlassung ihre geforderten **Konditionen** für die Mittelüberlassung derart **anpassen** werden, daß jeglicher **Wohlfahrtsverlust** aus dem Fehlanreiz auf den Unternehmer zurückfällt. Erneut ist deshalb **vor allem** der Unternehmer daran **interessiert**, die aus der Fremdfinanzierung resultierenden Fehlanreize möglichst **gering** zu halten. Dies gilt ebenfalls im Zusammenhang mit einem **weiteren Fehlanreiz** aus Fremdfinanzierung, der sich im Gegensatz zu den bislang angesprochenen **nicht** unmittelbar auf die unternehmerische Ertragssituation auswirkt. Sofern der Unternehmer nämlich in der Lage ist, im Anschluß an eine (erste) Fremdfinanzierung ein **zweites** Mal Forderungstitel zu emittieren, wobei die hierdurch begründeten Ansprüche von neuen Gläubigern **nicht** denen der alten Gläubiger vollständig **nachgeordnet** sind, kann sich für den Unternehmer die zweite Emission von Forderungstiteln allein schon aus folgendem Grunde lohnen:[26] Während die **Erlöse** aus der Emission dem Unternehmer **selbst** zugute kommen, muß ein **Teil** der in Zukunft auf diese Forderungstitel entfallenden Zahlungen von den **Altgläubigern** getragen werden. Jedenfalls gilt dies dann, wenn es in Zukunft Situationen gibt, in denen die unternehmerischen Einzahlungsüberschüsse **nicht** ausreichen, **alle** Forderungen von Gläubigern zu erfüllen. In diesem Fall kommt es zu **Ausfällen**, wobei die Ausfälle der alten Gläubiger ceteris paribus bei Existenz weiterer (nicht vollständig nachgeordneter) Gläubiger natürlich **größer** sind als ohne diese zusätzlichen Gläubiger. Auch hier werden Erträge in Form der **Erlöse** aus der zweiten Emission von Forderungstiteln durch den Unternehmer **privatisiert**, während **Lasten**, nämlich die künftigen Zahlungen auf die neuen Forderungstitel, zum Teil **sozialisiert** werden. An den gesamten Einzahlungsüberschüssen der Unternehmung ändert sich hierbei jedoch **nichts**, so daß es also per Saldo zu keinem gesamtwirtschaftlichen Wohlfahrtsverlust zu kommen scheint. Es erfolgt zunächst einmal lediglich eine **Umverteilung** von

---

[26] Vgl. hierzu etwa *Rudolph* (1984), S. 34.

den alten Gläubigern hin zum Unternehmer. Tatsächlich ist aber auch hierbei ein **gesamtwirtschaftlicher Schaden** durchaus möglich, und zwar dann, wenn die alten Gläubiger in Antizipation der Schädigungsmöglichkeiten seitens des Unternehmers die **Mittelüberlassung** komplett **verweigern** und deshalb (bei Informationssymmetrie) vorteilhafte Investitionsprojekte gar **nicht** erst durchgeführt werden können. Damit hat der Unternehmer auch im Zusammenhang mit diesem vierten Fehlanreiz grundsätzlich ein **Interesse**, sich glaubwürdig an **Wohlverhalten** zu binden.

Zur besseren Veranschaulichung der Konsequenzen aus den Fehlanreizen der Fremdfinanzierung soll im folgenden **Abschnitt 2.2** ein einfacher Modellansatz präsentiert werden, in dem es konkret um die Auswirkungen des Risikoanreiz- und des Unterinvestitionsproblems geht.[27] Im **Abschnitt 2.3** schließlich werden die Ergebnisse dieses **Abschnitts 2** zusammengefaßt.

2.2 Risikoanreiz- und Unterinvestitionsproblem als Beispiel

2.2.1 Die Modellannahmen

Betrachtet werde ein mittelloser Unternehmer in einem Zwei-Zeitpunkte-Modell bei allgemeiner Risikoneutralität, der zur Finanzierung von Investitionsprojekten auf (einen oder mehrere) externe Kapitalgeber angewiesen ist. In $t = 0$ könne der Unternehmer zur Mittelaufnahme zunächst nur **Forderungstitel** emittieren.

Die Emissionserlöse kann der Unternehmer **unbeobachtbar** durch Dritte konsumieren oder in eines von **zwei** alternativen Projekten A und B investieren. Das Investitionsvolumen sei im weiteren mit I bezeichnet. Beide Projekte können mit $I = I^{(1)}$ oder aber $I = I^{(2)} = 2 \cdot I^{(1)}$ realisiert werden. Man kann sich vorstellen, daß der Unternehmer über die Möglichkeit verfügt, eine oder zwei Anlagen glei-

---

[27] Die im folgenden gewählte Modellierung stellt eine **vereinfachte Version** des in *Breuer* (1997d) zugrunde gelegten Ansatzes dar.

cher Bauart und Funktionsweise zu errichten. Andere Investitionsmöglichkeiten soll es in der betrachteten Volkswirtschaft nicht geben. Konsum liquider Mittel sei in $t = 0$ und $t = 1$ möglich. Der in $t = 1$ aus der Investitionstätigkeit erwirtschaftete **Output** sei allgemein **beobachtbar**. Zunächst werden aus ihm die Fremdkapitalgeber bedient. Sollte der erzielte Einzahlungsüberschuß der Unternehmung zur Erfüllung der Gläubigeransprüche **nicht** ausreichen, kommt es zu **Forderungsausfällen**. Eine Bedienung der Forderungstitel ist damit also **nur** aus dem in $t = 1$ erzielten Einzahlungsüberschuß der Unternehmung möglich. Etwaig verbleibende (positive) Überschüsse nach Zahlung an die Gläubiger fallen dem Unternehmer als **alleinigem** Inhaber der Beteiligungstitel zu.

Insgesamt sollen potentielle Kapitalgeber über eine **Anfangsausstattung** von wenigstens $2 \cdot I^{(1)}$ an liquiden Mitteln in $t = 0$ verfügen, so daß prinzipiell die Möglichkeit für den Unternehmer besteht, **hinreichende** Mittel zur Realisation des Investitionsvolumens $I = 2 \cdot I^{(1)}$ zu beschaffen. Weder Kapitalgeber noch Unternehmer verfügen über differenzierende Zeitpräferenzen, so daß eine (erwartete oder sichere) Einzahlung **unabhängig** von dem Zeitpunkt des Zugangs ($t = 0$ oder $t = 1$) den gleichen Nutzen stiftet. Anders formuliert, rechnen alle Entscheidungssubjekte mit einem persönlichen Kalkulationszinsfuß von 0 %. Die Kapitalgeber seien in $t = 0$ zur Überlassung von Mitteln $\Delta I \leq 2 \cdot I^{(1)}$ bereit, sofern die ihnen als Gegenleistung überlassenen Finanzierungstitel in $t = 1$ Einzahlungen in **wenigstens ebendieser** Höhe ΔI erwarten lassen.[28]

Die **Einzahlungen** $\tilde{z}_A$ aus dem Projekt A für $I = I^{(1)}$ belaufen sich mit Wahrscheinlichkeit p auf $z_A^{(1)}$ und mit Wahrscheinlichkeit 1-p auf $z_A^{(2)}$. Für $I = I^{(2)}$ hin-

---

28 Eine Mittelüberlassung $\Delta I > 2 \cdot I^{(1)}$ kann **ausgeschlossen** werden, da der über $2 \cdot I^{(1)}$ hinausgehende Betrag vom Unternehmer **nicht investiv** verwendet werden kann und dementsprechend sofort **privat konsumiert** würde. Zum einen fehlt es damit an der Notwendigkeit zu über $2 \cdot I^{(1)}$ hinausgehenden Mittelüberlassungen seitens der Kapitalgeber, und zum anderen würde sich das Zustandekommen einer Finanzierungsbeziehung für derart hohe Mittelüberlassungen wegen der fehlenden rentablen Verwendungsmöglichkeit im Unternehmen sogar **schwieriger** gestalten als für $\Delta I \leq 2 \cdot I^{(1)}$.

gegen ergebe sich mit Wahrscheinlichkeit p die Einzahlung $\gamma \cdot z_A^{(1)}$ und mit Wahrscheinlichkeit 1-p die Einzahlung $\gamma \cdot z_A^{(2)}$, wobei $1 < \gamma < 2$ gelte. Eine Verdopplung der Produktionskapazitäten führt demnach zwar zu einer Erhöhung der Einzahlungsüberschüsse, aber um weniger als 100 %. Es wird folglich nur von **degressiv** steigenden Erträgen ausgegangen. Die Annahmen zu den Einzahlungen aus **Projekt B** sind analog. Mit Wahrscheinlichkeit p ergibt sich hierbei für $I = I^{(1)}$ die Einzahlung $z_B^{(1)}$ und mit Wahrscheinlichkeit 1-p die Einzahlung $z_B^{(2)}$. Für $I = I^{(2)}$ erhält man mit Wahrscheinlichkeit p die Einzahlung $\gamma \cdot z_B^{(1)}$ und mit der Gegenwahrscheinlichkeit $\gamma \cdot z_B^{(2)}$. Ferner gelte $z_B^{(1)} > z_A^{(1)} > z_A^{(2)} > z_B^{(2)}$ und $E(\tilde{z}_A) \equiv p \cdot z_A^{(1)} + (1-p) \cdot z_A^{(2)} > E(\tilde{z}_B) \equiv p \cdot z_B^{(1)} + (1-p) \cdot z_B^{(2)}$. Dies bedeutet, daß Projekt A für gegebenes Investitionsvolumen $I = I^{(1)}$ bzw. $I = I^{(2)}$ zu **höheren** erwarteten Erträgen als Projekt B führt und sich überdies durch eine **geringere** Streuung der Ergebnisse, beispielsweise gemessen über die Spannweite $z^{(1)}-z^{(2)}$ bzw. $\gamma \cdot (z^{(1)}-z^{(2)})$ der möglichen Ergebnisrealisationen, auszeichnet. Projekt A wird deswegen im weiteren auch als das **effiziente** bezeichnet, während Projekt B auch als **inferior** bezeichnet wird. Schließlich sei noch von $\gamma \cdot E(\tilde{z}_A) - 2 \cdot I^{(1)} > 0$ sowie $\gamma \cdot E(\tilde{z}_A) - 2 \cdot I^{(1)} > E(\tilde{z}_A) - I^{(1)}$ ausgegangen. Damit sind die erwarteten **Nettoerträge**, das heißt Erträge nach Abzug der Anfangsauszahlung, aus der unternehmerischen Tätigkeit bei Realisation des Projekts A mit $I = 2 \cdot I^{(1)}$ am höchsten, so daß dies die **"gesamtwirtschaftlich" effiziente** Investitionsentscheidung beschreibt.

Bei **allgemein beobachtbarem** Investitionsverhalten des Unternehmers würde er einfach Mittel $\Delta I = 2 \cdot I^{(1)}$ bei den externen Kapitalgebern durch die Vereinbarung erwarteter Rückflüsse in genau dieser Höhe beschaffen und sich darauf **festlegen**, diese Mittel vollständig in das Projekt A zu investieren. Auf diese Weise würde sich der Unternehmer den **maximalen** erwarteten Nettoertrag $\gamma \cdot E(\tilde{z}_A) - 2 \cdot I^{(1)}$ in $t = 1$ sichern. Aufgrund der **Unbeobachtbarkeit** seines Investitionsverhaltens kann sich der Unternehmer tatsächlich jedoch nicht auf eine bestimmte Handlungsweise festlegen. Im folgenden Abschnitt wird gezeigt, daß sich damit im Rahmen der Fremdfinanzierung gewisse **Fehlanreize** ergeben, die die Projektfinanzierung erschweren und letzten Endes wie im Falle externer Eigenfinanzierung aus Abschnitt 1 zu **Lasten** des Unternehmers gehen.

2.2.2 Unternehmerische Investitionsentscheidungen bei Fremdfinanzierung

Emittiert der Unternehmer Forderungstitel, so hat er in $t = 1$ eine bestimmte **fixe** Zahlung F auf diese Forderungstitel zu erbringen. Sofern die Erträge des Unternehmers aus der Investition hierzu **nicht** ausreichen, bleibt ein Teil dieser Forderung infolge der Zahlungsunfähigkeit des Unternehmers **unbefriedigt**. Im weiteren sei angenommen, daß für $F = I^{(1)}$ und $I = I^{(1)}$ die Forderungen der Fremdkapitalgeber **nur** bei der Durchführung des Projekts A **nicht** ausfallbedroht sind, wohl jedoch bei Realisation von **Projekt B**. Das heißt, es sei $z_A^{(2)} > I^{(1)} > z_B^{(2)}$. Ferner gelte

$$p \cdot (z_B^{(1)} - F) > p \cdot z_A^{(1)} + (1-p) \cdot z_A^{(2)} - F \quad (\forall\, F \geq I^{(1)}). \tag{7.6}$$

Infolge (7.6) wird der Unternehmer **nach** Mittelüberlassung in Höhe von $I^{(1)}$ bei jeder Forderungshöhe F mit $I^{(1)} \leq F < z_B^{(1)}$ die Durchführung des Projekts B der des Projekts A vorziehen, da er auf diese Weise für sich selbst die höchsten erwarteten Erträge erzielt. Genau dies ist ein Beispiel für das von *Jensen* und *Meckling* (1976) in die Literatur eingeführte **Risikoanreizproblem**:[29] Obwohl die erwarteten Gesamterträge bei Durchführung des Projekts A über denen des Projekts B liegen, wird der Unternehmer **nach** Emission der Forderungstitel im allgemeinen das risikoreichere **Projekt B** statt A wählen, denn im Falle des Eintritts des guten Ergebnisses $z_B^{(1)}$ kann er mit hohen Residualerträgen $z_B^{(1)}$-F rechnen, während im Falle des Mißlingens der Investition, also bei Eintritt des schlechten Ergebnisses $z_B^{(2)}$, die Fremdkapitalgeber durch den **Ausfall** eines Teils ihrer Forderungen am Mißerfolg **partizipieren**. Diese **Überwälzung** eines Teils des Mißerfolgsrisikos bei weitgehender **Vereinnahmung** der hohen Überschüsse im Falle des Gelingens der Investition begründet aus Sicht des Unternehmers nach Etablierung der Finanzierungsbeziehung die Attraktivität risikoreicher Projekte, auch wenn die hierbei insgesamt zu erwartenden Erträge unter denen

---

29 Zur hier konkret gewählten Modellierung siehe auch ähnlich *Diamond* (1989), S. 832, *Nippel* (1992), S. 992 f., und *Breuer* (1995c), S. 519 ff.

weniger riskanter Projekte liegen.[30]

Die Ungleichung (7.6) soll annahmegemäß für **alle** $F \geq I^{(1)}$ erfüllt sein. Tatsächlich folgt aus der Gültigkeit von (7.6) für $F = I^{(1)}$ unmittelbar auch ihre Gültigkeit für $F > I^{(1)}$. Sollte F gar so groß gewählt werden, daß auch bei Durchführung des Projekts A ein Ausfallrisiko besteht, existiert wegen $z_B^{(1)} > z_A^{(1)}$ natürlich auch hier ebenfalls noch das **Risikoanreizproblem**. Lediglich für Forderungshöhen $F \geq z_B^{(1)}$ besteht **kein** Risikoanreizproblem, da der Unternehmer **unabhängig** von seinem Investitionsverhalten in $t = 1$ **stets** zahlungsunfähig und daher in $t = 0$ indifferent ist zwischen der Implementierung des Projekts A oder B. Allerdings ergäbe sich in diesem Falle für den Unternehmer unmittelbar die Vorteilhaftigkeit des **sofortigen Konsums** der in $t = 0$ erhaltenen Mittel gegenüber deren investiver Verwendung im Rahmen des Projekts A oder B mit $I = I^{(1)}$, so daß auch für $F \geq z_B^{(1)}$ die Realisation des **Projekts A** mit $I = I^{(1)}$ durch den Unternehmer **nicht** gewährleistet werden kann.

Für $I = 2 \cdot I^{(1)}$ und $F = 2 \cdot I^{(1)}$ sei die **Kreditrückzahlung** bei Realisation von A ebenfalls **nicht** gefährdet. Bei Durchführung von B mit $I = 2 \cdot I^{(1)}$ ist das Fremd-

---

30 Die **Ursache** des Risikoanreizproblems kann auch sehr gut durch einen Verweis auf die im zweiten Kapitel in den *Abbildungen 2.1* und *2.2* vorgestellten **Zahlungsstrukturen** von Forderungs- und Beteiligungstiteln für den Fall beschränkter und nicht-persönlicher Haftung der Inhaber der Beteiligungstitel veranschaulicht werden. Man erkennt, daß die Zahlungsstruktur der Beteiligungstitel **konvex**, aber nur **abschnittsweise** linear über den gesamten Definitionsbereich von $\tilde{z}_1$ ist. Interpretiert man die Funktion $e(\tilde{z}_1)$ gewissermaßen als die (Risiko-) Nutzenfunktion eines Inhabers von Beteiligungstiteln und geht man vom Ziel der Maximierung des "erwarteten Nutzens" $E[e(\tilde{z}_1)]$ aus, dann ist aus der allgemeinen Entscheidungstheorie bekannt, daß sich ein solcher Entscheidungsträger "**risikofreudig**" verhält (vgl. ähnlich *Laux* (1995), S. 203 f.). Das bedeutet, bei **gleichem** Erwartungswert der Rückflüsse $E(\tilde{z}_1)$ führen **riskantere** Investitionsprojekte zu höheren Erwartungswerten $E[e(\tilde{z}_1)]$ und werden deswegen vom Entscheidungsträger **präferiert**. Dieser Effekt kann so **stark** sein, daß das Entscheidungssubjekt selbst bei einem geringeren Erwartungswert $E(\tilde{z}_1)$ des riskanteren Projekts dieses trotzdem noch - wie etwa im hier behandelten Modellkontext - vorziehen wird.

kapital hingegen erneut ausfallgefährdet, da schon aus $I^{(1)} > z_B^{(2)}$ natürlich auch $2 \cdot I^{(1)} > \gamma \cdot z_B^{(2)}$ folgt. Damit außerdem für $I = 2 \cdot I^{(1)}$ ein **Risikoanreizproblem** besteht, muß gelten:

$$p \cdot (\gamma \cdot z_B^{(1)} - F) > p \cdot \gamma \cdot z_A^{(1)} + (1-p) \cdot \gamma \cdot z_A^{(2)} - F \quad (\forall\, F \geq 2 \cdot I^{(1)})$$

$$\Leftrightarrow p \cdot \left(z_B^{(1)} - \frac{F}{\gamma} \right) > p \cdot z_A^{(1)} + (1-p) \cdot z_A^{(2)} - \frac{F}{\gamma} \quad \left(\forall\, \frac{F}{\gamma} \geq \frac{2}{\gamma} \cdot I^{(1)} \right). \tag{7.7}$$

Da $\gamma < 2$, ist $(2/\gamma) \cdot I^{(1)} > I^{(1)}$. Das bedeutet, daß (7.7) unter Voraussetzung von (7.6) stets ebenfalls erfüllt ist.

Weil die Situation für $I = 2 \cdot I^{(1)}$ somit vollkommen analog zum Fall $I = I^{(1)}$ ist, kann sich der Unternehmer unter den getroffenen Annahmen demnach über Fremdfinanzierung überhaupt **nicht glaubwürdig** an die Durchführung des effizienten Projekts A binden.

Zusätzlich zu diesem Risikoanreizproblem besteht ferner nun aber auch noch ein **Unterinvestitionsproblem**. Im Falle der **Informationssymmetrie** wird der Unternehmer nämlich (bei Abstraktion von der Möglichkeit zur Durchführung des Projekts A) bereits für

$$\gamma \cdot E(\tilde{z}_B) \geq 2 \cdot I^{(1)} \wedge \gamma \cdot E(\tilde{z}_B) \geq E(\tilde{z}_B) + I^{(1)}$$

$$\Rightarrow E(\tilde{z}_B) \geq \frac{2}{\gamma} \cdot I^{(1)} \wedge E(\tilde{z}_B) \geq \frac{I^{(1)}}{\gamma - 1} \tag{7.8}$$

zur Realisierung des Projekts B mit Investitionsvolumen $I = 2 \cdot I^{(1)}$ bereit sein. Die **erste** Bedingung stellt sicher, daß die Durchführung des Projekts B mit $I = 2 \cdot I^{(1)}$ aus gesamtwirtschaftlicher Sicht nicht schlechter als völliger Investitionsverzicht ist, die **zweite** Bedingung gewährleistet, daß die Realisation des Projekts B mit $I = 2 \cdot I^{(1)}$ auch der Durchführung von B mit $I = I^{(1)}$ insgesamt nicht unterlegen ist. Anders formuliert, dürfen die insgesamt erwarteten **Nettoerträge** bei Durchführung des Projekts B mit $I = 2 \cdot I^{(1)}$ nicht kleiner als Null und nicht kleiner als für den Fall $I = I^{(1)}$ sein. Im Falle **unbeobachtbaren** unternehmerischen Investitionsverhaltens jedoch wird das Projekt B mit dem Volumen $I = 2 \cdot I^{(1)}$ gemäß der Herleitung im Anhang 1 zu diesem Abschnitt nur für

$$E(\tilde{z}_B) \geq \frac{4}{\gamma} \cdot I^{(1)} \wedge E(\tilde{z}_B) \geq \frac{I^{(1)}}{\gamma - 1} + (1-p) \cdot z_B^{(2)} \tag{7.9}$$

realisiert werden. Augenscheinlich sind die beiden Bedingungen aus (7.9) **strenger** als diejenigen aus (7.8). Das Unterinvestitionsproblem rührt daher, daß die **Fremdkapitalgeber** an den zusätzlichen Projektrückflüssen **partizipieren**, während der **Unternehmer** nach Erhalt der Mittel $I = 2 \cdot I^{(1)}$ durch deren Investition den hiermit einhergehenden Konsumverzicht in $t = 0$ **allein** tragen muß.

Alles in allem führen die **Fehlanreize** aus Fremdfinanzierung dazu, daß das effiziente und weniger riskante Projekt A **überhaupt nicht** durchgeführt werden kann und die Durchführung des Projekts B mit $I = 2 \cdot I^{(1)}$ **nur** bei Erfüllung **deutlich strengerer** Ertragsanforderungen als bei Informationssymmetrie gelingt. Ist (7.9) nicht erfüllt, kann der Unternehmer im Rahmen der Fremdfinanzierung allenfalls noch versuchen, sich glaubwürdig an die Durchführung des Projekts B mit $I = I^{(1)}$ zu binden. Dazu muß $E(\tilde{z}_B) \geq 2 \cdot I^{(1)}$ gelten,[31] während bei Informationssymmetrie schon $E(\tilde{z}_B) \geq I^{(1)}$ hinreichend gewesen wäre. Ist auch die Bedingung $E(\tilde{z}_B) \geq 2 \cdot I^{(1)}$ nicht erfüllt, dann kommt überhaupt **keine** Finanzierungsbeziehung zustande.

Beispiel 7.2:

Angenommen, es gilt $z_A^{(1)} = 700$ Geldeinheiten (GE), $z_A^{(2)} = 500$ GE, $z_B^{(1)} = 2.190$ GE, $z_B^{(2)} = 180$ GE sowie $p = 0{,}168$. Ferner gelte $\gamma = 1{,}65$ und $I^{(1)} = 200$ GE. Damit ergeben sich $E(\tilde{z}_A) = 533{,}6$ GE und $E(\tilde{z}_B) = 517{,}68$ GE, so daß Projekt A tatsächlich dem Projekt B im Hinblick auf die Höhe der erwarteten Erträge **überlegen** ist. Für Forderungen $F > 199{,}14$ GE besteht jedoch im Falle von $I = I^{(1)}$ und für Forderungen $F > 1{,}65 \cdot 199{,}14$ GE für $I = 2 \cdot I^{(1)}$ ein

---

31 Vgl. hierzu den Anhang 2 zu diesem Abschnitt.

Risikoanreizproblem. Bei Beschränkung auf **reine Fremdfinanzierung** kann sich der (mittellose) Unternehmer damit lediglich glaubwürdig an die Durchführung des **Projekts B** binden. Denn natürlich ist das Zustandekommen einer Finanzierungsbeziehung mit $\Delta I = 200$ GE allenfalls für $F \geq 200$ GE und mit $\Delta I = 400$ GE allenfalls für $F \geq 400$ GE denkbar.

Wegen $\gamma \cdot E(\tilde{z}_B)-2 \cdot I^{(1)} = 454{,}172$ GE $> E(\tilde{z}_B)-I^{(1)} = 317{,}68$ GE wäre es dabei wenigstens **wünschenswert**, Projekt B mit einem Volumen von $I = 2 \cdot I^{(1)} = 400$ GE durchzuführen. In der Tat ist dies hier möglich: Für $F = 910{,}096$ GE wird der Unternehmer (nach einer Mittelüberlassung $\Delta I = 400$ GE in $t = 0$ durch seine Kapitalgeber) Projekt B mit $I = 400$ GE realisieren, weil auf diese Weise für ihn mit $p \cdot (\gamma \cdot z_B^{(1)}-F) \approx 454{,}17$ GE höhere erwartete Gesamterträge als im Falle von $I = 200$ GE, $p \cdot (z_B^{(1)}-F)+I^{(1)} \approx 415{,}02$ GE, und auch als bei völligem Investitionsverzicht erreichbar sind. Die Durchführung von Projekt A lohnt sich aus Sicht des Unternehmers hingegen natürlich weder für $I = 200$ GE, wegen $z_A^{(1)} < F$, noch für $I = 400$ GE, wegen $p \cdot (\gamma \cdot z_A^{(1)}-F) \approx 41{,}14$ GE. Die Gläubiger erhalten erwartete Einzahlungen von $p \cdot F+(1-p) \cdot \gamma \cdot z_B^{(2)} \approx 400{,}0001$ GE,[32] so daß die erforderliche **Mittelüberlassung** tatsächlich **zustande kommt**. □

2.2.3 Diskussion

2.2.3.1 Optimaler Mix aus externer Eigen- und Fremdfinanzierung zur Minimierung von Anreizproblemen?

Das gerade präsentierte einfache Modell dürfte für den Nachweis genügen, daß auch durch Fremdfinanzierung **nicht** jegliche Fehlanreize für das Verhalten der Geschäftsführung einer Unternehmung verhindert werden können. Die Art der Fehlanreize unterscheidet sich dabei grundsätzlich danach, ob der Unternehmer externe Eigen- oder Fremdfinanzierung gewählt hat. Beispielsweise ist mit dem Einsatz externer Eigenfinanzierung **kein** Risikoanreizproblem verbunden, da die

---

32 Daß sich nicht exakt 400 GE ergeben, ist natürlich rein rundungsbedingt.

externen Beteiligungsgeber stets **proportional** an den Erträgen aus der investiven Tätigkeit des Unternehmers beteiligt sind: Für gegebenes Investitionsvolumen wird der Unternehmer seine erwarteten Erträge nur durch die Wahl desjenigen Projekts mit dem höchsten erwarteten Einzahlungsüberschuß maximieren können. Dafür allerdings ist im Zusammenhang mit der externen Eigenfinanzierung das Unterinvestitionsproblem tendenziell **gravierender** als bei Fremdfinanzierung, da die externen Eigenkapitalgeber an der erwarteten Ertragseinbuße aus jeder nicht investierten Geldeinheit mit einem **gleichbleibenden** Anteil α partizipieren, während bei Fremdfinanzierung die Partizipation der externen Kapitalgeber erst bei Auftreten von **Solvenzproblemen** einsetzt.

Beispiel 7.3:
Würde der Unternehmer aus Beispiel 7.2 versuchen, sich durch externe Eigenfinanzierung glaubwürdig an die Durchführung des Projekts A mit I = 400 GE zu binden, und würden die externen Kapitalgeber ihm dies abnehmen, so müßte er ihnen eine **externe Beteiligungsquote** von (ungefähr) α = 45,432 % gewähren, damit es zur Überlassung der Mittel I = 400 GE in t = 0 käme. Für eine solch hohe externe Beteiligungsquote würde der Unternehmer bei Durchführung des Projekts A mit I = 400 GE jedoch nur auf einen erwarteten Gesamtertrag von $(1-\alpha)\cdot\gamma\cdot E(\tilde{z}_A) \approx 480{,}44$ GE kommen, während die Wahl I = 200 GE zu einem erwarteten Gesamtertrag für den Unternehmer von $(1-\alpha)\cdot E(\tilde{z}_A)+I^{(1)} \approx 491{,}17$ GE führte. Da die externen Kapitalgeber bei rationaler Erwartungsbildung diesen Fehlanreiz des Unternehmers vorhersehen werden, werden sie natürlich **nicht** zur Überlassung von ΔI= 400 GE bei α = 45,432 % bereit sein. Vielmehr wird der Unternehmer nur Mittel ΔI = 200 GE gegen Gewährung einer externen Beteiligungsquote von (etwa) α = 37,482 % erhalten. Der Unternehmer realisiert damit bei Durchführung des Projekts A erwartete Gesamterträge von $(1-\alpha)\cdot E(\tilde{z}_A) \approx 333{,}6$ GE > 200 GE, so daß für diese Konditionen die Erwartungen der externen Kapitalgeber nicht enttäuscht würden. □

Es liegt der Gedanke nahe, daß sich durch einen geeigneten **Mix** von externer Eigen- und Fremdfinanzierung die Probleme aus Managementfehlanreizen bei jeweils isoliertem Einsatz dieser beiden Finanzierungsformen **reduzieren** lassen. In der Tat ist dies der Fall.[33] Zur Verdeutlichung sollen die Beispiele 7.2 und 7.3 insofern fortgeführt werden, als nun die **gemeinsame** Ausgabe von Forderungs- **und** Beteiligungstiteln an externe Kapitalgeber möglich sei.

Beispiel 7.4:

Der Unternehmer gewähre externen Kapitalgebern eine Forderung in Höhe von F = 199,11 GE zum Zeitpunkt t = 1 **sowie** eine externe Beteiligungsquote von α = 29,49 %. Damit erreichen die externen Kapitalgeber bei Realisation des Projekts A mit I = 400 GE erwartete Erträge von $\alpha \cdot [\gamma \cdot E(\tilde{z}_A)-F]+F \approx 400{,}03$ GE, so daß eine Mittelüberlassung von ΔI = 400 GE grundsätzlich in Frage kommt. Die erwarteten Gesamterträge des Unternehmers bei Durchführung von Projekt A mit I = 400 GE betragen $(1-\alpha)\cdot[\gamma \cdot E(\tilde{z}_A)-F] \approx 480{,}41$ GE, bei Durchführung des Projekts A mit I = 200 GE hingegen nur $(1-\alpha)\cdot[E(\tilde{z}_A)-F]+I^{(1)} \approx$ 435,85 GE. Auch schlechter sind aus Unternehmersicht der völlige Investitionsverzicht sowie die Durchführung des Projekts B mit I = 200 GE, ungefährer erwarteter Gesamtertrag des Unternehmers: 435,83 GE, sowie mit I = 400 GE, erwarteter unternehmerischer Ertrag näherungsweise: 461,88 GE. **Simultane** externe Eigen- und Fremdfinanzierung ermöglicht es einem Unternehmer demnach hierbei, sich **glaubwürdig** an (gesamtwirtschaftlich) effiziente Investitionsentscheidungen zu binden, obwohl jedes einzelne Instrument **versagt**. □

[33] Natürlich ist es je nach Parameterkonstellation ohne weiteres denkbar, daß die Berücksichtigung **weiterer** Arten von Finanzierungstiteln zu einer noch stärkeren **Reduktion** von Anreizproblemen führt. Beispielsweise wäre es sinnvoll, dem Unternehmer nur bei Realisation der "guten" Ergebnisse $\gamma \cdot z_A^{(1)}$ und $\gamma \cdot z_A^{(2)}$ überhaupt noch positive Einzahlungen in t = 1 zu belassen, wenn man ihm **beste Anreize** für die Wahl des Projekts A mit $I = 2 \cdot I^{(1)}$ geben will. Auf derartige Konstruktionen soll jedoch nicht weiter eingegangen werden, da die damit verbundenen Zusatzerkenntnisse zu sehr vom hier gewählten **Modellkontext** abhängen und der Schwerpunkt im Rahmen dieser Einführung auf der Erörterung der **beiden wichtigsten** Arten von Finanzierungstiteln, also Beteiligungs- und Forderungstiteln, liegen soll.

Im Lichte obiger Überlegungen könnte man die Hoffnung hegen, aus einer umfassenden Analyse unternehmerischer Fehlanreize eine **allgemeine Theorie** optimaler unternehmerischer Kapitalstrukturentscheidungen herzuleiten. Aufgrund der außerordentlich großen **Vielfalt** der möglichen Anreizprobleme, deren Relevanz im übrigen stark von der jeweils angenommenen **Informationsstruktur** abhängt, können konkrete Handlungsempfehlungen für unternehmerisches Finanzierungsverhalten jedoch stets nur **einzelfallbezogene** Gültigkeit haben. Um so mehr gilt dies, wenn man zusätzlich noch **Signalisierungsaspekte** der im sechsten Kapitel beschriebenen Art und schließlich auch noch **Risikoteilungsüberlegungen** der im dritten Kapitel beschriebenen Art hinzunimmt. Dabei wäre überdies auch noch stets danach zu **differenzieren**, ob für die Finanzierungstitel einer Unternehmung **allgemeiner Kapitalmarkthandel**, das heißt vor allem unter Beteiligung der jeweiligen Unternehmensleitung, möglich ist oder nicht.

Einzelfallbezogene Handlungsempfehlungen werden für reale Entscheidungsprobleme ferner **nicht** den klaren **quantitativen Charakter** haben, wie er bei einer **grundlagentheoretischen** Analyse der obigen Art möglich ist. Dennoch hat die Finanzierungstheorie mit der Berücksichtigung von Interessenkonflikten zwischen externen Kapitalgebern und Unternehmensleitung seit Mitte der siebziger Jahre einen enormen **Fortschritt** gemacht und hierbei ein wesentlich besseres Verständnis für die Auswirkungen verschiedenster in praxi beobachtbarer Finanzierungsvereinbarungen gewonnen, die durch Abstellen etwa auf reine Risikoteilungsüberlegungen **nie** möglich gewesen wären. In diesem Kontext kann die betriebswirtschaftliche Finanzierungslehre dann auch **qualitative Entscheidungshilfe** durch das Aufzeigen von Wegen geben, welche die aus unternehmerischen Finanzierungsformen resultierenden Anreizprobleme mindern helfen.

2.2.3.2 Maßnahmen zur Reduktion von Anreizproblemen

Betrachtet man etwa den Fall **externer Eigenfinanzierung**, so ist der hiermit verbundene Fehlanreiz zum exzessiven Perquisites-Konsum insbesondere bei **Publikums-Aktiengesellschaften** stark ausgeprägt. Darunter versteht man solche (großen) Aktiengesellschaften, bei denen sich die Aktien im **Streubesitz** vieler kleiner Aktionäre befinden, ohne daß es einen oder mehrere Großaktionäre mit einem dominierenden Einfluß gäbe. Da bei Aktiengesellschaften die Unternehmensführung in den Händen des angestellten Vorstands liegt, ist der Anteil des Managements an den Beteiligungstiteln der Unternehmung typischerweise **sehr gering**, im Grenzfall gar nahe Null. Der Anreiz zu exzessivem Perquisites-Konsum auf seiten des Managements ist dementsprechend stark ausgeprägt. Man könnte diesem Hidden-action-Problem durch **Kontrollmaßnahmen** von seiten der Aktionäre begegnen. Zwar mögen die Beschaffung und Auswertung von Informationen durch einen Aktionär zum Zwecke der Managementkontrolle **insgesamt** für alle Aktionäre von Vorteil sein. Für den **einzelnen** Aktionär, der diese Aufwendungen tätigt, lohnt sich der hohe Einsatz in Anbetracht seiner nur geringfügigen Beteiligung jedoch typischerweise **nicht**. Auch auf seiten der Aktionäre wirken damit **externe Effekte**: Im **privaten** Kalkül eines einzelnen Aktionärs gehen bei der Bestimmung seines Einsatzes zur Managementkontrolle nur die dadurch für ihn selbst erreichbaren Erträge ein, nicht aber die bei den übrigen Aktionären anfallenden Vorteile. Damit kann der Vorstand einer Publikums-AG grundsätzlich weitgehend **unkontrolliert** seinem Anreiz zum exzessiven Perquisites-Konsum nachgehen. Eine Minderung dieses Fehlanreizes wäre im Interesse aller Beteiligten, und die Analyse des Abschnitts 1 zeigt auf, was getan werden könnte, um das Anreizproblem zu entschärfen: In erster Linie wäre dafür zu sorgen, daß die **Erfolgsbeteiligung** des Managements ein größeres Ausmaß annimmt. Das bedeutet, erfolgsunabhängige Entlohnungsbestandteile des Vorstands sind durch erfolgsabhängige zu substituieren. In praktischen Anwendungen bietet sich hierbei unter anderem die Entlohnung über **Kaufoptionen** auf Aktien der betreffenden Gesellschaft an.[34] Diese gewähren ihrem Inhaber das Recht, in der Zukunft Aktien der Unternehmung zu einem bestimmten, in der Gegenwart fixierten Kurs zu erwerben. Ist der zum Ausübungszeitpunkt herrschende Kurs der Aktie **höher** als dieser Ausübungskurs, können die Aktien sofort wieder mit Gewinn verkauft werden. Die Kaufoptionen sind daher dann

---

[34] Vgl. zu diesem Ansatz etwa *Barnea/Haugen/Senbet* (1985), S. 97 ff.

besonders wertvoll, wenn das Management durch seine Unternehmenspolitik ein Steigen der Aktienkurse, also eine Verbesserung der unternehmerischen Ertragssituation, bewirkt, die letztlich auch den Aktionären zugute kommt. Die grundlagentheoretische Analyse bietet also immerhin den **Ansatzpunkt** für die Entwicklung von praktisch verwertbaren Handlungsempfehlungen. Zugleich können auch die mit derartigen Maßnahmen verbundenen **Probleme** offengelegt werden: Eine erfolgsabhängige Entlohnung wird in der Regel insbesondere aus **Risikoteilungsüberlegungen** suboptimal sein und kann deswegen nur "in Maßen" eingesetzt werden.[35]

In entsprechender Weise können auch Hilfen bei der Lösung von Anreizproblemen der **Fremdfinanzierung** gegeben werden. Beispielsweise helfen **Kreditbesicherungen** gegen den unternehmerischen Fehlanreiz, nach einer Kreditaufnahme weitere Forderungstitel zu emittieren, um sich auf diese Weise auf Kosten der Altgläubiger zu bereichern: Sind die Forderungen der Altgläubiger infolge der Bestellung einer Sicherheit denen später hinzukommender Gläubiger **vorgeordnet**, dann scheidet eine Bereicherung des Unternehmers zu Lasten der alten Gläubiger auf diesem Wege aus.[36] **Viele** Bestandteile von Kreditverträgen lassen sich gut als Maßnahmen zur Reduktion von Anreizproblemen im beiderseitigen Interesse verstehen.[37] Beispielsweise gilt dies auch für Vereinbarungen hinsichtlich des **Verzichts** der Unternehmensführung auf allzu **hohe Ausschüttungen**

---

35 Natürlich existieren noch **weitere** Ansätze zur Lösung der Probleme aus den Fehlanreizen externer Eigenfinanzierung bei Publikums-AGs, die bis hin zu grundlegenden Änderungen im Aktienrecht gehen. Vgl. hierzu etwa *Wagner* (1987), *Wenger* (1987). In diesem Zusammenhang sei der Vollständigkeit halber darauf hingewiesen, daß insbesondere der Ansatz der Managementsteuerung über Schaffung entsprechender monetärer Anreize aus **verhaltenspsychologischer** Sicht durchaus der Kritik unterworfen ist. Diese Frage soll hier aber nicht vertieft werden. Vgl. hierzu etwa *Frey/Osterloh* (1997).

36 Vgl. hierzu z.B. *Rudolph* (1984), S. 34.

37 Der grundlegende Beitrag zu dieser Thematik stammt von *Smith/Warner* (1979b).

oder allzu **hohe Verschuldungsgrade**. Durch Ausschüttungen wird es für Unternehmer **leichter**, Gläubiger durch **Unterinvestition** zu schädigen, da die infolge von Investitionsverzichten überschüssigen Mittel auf diese Weise leichter **privaten Konsumzwecken** zugeführt werden können. Verschuldungsgraderhöhungen können zum einen unmittelbar Vermögensminderungen bei den Altgläubigern infolge höherer **Ausfallgefahr** bewirken. Zum anderen werden die Fehlanreize aus Fremdfinanzierung mit wachsendem Ausmaß der Fremdfinanzierung typischerweise der Tendenz nach **gravierender**.

Die Anreizprobleme aus Fremdfinanzierung nehmen überdies generell auch dann zu, wenn die **Zahlungsfähigkeit** der Unternehmung schon aus anderen Gründen **gefährdet** ist. Denn insbesondere in solchen Fällen, wo nicht mehr viel zu verlieren ist, wird die Unternehmensleitung bereit sein, alles auf eine Karte zu setzen, sich also sehr "**risikofreudig**"[38] zu verhalten, da bei einem (sehr wahrscheinlichen) Fehlschlag der gewählten Rettungsaktion die zusätzlichen Einkommenseinbußen vornehmlich die **Gläubiger** treffen, während bei (unerwartet doch) glücklichem Ausgang die Erträge zu einem guten Teil den Inhabern der **Beteiligungstitel** verbleiben und der Fortbestand der Unternehmung unter der bisherigen Unternehmensleitung gewährleistet werden kann. Solange eine Unternehmung hingegen noch über **keine** absehbaren Zahlungsprobleme verfügt, ist der Anreiz seitens der Geschäftsführung, den Unternehmensfortbestand und ihre Verfügungsmacht über dieses Unternehmen aufs Spiel zu setzen, weitaus **geringer**. Insofern wird die Anreizproblematik durch die bislang gewählten einfachen **Zwei-Zeitpunkte-Betrachtungen** klar **überzeichnet**, da dort derlei Überlegungen naturgemäß keine Rolle spielen können. Betrachtet man hingegen explizit mehrere Perioden und den Wunsch der Unternehmensleitung, die Unternehmung auch in Zukunft zu führen, dann werden die genannten Anreizprobleme der Fremdfinanzierung dadurch zwar nicht unbedingt vollständig beseitigt, aber immerhin doch deutlich **gemildert**.[39] Mit zunehmender **Verschärfung** der

---

[38] Vgl. hierzu auch die obige Fußnote 30.

[39] Vgl. auch z.B. den Beitrag von *Diamond* (1989).

unternehmerischen Zahlungsprobleme wird der längerfristige Erhalt der Verfügungsmacht durch das Management aber immer **unwahrscheinlicher**, und genau deswegen sind Anreizprobleme in diesem Fall besonders akut. In diesem Zusammenhang kann ein **Kündigungsrecht** seitens der Gläubiger bei wirtschaftlich angespannter Situation einer Unternehmung daher sinnvoll sein, weil durch die Kündigung von Krediten und der auf diese Weise herbeigeführten unternehmerischen Insolvenz den Inhabern der Beteiligungstitel die **Verfügungsmacht** über die Unternehmung **entzogen** und damit zugleich eine (weitere) Schädigung der Gläubiger unmöglich gemacht wird. Auch solch ein Kündigungsrecht ist daher vor Begründung der Finanzierungsbeziehung im **beiderseitigen** Interesse.[40]

All die genannten **Vertragsbestandteile** lassen sich unter Anreizaspekten gut verstehen und beurteilen, und zumindest in dieser Hinsicht führt die seit Mitte der siebziger Jahre forcierte Analyse der verschiedenen Formen unternehmerischer Fehlanreize je nach gewählter Finanzierungsweise zu unmittelbar **praktisch umsetzbaren** Erkenntnissen.

2.3 Zusammenfassung

Gegenstand dieses Abschnitts 2 waren die mit der Emission von **Forderungstiteln** verbundenen **Fehlanreize** für unternehmerisches Verhalten. Derartige Fehlanreize bestehen dabei grundsätzlich nur, wenn Forderungstitel **ausfallbedroht** sein können. In diesem Falle können sich aus Sicht eines Unternehmers Handlungsalternativen als vorteilhaft erweisen, die bei gesamthafter Betrachtung aller Beteiligten nachteilig sind. Die **Ursache** für das Auseinanderfallen von individueller und kollektiver Vorteilhaftigkeit der betreffenden Maßnahmen rührt aus der durch sie induzierten höheren **Ausfallgefahr** für die Forderungen von Gläubigern. Der Unternehmer wird ein steigendes Ausfallrisiko auf seiten der

---

[40] Vgl. zur Bedeutung von Kündigungsrechten auch *Hartmann-Wendels* (1991), S. 333 ff.

Inhaber der Forderungstitel **nicht** in seinem privaten Kalkül berücksichtigen, und infolge dieses **negativen externen Effekts** kann eine aus Sicht des Unternehmers vorteilhafte Handlungsalternative "gesamtwirtschaftlich" ineffizient sein.

Wichtigste Beispiele für Fehlanreize aus Fremdfinanzierung sind die unternehmerische Motivation zur **exzessiven Ausweitung** des Verschuldungsgrads nach erfolgter erstmaliger Fremdkapitalaufnahme, die Vorteilhaftigkeit der Entscheidung für **besonders riskante** Investitionsprojekte bei Auswahl zwischen mehreren Investitionen mit gleichem Volumen **(Risikoanreizproblem)**, der Anreiz zur **zusätzlichen** Realisation von Investitionsprojekten, die aus gesamtwirtschaftlicher Sicht besser **unterbleiben** sollten **(Überinvestitionsproblem)** und die Attraktivität einer Reduktion des Investitionsvolumens durch **Unterlassung** von gesamtwirtschaftlich vorteilhaften Mittelverwendungen **(Unterinvestitionsproblem)**.

Weil die mit Fremdfinanzierungsmaßnahmen einhergehenden Anreizprobleme grundsätzlich **andere** als im Falle der externen Eigenfinanzierung sind, lassen sich zumindest in modelltheoretischen Betrachtungen **optimale Kombinationen** dieser beiden idealtypischen Finanzierungsformen ermitteln, die zu einer **bestmöglichen Bindung** des Unternehmers an Wohlverhalten gegenüber seinen Kapitalgebern führen. **Praktische** Anwendungen derartiger quantitativer Kalküle dürften jedoch an der sehr starken **Situationsabhängigkeit** optimaler Finanzierungsentscheidungen je nach betrachteten Anreizproblemen **scheitern**. Aber immerhin ermöglicht es die Theorie, ein gewisses **Verständnis** für die mit verschiedenen Finanzierungsformen einhergehenden Verhaltensanreize der jeweiligen Unternehmensleitung zu entwickeln. Überdies lassen sich auf Grundlage der finanzierungstheoretischen Erkenntnisse immerhin **qualitative Handlungsempfehlungen** geben, die Hilfestellung bei der Reduktion unternehmerischer Fehlanreize leisten können. Aber auch hier resultiert aus der **Vielgestaltigkeit** möglicher Anreizprobleme, daß diese Handlungsempfehlungen stets nur **einzelfallbezogene** Gültigkeit haben können.

Tatsächlich sind die **Konsequenzen** verschiedener Finanzierungsmaßnahmen für das unternehmerische Verhalten sogar noch viel **differenzierter** zu beurteilen, als es bereits in Anbetracht der Ergebnisse dieses siebenten Kapitels der Fall ist. Während im Rahmen dieses Kapitels Finanzierungsmaßnahmen letztlich nur zur **glaubwürdigen Bindung** des Managements gegenüber **externen Kapitalgebern** an ganz bestimmte (und nach Möglichkeit natürlich insgesamt effiziente) unternehmerische (Investitions-) Entscheidungen dienten, kristallisierte sich ab Mitte der achtziger Jahre eine **weitere Funktion** unternehmerischer Finanzierungsmaßnahmen in der finanzierungstheoretischen Literatur heraus: Beginnend mit dem Beitrag von *Brander* und *Lewis* (1986) bemerkte man, daß sich die Geschäftsführung einer Unternehmung nicht nur gegenüber ihren externen Kapitalgebern durch Finanzierungsmaßnahmen glaubwürdig an ein bestimmtes Verhalten binden kann, sondern insbesondere auch gegenüber **Konkurrenten** auf ihren Absatzmärkten. Damit diese Verhaltensbindung relevant werden kann, muß es natürlich **wenigstens einen** Konkurrenten geben (Ausschluß von Monopolsituationen), und außerdem müssen zwischen den einzelnen Konkurrenten **Verhaltensinterdependenzen** derart bestehen, daß die Handlungen eines jeden Marktteilnehmers für die anderen Anbieter "**fühlbar**" sind (Ausschluß von Situationen vollkommener Konkurrenz). Anders formuliert, muß ein **oligopolistisch** strukturierter Absatzmarkt unterstellt werden. Gewinnen unternehmerische Finanzierungsmaßnahmen damit unter Umständen Bedeutung als Mittel der glaubwürdigen Bindung gegenüber Konkurrenten auf den Produktmärkten, um etwa die *Stackelberg*-(Markt-)Führerschaft[41] zu erlangen, dann sind viele **Verhaltensanreize**, wie sie im Rahmen dieses siebenten Kapitels vorgestellt wurden, in einem gänzlich **neuen** Licht zu sehen. Deswegen wird unter anderem diesem Problembereich im folgenden achten Kapitel ausführlicher nachgegangen.

---

41 Vgl. zu diesem Begriff etwa *Varian* (1995), S. 434. Siehe hierzu aber auch die Ausführungen im Abschnitt 1 des achten Kapitels.

Anhang 1: Voraussetzungen für die Wahl von Projekt B mit $I = 2 \cdot I^{(1)}$

Der Unternehmer wird sich **nach** Begründung der Finanzierungsbeziehung genau dann für das Projekt B mit $I = 2 \cdot I^{(1)}$ statt der Unterlassensalternative entscheiden, wenn dies seine erwarteten Gesamterträge **nicht reduziert**, wenn also gilt:

$$1) \quad p \cdot (\gamma \cdot z_B^{(1)} - F) \geq 2 \cdot I^{(1)}. \qquad (7A.1)$$

Beim Vergleich der Durchführung von Projekt B mit $I = 2 \cdot I^{(1)}$ und mit $I = I^{(1)}$ muß man **differenzieren**. Sofern $F \geq z_B^{(1)}$ gilt, wird sich der Unternehmer für Projekt B mit $I = 2 \cdot I^{(1)}$ statt mit $I = I^{(1)}$ genau dann entscheiden, wenn

$$2a) \quad p \cdot (\gamma \cdot z_B^{(1)} - F) \geq I^{(1)}. \qquad (7A.2)$$

Für $F < z_B^{(1)}$ erhält man statt 2a)

$$2b) \quad p \cdot (\gamma \cdot z_B^{(1)} - F) \geq p \cdot (z_B^{(1)} - F) + I^{(1)}$$

$$\Leftrightarrow p \cdot (\gamma - 1) \cdot z_B^{(1)} \geq I^{(1)} \qquad (7A.3)$$

$$\Leftrightarrow E(\tilde{z}_B) \geq \frac{I^{(1)}}{\gamma - 1} + (1-p) \cdot z_B^{(2)}.$$

2a) ist augenscheinlich **redundant** und braucht daher nicht weiter berücksichtigt zu werden. 2b) ist hingegen zu beachten. Die Voraussetzung $F < z_B^{(1)}$ kann im Zusammenhang mit 2b) vernachlässigt werden, denn für $F \geq z_B^{(1)}$ stellt 2b) im Vergleich zu 1) eine **erneut redundante** Restriktion dar. Die Erweiterung der Anforderung 2b) auf alle betrachteten Forderungshöhen F ist demnach unschädlich und vereinfacht überdies die Darstellung. Unabhängig von der Höhe der betrachteten Forderung F muß diese somit die Bedingungen 1) und 2b) erfüllen.

Damit die Fremdkapitalgeber zur Überlassung von Mitteln $\Delta I = 2 \cdot I^{(1)}$ bereit sind, muß außerdem gelten:

3) $p \cdot F + (1-p) \cdot \gamma \cdot z_B^{(2)} \geq 2 \cdot I^{(1)}$. (7A.4)

Da 1) um so **strenger** ist, je **größer** man F wählt, 3) hingegen mit **wachsendem** F ceteris paribus **gelockert** wird, ergeben sich die **höchsten** erwarteten Einzahlungen und die besten Investitionsanreize für den Unternehmer bei gleichzeitiger Aufrechterhaltung der Teilnahmebereitschaft der Fremdkapitalgeber, wenn 3) als **Gleichung** erfüllt wird. Löst man unter dieser Prämisse 3) nach F auf und setzt das Ergebnis in 1) ein, so erhält man als **Mindestanforderung** an $E(\tilde{z}_B)$:

$$E(\tilde{z}_B) \geq \frac{4}{\gamma} \cdot I^{(1)}. \quad (7A.5)$$

Letzten Endes erhält man damit die beiden **Anforderungen** (7A.3) und (7A.5), die simultan von $E(\tilde{z}_B)$ erfüllt werden müssen, damit der Unternehmer das Projekt B mit Investitionsvolumen $I = 2 \cdot I^{(1)}$ realisiert. (7A.5) kann nur dann strenger sein als (7A.3), wenn $4/\gamma$ größer als $1/(\gamma-1)$, also $\gamma > 4/3$ ist. Für $\gamma < 4/3$ ist damit auf jeden Fall die Bedingung (7A.3) strenger. Für $\gamma > 4/3$ und kleine Werte von $z_B^{(2)}$, z.B. $z_B^{(2)} = 0$, ist jedoch (7A.5) strenger als (7A.3).

Anhang 2: Voraussetzungen für die Wahl von Projekt B mit $I = I^{(1)}$

Auf entsprechende Weise wie im Anhang 1 kann man prüfen, unter welchen Bedingungen es dem Unternehmer im Falle der Fremdfinanzierung mit $\Delta I = I^{(1)}$ gelingt, sich glaubwürdig an die Durchführung des Projekts B mit $I = I^{(1)}$ zu binden. Konkret muß hierzu gelten:

$$p \cdot (z_B^{(1)} - F) \geq I^{(1)} \wedge p \cdot F + (1-p) \cdot z_B^{(2)} \geq I^{(1)}. \quad (7A.6)$$

Bei Erfüllung der **Teilnahmebedingung** der externen Kapitalgeber, das heißt der zweiten Ungleichung aus (7A.6), als Gleichheit läßt sich $p \cdot F$ in der ersten Ungleichung aus (7A.6) durch $I^{(1)} - (1-p) \cdot z_B^{(2)}$ **substituieren**. Damit erhält man letzten Endes die Anforderung $E(\tilde{z}_B) \geq 2 \cdot I^{(1)}$.

VIII. Neuere Ansätze der Finanzierungstheorie

Die auf **informationsökonomischem** Gedankengut fußenden Ausführungen der letzten beiden Kapitel können mittlerweile bereits als "klassischer" Inhalt der Finanzierungstheorie bezeichnet werden. Im Rahmen dieses abschließenden größeren Kapitels sollen deshalb auch noch einige **neuere** Strömungen angesprochen werden, die seit Mitte der achtziger bis hin zu Anfang der neunziger Jahre in der finanzierungstheoretischen Literatur aufgekommen sind und zunehmend Bedeutung erlangt haben. Zunächst geht es dabei um eine bereits angesprochene unmittelbare Fortführung der Gedanken aus dem vorhergehenden siebenten Kapitel. Während dort die durch Finanzierungsmaßnahmen mögliche glaubwürdige Bindung der Unternehmensleitung gegenüber ihren Kapitalgebern erörtert wurde, erkannte man Mitte der achtziger Jahre, daß Finanzierungsmaßnahmen insbesondere[1] auch dazu genutzt werden können, sich gegenüber **Konkurrenten** auf den Absatzmärkten glaubwürdig an bestimmte Verhaltensweisen zu **binden**. Aus diesem Gedanken ergibt sich eine Reihe interessanter Implikationen, auf die im folgenden **Abschnitt 1** kurz eingegangen wird.

Auch bei der glaubwürdigen Bindung an bestimmte Verhaltensweisen gegenüber Konkurrenten durch die Wahl geeigneter Finanzierungsmaßnahmen stehen die mit verschiedenen Finanzierungstiteln verbundenen **Zahlungskonsequenzen** im Vordergrund. Schon im zweiten Kapitel wurde jedoch darauf hingewiesen, daß Finanzierungstitel **nicht nur** monetäre Rechte und Pflichten verbriefen, sondern ihren Inhabern auch Informations-, Einwirkungs- und Gestaltungsrechte einräumen. Allgemeiner formuliert wird **Entscheidungskompetenz** oder **Verfügungsmacht** auf die verschiedenen Arten von Finanzierungstiteln alloziiert, und etwa zu Beginn der neunziger Jahre wurde verstärkt der Frage nachgegangen, wie man die real beobachtbaren Verfügungsmachtzuordnungen zu Finanzierungs-

---

[1] Grundsätzlich sind auch noch glaubwürdige Bindungen gegenüber anderen Marktteilnehmern denkbar, etwa gegenüber Konkurrenten auf den Beschaffungsmärkten. Hierauf soll im weiteren jedoch nicht mehr eingegangen werden.

titeln erklären kann. Im **Abschnitt 2** werden wir etwas näher auf diese Fragestellung eingehen. Tatsächlich lösen wir uns in diesem Abschnitt zum ersten Mal von der Annahme **gegebener** Eigenschaften von Finanzierungstiteln und prüfen statt dessen, **wie** Finanzierungstitel effizient ausgestaltet werden sollen. Man spricht in diesem Zusammenhang auch vom sogenannten **Wertpapier-Design**. Vereinzelt gab es zu dieser Frage auch schon in den achtziger Jahren informationsökonomisch orientierte Beiträge, doch erst im Zusammenhang mit den Untersuchungen zur Allokation von Verfügungsrechten zu Anfang dieses Jahrzehnts scheint sich in diesem Kontext eine **eigenständige** Forschungsrichtung "Wertpapier-Design" etabliert zu haben.[2] Die in den Abschnitten 1 und 2 skizzierten Forschungsanstrengungen halten nach wie vor an, und man wird auch in Zukunft in diesen Bereichen noch einiges an Ergebnissen erwarten dürfen.

1 Finanzierungsentscheidungen und glaubwürdige Bindung gegenüber Konkurrenten

1.1 Problemstellung

Wie bereits zum Ende des letzten Kapitels ausgeführt wurde, erkannte man Mitte der achtziger Jahre, daß unternehmerische Finanzierungsentscheidungen nicht nur zur glaubwürdigen Bindung der Geschäftsführung einer Unternehmung gegenüber ihren externen Kapitalgebern dienen können. Vielmehr kann sich die Unternehmensleitung hierdurch auch gegenüber ihren **Konkurrenten** glaubwürdig an ein bestimmtes Verhalten **binden**. Natürlich kann ein derartiges Motiv für unternehmerische Finanzierungsentscheidungen allenfalls dann von Bedeutung sein, wenn die Unternehmung überhaupt über Konkurrenten auf ihren Absatzmärkten verfügt. Ein **monopolistischer** Anbieter, der auf absehbare Zeit nicht den Markt-

---

2 Daneben gibt es einen **weiteren** wichtigen Strang der "Wertpapier-Design"-Literatur, der auf die Analyse von unternehmerischen Finanzierungsentscheidungen bei mangelnder (kostenloser) Erfüllung der im Rahmen des Irrelevanzbeweises des vierten Kapitels benötigten **Spanning-Bedingung** abstellt. Vgl. hierzu die dort genannten Quellen.

eintritt von Konkurrenten befürchten muß, hat zweifellos weder die Möglichkeit noch das Bedürfnis, sich gegenüber anderen Unternehmen an ein bestimmtes Verhalten zu binden. Des weiteren kann eine glaubwürdige Bindung eines Unternehmers an ein bestimmtes Verhalten nur dann von Interesse sein, wenn der Unternehmer auf diese Weise das **Verhalten** seiner Konkurrenten in für ihn günstiger Weise **beeinflussen** kann. Ist eine Verhaltensreaktion der Konkurrenten von vornherein ausgeschlossen, dann gibt es keinen Grund, sich ihnen gegenüber in irgendeiner Form glaubwürdig zu binden. Damit kommt dieser Gesichtspunkt bei der Bestimmung unternehmerischer Finanzierungsentscheidungen bei Vorliegen einer **atomistischen** Anbieterstruktur auf dem Absatzmarkt der betrachteten Unternehmung sicherlich nicht in Betracht, da es dann an jeglicher **Reaktionsverbundenheit** zwischen den Konkurrenten mangelt. Außerdem müssen unternehmerische Finanzierungsentscheidungen durch Konkurrenten überhaupt **beobachtbar** sein, da ansonsten natürlich auch keine Verhaltensreaktion von deren Seite auf verschiedene Formen der Finanzierung einer Unternehmung erwartet werden können. Insgesamt kann eine glaubwürdige Bindung gegenüber anderen Wettbewerbern somit nur für den Fall einer **oligopolistischen Anbieterstruktur** bei **allgemein beobachtbaren** Finanzierungsentscheidungen in Frage kommen. Von Interesse ist es für einen Unternehmer hier insbesondere, ein **aggressives** Absatz- oder Investitionsverhalten nach außen hin zu dokumentieren, durch das er seine Konkurrenten zur Verfolgung **passiver** Strategien verleiten kann. Eine der ersten Arbeiten, in der dieser Gedanke formalisiert zur Sprache gebracht wurde, stammt von *Brander* und *Lewis* (1986). Insbesondere dieser Beitrag hat zu einer Fülle von Folgearbeiten geführt, in denen diese Grundidee weiter ausgeführt wurde. Konkret geht es hierbei stets um die Analyse der **Interdependenzen** zwischen Finanzmarkt- und Produktmarktentscheidungen.[3] Im folgenden **Abschnitt 1.2** wird zunächst ein einfacher Modellansatz präsentiert, um den Gedankengang klarer herauszuarbeiten. Anschließend wird im **Abschnitt 1.3** die Bedeutung von Ansätzen dieser Art näher charakterisiert.

---

[3] Ein allgemeiner **Überblick** über Beiträge der gerade beschriebenen Art findet sich etwa in *Maksimovic* (1995). Darüber hinaus ist insbesondere auf die Monographie von *Nippel* (1997) zu diesem Themenkomplex hinzuweisen.

1.2 Ein Beispiel

Im folgenden soll unmittelbar an die Modellsituation aus Abschnitt 2.2 des siebenten Kapitels angeknüpft werden. Das bedeutet, es werden risikoneutrale Entscheidungssubjekte ohne differenzierende Zeitpräferenzen im Rahmen eines Zwei-Zeitpunkte-Ansatzes vorausgesetzt, wobei Finanzierungstitel nur aus den erwirtschafteten Investitionserträgen bedient werden können. Statt nur eines Unternehmers sollen im weiteren **zwei** Unternehmer N und L betrachtet werden, die als **Konkurrenten** auf einem Absatzmarkt auftreten und die ihre jeweiligen Finanzierungsmaßnahmen kostenlos beobachten können. Jeder dieser beiden Unternehmer habe in $t = 0$ neben der **Unterlassensalternative** ("Nichts tun") unbeobachtbar für andere die Wahl zwischen **drei** verschiedenen Investitionsmaßnahmen. Zum einen kann ein Unternehmer ein Projekt A mit einem Investitionsvolumen $I = I^{(1)}$ durchführen, das in $t = 1$ zu einem Rückfluß $z_A^{(1)}$ mit Wahrscheinlichkeit p und $z_A^{(2)}$ mit Wahrscheinlichkeit 1-p führt. Zum anderen gebe es ein Projekt B, das sowohl mit einem Investitionsvolumen $I = I^{(1)}$ als auch mit $I = 2 \cdot I^{(1)}$ durchgeführt werden kann. Für $I = I^{(1)}$ beläuft sich der Rückfluß in $t = 1$ entweder auf $z_B^{(1)}$ (Wahrscheinlichkeit p) oder auf $z_B^{(2)}$ (Wahrscheinlichkeit 1-p). Bei Wahl von $I = 2 \cdot I^{(1)}$ liefere Projekt B Einzahlungen von $\gamma \cdot z_B^{(1)}$ mit Wahrscheinlichkeit p und von $\gamma \cdot z_B^{(2)}$ mit Wahrscheinlichkeit 1-p, wobei $2 > \gamma > 1$ gelte. Im Unterschied zur Situation des Abschnitts 2.2 sei die Durchführung des Projekts A mit $I = 2 \cdot I^{(1)}$ hingegen **nicht** möglich. Ebenfalls im Unterschied zur Situation des Abschnitts 2.2 sollen die Rückflüsse $\tilde{z}$ eines Unternehmers nicht nur vom eigenen Investitionsverhalten, sondern **auch** vom Investitionsvolumen des jeweils anderen Unternehmers abhängen. Konkret sei angenommen, daß die beiden möglichen **Ertragsrealisationen** aus einer Investition im Regelfall mit **sinkendem** Investitionsvolumen des jeweils anderen Unternehmens zu-, in keinem Fall jedoch abnehmen. Insgesamt sollen dabei die **erwarteten Rückflüsse** aus einer Investition mit abnehmendem Investitionsvolumen des jeweils anderen Unternehmens **anwachsen**. Diese Annahmen sind insofern plausibel, als sie zum Ausdruck bringen, daß die beiden betrachteten Unternehmen direkte **Konkurrenten** auf ihren Absatzmärkten sind und größere Produktionskapazitäten infolge höherer Investitionsvolumina durch andere Wettbewerber per se die eigenen Absatzmöglichkeiten **negativ** beeinflussen. Die Rückflüsse $\tilde{z}_A$, $\tilde{z}_B$ und $\gamma \cdot \tilde{z}_B$ aus den einzelnen Investitionsmöglichkeiten werden daher im weiteren mit einem Argument versehen, das das Investitionsvolumen des jeweiligen Konkurrenten angibt. So beschreibt $\tilde{z}_B(2 \cdot I^{(1)})$ den ungewissen Rückfluß aus Projekt B für $I = I^{(1)}$, wenn der Konkurrent ein Investitionsvolumen $I = 2 \cdot I^{(1)}$ realisiert.

Aufgrund der so eingeführten Interdependenzen der Investitionsentscheidungen der beiden betrachteten Unternehmer kann die Optimalität eines bestimmten Investitionsverhaltens nur noch für **gegebene Erwartung** über das Investitionsverhalten des jeweiligen Konkurrenten ermittelt werden. Es sei angenommen, daß die Durchführung des **Projekts A** mit $I = I^{(1)}$ seitens eines Unternehmers für beliebiges **gegebenes** Investitionsverhalten des Konkurrenten stets höhere erwartete Nettorückflüsse, also Rückflüsse unter Beachtung der erforderlichen Anfangsauszahlung, als die Durchführung des Projekts B liefert. Ferner sollen die erwarteten Nettorückflüsse aus der Durchführung des Projekts A wenigstens bei einem Investitionsvolumen $I^{(1)}$ seitens des jeweiligen Konkurrenten **positiv** sein. Schließlich sollen beide Unternehmer in $t = 0$ bereits über **genügend** eigene Mittel $W^{(N)}$ bzw. $W^{(L)}$ verfügen, um selbst ein Investitionsvolumen in Höhe von $2 \cdot I^{(1)}$ ohne Hinzuziehung weiterer Kapitalgeber aufbringen zu können. Im Kontext des sechsten sowie des siebenten Kapitels hätte diese Annahme infolge allgemeiner Risikoneutralität bewirkt, daß überhaupt **kein** Bedürfnis für **externe** unternehmerische Finanzierungsmaßnahmen mehr bestünde. Wir werden sehen, daß diese Aussage bei Voraussetzung von **Reaktionsverbünden** zwischen Unternehmen jedoch **nicht** mehr zutrifft. Das heißt, es wird sich zeigen, daß externe Finanzierungsmaßnahmen **allein** durch das Ziel motiviert sein können, sich gegenüber Konkurrenten glaubwürdig an ein bestimmtes Absatzverhalten zu **binden**.

Verzichten unter den getroffenen Annahmen die beiden Unternehmer auf jegliche Form externer Finanzierung, so kann sofort gefolgert werden, daß die Durchführung des **Projekts A** mit $I = I^{(1)}$ durch **beide** Unternehmer ein **eindeutiges** *Nash*-Gleichgewicht beschreibt. Ferner sei angenommen, daß dieses hierbei (gesamtwirtschaftlich) **effizient** in dem Sinne ist, daß jedes **andere** Investitionsverhalten der Beteiligten zu einem geringeren **Gesamterwartungswert** der Nettorückflüsse für beide Unternehmer führt.

Wie im Abschnitt 2.2 des siebenten Kapitels sei nun aber Projekt B **riskanter** als Projekt A in dem Sinne, daß für gegebenes Investitionsvolumen I° des Konkurrenten stets $z_B^{(1)}(I^{\circ}) > z_A^{(1)}(I^{\circ}) > z_A^{(2)}(I^{\circ}) > z_B^{(2)}(I^{\circ})$ gelte. Damit existieren (in Abhängigkeit des vorausgesetzten Konkurrentenverhaltens I°) **kritische Forderungshöhen $F^{+}(I^{\circ})$** mit $z_B^{(1)}(I^{\circ}) > F^{+}(I^{\circ}) > z_B^{(2)}(I^{\circ})$ derart, daß ein Unternehmer bei deren Überschreitung das Projekt B mit $I = I^{(1)}$ der Realisation des Projekts A mit $I = I^{(1)}$ **vorzieht** bzw. (für $F \geq z_B^{(1)}(I^{\circ})$) **indifferent** zwischen der Wahl von Projekt A oder B mit Investitionsvolumen $I^{(1)}$ ist. Des weiteren wird sich ein fremdfinanzierter Unternehmer bei einer Forderungshöhe F mit $z_B^{(1)}(I^{\circ}) \geq F \geq \gamma \cdot z_B^{(2)}(I^{\circ})$ **für** die Durchführung des Projekts B mit $I = 2 \cdot I^{(1)}$ **statt** der Umsetzung von B mit $I = I^{(1)}$ genau dann entscheiden, wenn gilt:

$$\begin{aligned} & p \cdot [\gamma \cdot z_B^{(1)}(I^{\circ}) - F] \geq p \cdot [z_B^{(1)}(I^{\circ}) - F] + I^{(1)} \\ \Leftrightarrow\ & z_B^{(1)}(I^{\circ}) \geq \frac{I^{(1)}}{p \cdot (\gamma - 1)}. \end{aligned} \tag{8.1}$$

Die **Unterlassensalternative** wiederum wird von dem Unternehmer für Forderungshöhen F mit $\gamma \cdot z_B^{(1)}(I^{\circ}) \geq F \geq \gamma \cdot z_B^{(2)}(I^{\circ})$ dann **nicht** wahrgenommen, wenn

$$p \cdot [\gamma \cdot z_B^{(1)}(I^{\circ}) - F] \geq 2 \cdot I^{(1)} \tag{8.2}$$

gilt. Bei einer **Mittelüberlassung** in Höhe von ΔI seitens der externen Kapitalgeber ist F unter Voraussetzung von $\gamma \cdot z_B^{(1)}(I^{\circ}) \geq F \geq \gamma \cdot z_B^{(2)}(I^{\circ})$ zur Gewährleistung ihrer Teilnahmebedingung so zu bemessen, daß sich

$$p \cdot F + (1-p) \cdot \gamma \cdot z_B^{(2)}(I^{\circ}) = \Delta I \tag{8.3}$$

ergibt. Auflösen von (8.3) nach F und Einsetzen in (8.2) führt zu der folgenden Mindestanforderung an die Höhe der erwarteten Erträge aus der Umsetzung des

Projekts B mit $I = 2 \cdot I^{(1)}$ durch den betrachteten Unternehmer für gegebenes angenommenes Investitionsvolumen I° des Konkurrenten:

$$E[\tilde{z}_B(I^{\circ})] \geq \frac{2 \cdot I^{(1)} + \Delta I}{\gamma}. \tag{8.4}$$

Insgesamt gelingt einem Unternehmer für gegebenes Investitionsverhalten I° seines Konkurrenten die glaubwürdige Bindung an die Realisation des Projekts B mit $I = 2 \cdot I^{(1)}$ damit wenigstens dann, wenn er Forderungstitel mit $z_B^{(1)}(I^{\circ}) \geq F \geq F^{+}(I^{\circ})$ sowie $F \geq \gamma \cdot z_B^{(2)}(I^{\circ})$ gegen Erhalt von Mitteln ΔI gemäß (8.3) bei Gültigkeit der Bedingungen (8.1) und (8.4) emittiert. Zu fragen ist nun allerdings noch, unter welchen Bedingungen ein derartiges Verhalten überhaupt **sinnvoll** ist. Zu diesem Zweck sei zunächst angenommen, daß **nur** der Unternehmer L in $t = 0$ Forderungstitel vor Umsetzung seiner Investitionsentscheidung ausgeben könne, nicht aber Unternehmer N.

Die erwarteten Nettorückflüsse aus der Durchführung des Projekts B bei einem Konkurrenten-Investitionsvolumen $I = I^{(1)}$ sind annahmegemäß auf jeden Fall geringer als bei Durchführung des Projekts A mit $I = I^{(1)}$. Ferner fällt **jede** Minderung der erwarteten Rückflüsse aus der investiven Tätigkeit bei Voraussetzung rationaler Erwartungsbildung durch entsprechende Anpassung der **Konditionen** der Mittelüberlassung seitens der externen Kapitalgeber letztlich auf den jeweiligen Unternehmer zurück. Das heißt, der Unternehmer L kann sich in der **Ex-ante-Betrachtung**, also in der Betrachtung aus Sicht eines Zeitpunktes **vor** Fixierung der Konditionen für die erwünschte Mittelüberlassung, **nicht** auf Kosten seiner Kapitalgeber bereichern. Fremdfinanzierung wird sich daher für den Unternehmer L **nur** lohnen können, wenn die Bindung an ein aggressives Investitionsverhalten den Konkurrenten zum **Verzicht** auf den Markteintritt, also zur Wahl **I = 0 GE**, bewegt. Unter dieser Prämisse stellt sich der Unternehmer L durch die glaubwürdige Bindung an $I = 2 \cdot I^{(1)}$ **besser** als ohne diese, wenn

$$\gamma \cdot E[\tilde{z}_B(0)] + W^{(L)} - 2 \cdot I^{(1)} > E[\tilde{z}_A(I^{(1)})] + W^{(L)} - I^{(1)} \tag{8.5}$$

gilt. Die Emission von **Forderungstiteln** mit einer Rückzahlungsverpflichtung F ist nämlich bei **korrekter Antizipation** des unternehmerischen Investitionsverhaltens seitens der Erwerber der Forderungstitel ceteris paribus, das heißt für gegebenes (optimales) unternehmerisches Investitionsprogramm, aus Sicht des Unternehmers L **erwartungswertneutral**. Deswegen beschreibt die linke Seite von (8.5) den erwarteten gesamten Einzahlungsüberschuß des Unternehmers L im **Gleichgewicht** bei einer gelungenen glaubwürdigen Bindung an die Realisation des Investitionsvolumens $I = 2 \cdot I^{(1)}$. Die rechte Seite gibt entsprechend den erwarteten gesamten Einzahlungsüberschuß des Unternehmers L für den Fall an, daß der Unternehmer auf externe Finanzierung verzichtete und sich somit glaubwürdig an die Durchführung des Projekts A mit $I = I^{(1)}$ gebunden hat. Exakt der durch (8.5) beschriebene **Wohlfahrtseffekt** ist gemeint, wenn davon die Rede ist, daß sich ein Unternehmer durch seine Finanzierungsentscheidung glaubwürdig gegenüber einem **Konkurrenten** an ein bestimmtes Verhalten bindet, um letzten Endes die Konkurrentenreaktion in seinem Sinne zu **beeinflussen**.

Damit bei den getroffenen Annahmen unter Voraussetzung der Aufnahme von Mitteln ΔI gegen Gewährleistung einer Forderung F seitens des Unternehmers L ein **eindeutiges** *Nash*-Gleichgewicht für die unternehmerischen Investitionsentscheidungen dadurch beschrieben wird, daß der Unternehmer L Projekt B mit $I = 2 \cdot I^{(1)}$ realisiert und der Unternehmer N auf den Markteintritt verzichtet, genügt es, wenn die Ungleichungen (8.1) und (8.4) jeweils für $I^{\circ} = I^{(1)}$ (und damit aufgrund der getroffenen Annahmen auch für $I^{\circ} = 0$ GE) erfüllt sind und F den jeweils zugehörigen Definitionsbereichen angehört sowie nicht kleiner als $F^{+}(0)$ und $F^{+}(I^{\circ})$ ist. Denn unter diesen Voraussetzungen stellt die Wahl des Projekts B mit $I = 2 \cdot I^{(1)}$ durch den fremdfinanzierten Unternehmer L die **bestmögliche Reaktion** auf einen etwaigen Investitionsverzicht oder aber die Durchführung des Projekts A durch den Unternehmer N dar. Weil der nicht extern finanzierte Unternehmer N seinerseits auf **keinen** Fall Projekt B realisieren wird, kann ein Gleichgewicht bei entsprechend fremdfinanziertem Unternehmer L **nur** durch die Wahl des Projekts B mit $I = 2 \cdot I^{(1)}$ seitens L charakterisiert sein. Die bestmögliche Reaktion des rein eigenfinanzierten Unternehmers N auf diese Verhaltensweise des Konkurrenten besteht dann aber annahmegemäß im Investitionsverzicht. Für den Unternehmer L wiederum ist ein solches *Nash*-Gleichgewicht genau dann erstrebenswert, wenn Ungleichung (8.5) gilt. Natürlich lassen sich auch leicht **Zahlenbeispiele** zur Verdeutlichung dieser Zusammenhänge formulieren.

Beispiel 8.1:

Für die Anfangsausstattungen der beiden Unternehmer N und L gelte $W^{(N)} = W^{(L)} = 200$ Geldeinheiten (GE). Projekt A führe mit der Wahrscheinlichkeit $p = 0{,}4$ zu einem Einzahlungsüberschuß in $t = 1$, der sich in Abhängigkeit vom Investitionsvolumen des Konkurrenten auf $z_A^{(1)}(0) = 140$ GE, $z_A^{(1)}(I^{(1)}) = 130$ GE oder aber auf $z_A^{(1)}(2 \cdot I^{(1)}) = 70$ GE beläuft. Mit der entsprechenden Gegenwahrscheinlichkeit $1\text{-}p = 0{,}6$ erhält man $z_A^{(2)}(0) = 130$ GE, $z_A^{(2)}(I^{(1)}) = 120$ GE oder $z_A^{(2)}(2 \cdot I^{(1)}) = 50$ GE. Projekt B führt bei einem Investitionsvolumen von $I = I^{(1)} = 65$ GE je nach dem Investitionsvolumen des Konkurrenten mit der Wahrscheinlichkeit p zu Einzahlungen von $z_B^{(1)}(0) = 270$ GE, $z_B^{(1)}(I^{(1)}) = 260$ GE oder von $z_B^{(1)}(2 \cdot I^{(1)}) = 120$ GE. Mit der Gegenwahrscheinlichkeit führt Projekt B für $I = I^{(1)}$ zu $z_B^{(2)}(0) = z_B^{(2)}(I^{(1)}) = z_B^{(2)}(2 \cdot I^{(1)}) = 0$ GE. Ferner gelte $\gamma = 1{,}8$. Man ermittelt leicht, daß ein Unternehmer bei **Verzicht** auf jegliche Form externer Finanzierung für jedes beliebige Investitionsvolumen seines Konkurrenten die Wahl des Projekts A der des Projekts B vorzieht. Geht ein nicht fremdfinanzierter Unternehmer von einem Investitionsvolumen $I = 2 \cdot I^{(1)}$ seines Konkurrenten aus, ist jedoch der völlige **Investitionsverzicht** noch besser als die Durchführung des Projekts A. Sofern **beide** Unternehmer auf externe Finanzierung verzichten, existiert damit **nur ein** *Nash*-Gleichgewicht, nämlich die **beiderseitige** Realisation des Projekts A mit $I = 65$ GE. Das heißt, nur wenn beide Unternehmer das Projekt A realisieren, liegt für zutreffend antizipiertes Investitionsverhalten des Konkurrenten tatsächlich ein **Optimalverhalten** beider Unternehmer vor. Jede andere Konstellation würde bei zutreffender Antizipation des Konkurrentenverhaltens bedeuten, daß sich **wenigstens einer** der beiden Beteiligten durch ein **Abweichen** von der unterstellten Handlungsweise noch verbessern kann. Betrachtet man etwa die Situation, daß der eine Unternehmer Projekt B mit $I = 2 \cdot I^{(1)}$ realisiert und der andere $I = 0$ GE wählt, also auf den Markteintritt verzichtet, könnte sich der erstere durch die Umsetzung des Projekts A mit I = $I^{(1)}$ noch **verbessern**, weshalb die angenommene Konstellation kein Gleichgewicht darstellt. Entsprechendes gilt für andere angenommene Investitionsentscheidungen.

Die Situation ändert sich, wenn einer der beiden Unternehmer über die Möglichkeit der Emission von Forderungstiteln **vor** Festlegung seiner Investitionsentscheidung verfügt. Angenommen, Unternehmer L könne Forderungstitel mit F = 140 GE Rückzahlungsanspruch in t = 1 emittieren. Damit kommt für ihn **allein** noch die Realisation des Projekts B mit I = $2 \cdot I^{(1)}$ in Betracht, da jedes andere Investitionsverhalten ihm unabhängig vom Investitionsvolumen des Konkurrenten erwartete Einzahlungen in t = 1 nach Bedienung der Forderungstitel liefert, die **hinter** der vom Unternehmer allein zu tragenden Anfangsauszahlung in Höhe von I = $I^{(1)}$ zurückbleiben. Wählt der Unternehmer L das Projekt B mit einem Investitionsvolumen I = $2 \cdot I^{(1)}$, so realisiert er auch nach Abzug der Investitionsauszahlung noch einen **positiven** erwarteten (Netto-) Ertrag, also einen Zuwachs bei seinen erwarteten Einzahlungsüberschüssen, wenn der Konkurrent N auf den Markteintritt verzichtet. Da letzteres für Unternehmer N tatsächlich die **optimale Reaktion** auf die Investitionsentscheidung des Unternehmers L darstellt, wird ein *Nash*-Gleichgewicht für F = 140 GE dadurch beschrieben, daß Unternehmer L Projekt B mit I = $2 \cdot I^{(1)}$ realisiert und Unternehmer N auf positive Investitionen und damit den Markteintritt verzichtet. In der Tat ist dies das **einzige** *Nash*-Gleichgewicht, das für F = 140 GE existiert. Wenn Unternehmer N nämlich überhaupt investiv tätig werden sollte, dann **nur** über die Durchführung des Projekts A mit I = $I^{(1)}$. Auch für diesen Fall würde jedoch der Unternehmer L das Projekt B mit I = $2 \cdot I^{(1)}$ realisieren, weswegen sich die Durchführung des Projekts A seitens des Unternehmers N dann als **suboptimal** herausstellte. In diesem neuen *Nash*-Gleichgewicht erzielt der Unternehmer L aus der Emission von Forderungstiteln Erlöse in Höhe von $p \cdot F = 56$ GE. Außerdem verbleibt ihm in t = 1 ein erwarteter Ertrag von $p \cdot [\gamma \cdot z_B^{(1)}(0)\text{-}F]$ = 138,4 GE. Von dem erwarteten **Bruttoertrag** in Höhe von 56+138,4 = 194,4 GE ist die erforderliche **Anfangsauszahlung** von $2 \cdot 65 = 130$ GE abzuziehen, so daß der Unternehmer L insgesamt einen erwarteten **Nettoertrag**, also **Zuwachs** seiner erwarteten Gesamteinzahlungen, von 64,4 GE erzielt. Im Falle des Verzichts auf externe Finanzierung hätte sich für jeden Unternehmer hingegen nur ein erwarteter **Nettoertrag** von $0{,}4\cdot 130+0{,}6\cdot 120-65 = 59$ GE aus der jeweiligen investiven Tätigkeit ergeben. Für **Unternehmer L** hat sich der Einsatz externer Finanzierung als Mittel zur glaubwürdigen Bindung gegenüber seinem Konkurrenten N an ein besonders aggressives Investitionsverhalten demnach **gelohnt**. Natürlich könnte sich der Unternehmer L auch durch andere Forderungshöhen (z.B. F = 139,5 GE) in analoger Form glaubwürdig binden. Insofern existieren hier mehrere optimale Forderungshöhen. In jedem Fall liegt das resultierende gleichgewichtige Investitionsverhalten fest: Der Unternehmer L wird **Projekt B** mit $I = 2\cdot I^{(1)}$ durchführen, und N wird auf den Markteintritt **verzichten**.

Betrachtet man die **aggregierten** erwarteten Nettoerträge aus den Investitionen der beiden Unternehmer, sind diese ohne externe Finanzierung mit $2\cdot 59 = 118$ GE höher gewesen. Für den Unternehmer L ist dies aber bedeutungslos. □

1.3 Diskussion

Charakteristisch für das im vorhergehenden Abschnitt 1.2 dargestellte Beispielszenario ist, daß der Unternehmer L durch seine Verschuldung ganz **gezielt** die Verhaltensanreize aus Fremdfinanzierung nutzt, um auf diese Weise **mittelbar** die Investitionsentscheidung seines Konkurrenten in für ihn positiver Weise zu beeinflussen. Wenigstens **dreierlei** ist in diesem Zusammenhang bemerkenswert.

Erstens ist das resultierende Gleichgewicht mit dem **identisch**, das man für den Fall erhielte, daß beide Unternehmer sich zwar nicht extern finanzieren könnten, wohl aber der Unternehmer L **vor** dem Unternehmer N (allgemein beobachtbar) seine Investitionsentscheidung träfe. In diesem Falle wäre es für L **optimal**, Projekt B mit $I = 2\cdot I^{(1)}$ zu realisieren, denn er wüßte, daß Unternehmer N hierauf mit I = 0 GE **reagieren** würde. Den Unternehmer L würde man in diesem Zusammenhang *Stackelberg*-Führer nennen, weil er seine Entscheidung **vor** dem Unternehmer N trifft. So gesehen erlangt der Unternehmer L durch die Möglichkeit externer Finanzierung die Gelegenheit zum **Erwerb** der *Stackelberg*-Führerschaft. Letzten Endes ist dies der **Grund**, warum sich externe Finanzierung hier **trotz** hinreichender Mittelausstattung und den "Fehlanreizen" aus der Emission von Forderungstiteln für den Unternehmer L als **optimal** erweist. Die Funktion der Unternehmensfinanzierung, eine **glaubwürdige Verhaltensbindung** der Geschäftsführung einer Unternehmung gegenüber ihren **Konkurrenten** zu etablieren, ist demnach schon für sich **allein** genommen hinreichend, um die Vorteilhaftigkeit **externer** Finanzierungsmaßnahmen zu begründen.

Zweitens dürfte einleuchten, daß die Realisation des Projekts B mit $I = 2 \cdot I^{(1)}$ ceteris paribus, also für **gegebenes** Investitionsverhalten des Konkurrenten, insofern **inferior** ist, als sich der Unternehmer mittels der Durchführung des Projekts A (bei Verzicht auf Fremdfinanzierung oder aber im Falle einer wie auch immer auf andere Weise erreichten glaubwürdigen Bindung gegenüber den Gläubigern an die Durchführung des Projekts A) noch **besserstellen** würde. Die Bindung an die Durchführung des Projekts B gewinnt also nur durch die mögliche Beeinflussung des Konkurrentenverhaltens ihre Attraktivität. Unter diesem Aspekt kann man im Kontext des Abschnitts 1.2 kaum mehr von einem (mit einer gewissen Überinvestition einhergehenden) "Risikoanreiz**problem**" sprechen. Eher liegt hier ein "Risikoanreiz**vorteil**" der Fremdfinanzierung vor. Tatsächlich dürfte eine wesentliche Implikation aus der expliziten Berücksichtigung der Interdependenzen von Kapital- und Produktmarktentscheidungen darin zu sehen sein, daß **zahlreiche** unternehmerische Fehlanreize hierbei in einem **anderen Licht** erscheinen. Insbesondere gilt dies für all die Fälle, in denen bestimmte Finanzierungsmaßnahmen (für **gegebenes** Konkurrentenverhalten) ein allzu starkes unternehmerisches **Wachstumsstreben** zur Folge haben. Neben einer durch Fremdfinanzierung induzierten Überinvestitionsmotivation ist an externe Eigenfinanzierung zu denken, die dem Management einer Unternehmung ja gerade in besonders starkem Umfang das exzessive Streben nach Macht und Wachstum ermöglicht, was sich gemäß den obigen Ausführungen infolge einer günstigen **Beeinflussung** des Konkurrentenverhaltens für die an der Unternehmung Beteiligten per Saldo als **positiv** erweisen kann. Es mag sich daher sogar **lohnen**, die Geschäftsführung einer Unternehmung nicht am Gewinn, sondern am **Umsatz** aus der unternehmerischen Tätigkeit zu beteiligen. Dieser Gedanke findet sich insbesondere in den Arbeiten von *Fershtman* und *Judd* (1987) sowie *Sklivas* (1987). Viele altbekannte **Vorbehalte** gegen das in der Praxis häufig übliche Streben nach Wachstum etwa in Form von Marktanteilen sind auf oligopolistischen Märkten zumindest partiell zu **relativieren**.[4] Für **praktische** Entscheidungsprobleme resultiert hieraus die Erkenntnis, daß man Handlungsempfehlungen zu unternehmerischen Finanzierungsentscheidungen grundsätzlich nur unter Berücksichtigung der **Wettbewerbsverhältnisse** auf den Gütermärkten entwickeln kann.

Drittens ist zu beachten, daß die Möglichkeit zur Fremdfinanzierung für den Unternehmer L zwar vorteilhaft ist, daß der beim Unternehmer N auftretende **Schaden** jedoch derart **groß** ist, daß sich beide Unternehmer **insgesamt** besserstellen würden, wenn L **keine** Gelegenheit zur Fremdfinanzierung erhalten würde. Insofern ist die Fremdfinanzierung hier nach wie vor **schädlich**. Aber natürlich bezieht sich die Schädigung auf den jeweiligen **Konkurrenten**. Das bedeutet, daß die Möglichkeit zur externen Finanzierung für das jeweils betrachtete Unternehmen selbst natürlich schon wohlfahrtserhöhend ist. Die Einschätzung, daß gewisse "Fehlanreize" aus Finanzierungsmaßnahmen in einem neuen Lichte zu sehen sind, bleibt also **auch** unter Beachtung der gesamtwirtschaftlichen Implikationen aus einzelwirtschaftlicher Betrachtung **zutreffend**. Dies gilt selbst dann, wenn man im Gegensatz zur Darstellung aus Abschnitt 1.2 zuläßt, daß beide Unternehmen **simultan** über ihre Finanzierungsmaßnahmen entscheiden und dabei prinzipiell über identische Möglichkeiten verfügen. Im Szenario des Abschnitts 1.2 würde dies lediglich bedeuten, daß es nun **zwei** *Nash*-Gleichge-

---

4 Als ein **weiteres** Beispiel aus jüngerer Zeit sei auf die oligopoltheoretische Analyse der **Rechtsformwahl** von Banken in *Breuer* (1997e) verwiesen, wo es um den Nachweis geht, daß die Rechtsform einer Kreditgenossenschaft gerade wegen der **schlechten Sanktionsmöglichkeiten** seitens der Gesellschafter der Unternehmung gegenüber dem Management der Genossenschaft bei **oligopolistischen** Kredit- und Einlagenmärkten von Vorteil sein kann.

wichte gäbe: In dem **einen** würde der Unternehmer L **allein** am Markt agieren und dabei Projekt B mit einem Investitionsvolumen von $I = 2 \cdot I^{(1)}$ infolge hinreichend hoher Fremdfinanzierung realisieren. Im **anderen** Gleichgewicht wäre **einzig** Unternehmer N am Markt mit dem gerade beschriebenen Verhalten beobachtbar.[5] Es gibt aber auch Modellsituationen, in denen sich **beide** Unternehmen bei einer solchermaßen symmetrischen Betrachtung schlechterstellen als ohne die Möglichkeit zu externer Finanzierung.[6] Aber auch in diesem Fall resultiert der **Wohlfahrtsverlust** für einen einzelnen Unternehmer **nicht** aus seinen eigenen Finanzierungsmöglichkeiten, sondern denen des jeweiligen **Konkurrenten**.

Interdependenzen zwischen Kapital- und Produktmarktentscheidungen stellen ein sehr aktuelles Forschungsgebiet dar. Man wird gespannt sein dürfen, welche interessanten Implikationen hier noch herausgearbeitet werden können.

2 Finanzierungsentscheidungen und die Allokation von Verfügungsrechten

2.1 Problemstellung

Bislang standen in den Analysen dieses Lehrbuchs stets die mit verschiedenen Finanzierungstiteln verbundenen **Zahlungsströme** und die hieraus resultierenden Präferenz- und Anreizwirkungen im Vordergrund. Natürlich kann man auch die grundsätzliche Frage stellen, **wer** überhaupt **Entscheidungsbefugnis** im Zusammenhang mit unternehmerischen Tätigkeiten ausüben soll. Erste Überlegungen hierzu wurden bereits im Rahmen des grundlegenden zweiten Kapitels präsen-

---

5 Insbesondere die Situation mit Realisation des Projekts A durch beide Unternehmen bei "kleinem" F beschreibt demnach **kein** *Nash*-Gleichgewicht. Denn hier wäre es für **jeden** der beiden Unternehmer vorteilhaft, sich durch eine entsprechend starke **Ausdehnung** seines Fremdfinanzierungsvolumens glaubwürdig an die Durchführung des Projekts B mit $I = 2 \cdot I^{(1)}$ zu binden.

6 Vgl. z.B. *Brander/Lewis* (1986), S. 968.

tiert. Im weiteren soll etwas fundierter auf dieses Problem eingegangen werden.

Die Frage, wer Entscheidungen im Unternehmen trifft, wird **immer dann** wichtig, wenn sich die Beteiligten bei Begründung einer Finanzierungs- oder - allgemeiner - Vertragsbeziehung **nicht** kooperativ und unwiderruflich auf bestimmte Verhaltensweisen verständigen können. Insbesondere ist die Zuordnung der Entscheidungsbefugnis dann von Bedeutung, wenn von einer **asymmetrischen Informationsverteilung** zwischen den Beteiligten ausgegangen wird, da Gegenstand von Vereinbarungen allenfalls solche Tatbestände sein können, die von **allen** beobachtet werden können: Kann etwa die Vornahme einer bestimmten Handlung nicht allgemein beobachtet werden, läßt sich augenscheinlich in aller Regel[7] auch nicht **verbindlich** ein bestimmtes Verhalten festlegen. Sofern der bessere Informationsstand dabei **personengebunden** ist, stellt sich hierbei allerdings auch **kein** sachgerechtes Problem der Zuordnung von Entscheidungskompetenz. Es wäre nämlich eine recht **merkwürdige** Vorstellung, daß jemand eine Handlung wählen kann, was nur durch einen anderen, nicht aber ihn selbst beobachtbar wäre. **Genau** eine derartige Konstellation könnte sich aber bei einem personengebundenen Informationsvorteil ergeben, wenn der schlechter Informierte die Entscheidungskompetenz innehätte. Folglich bedarf es in diesem Kontext vielmehr gewissermaßen einer "**Funktionsabhängigkeit**" des überlegenen Informationsstands: Eine Entscheidung kann grundsätzlich verschiedenen Personen übertragen werden, wobei die konkret gewählte Aktion durch die jeweils **Außenstehenden** nicht beobachtbar ist. Ist somit **jeweils** der besser informiert, der die **Entscheidungsbefugnis** innehat, kann die Allokation der Ver-

---

7 Gewisse **Ausnahmen** sind nur für den Fall denkbar, daß **indirekt** auf die jeweils gewählte Handlung des Entscheiders zurückgeschlossen werden kann. Beispielsweise ließe ein Output von $\gamma \cdot z_B^{(1)}$ im Modellkontext des Abschnitts 1 eindeutig auf die Realisation des Projekts B mit $I = 2 \cdot I^{(1)}$ schließen, auch wenn die Investitionsentscheidung selbst **nicht** beobachtbar ist. **Praktische** Bedeutung dürften Möglichkeiten zu derartigen Schlußfolgerungen allerdings kaum besitzen. Ferner bestehen hierbei noch die gleichen **Probleme**, wie sie weiter unten im Zusammenhang mit der Durchsetzbarkeit von vertraglichen Regeln bei **Informationssymmetrie** angesprochen werden.

fügungsmacht ein echtes Entscheidungsproblem sein. Insbesondere von *Zender* (1991)[8] stammt ein Ansatz dieser Art. Bemerkenswerterweise benötigt man aber für den Nachweis der Relevanz von Verfügungsmachtallokationen tatsächlich **keineswegs** eine asymmetrische Informationsverteilung zwischen den beteiligten Vertragspartnern. Der Fall **symmetrischer Informationsverteilung** zwischen Kapitalgebern und -nehmern soll deshalb im folgenden vertieft werden.

Zunächst einmal ist klar, daß die Verteilung der Entscheidungsbefugnis **nur dann** eine wesentliche Frage darstellen kann, wenn **unterschiedliche** Interessen der Beteiligten vorliegen. Denn bei stets gegebener vollständiger Interessenharmonie wäre es ohne Bedeutung, wer von den Beteiligten die konkrete, für alle gleiche optimale Entscheidung trifft. Des weiteren dürfen verbindliche und unwiderrufliche **Absprachen** in einem früheren Zeitpunkt hinsichtlich der zu treffenden Entscheidung **nicht** möglich sein, da ansonsten die Beteiligten **kooperativ** zu Beginn ihrer Vertragsbeziehung jeweils effiziente zustandsabhängige Entscheidungen festlegen könnten, die später nur noch abzuwickeln wären. Diese Durchsetzbarkeit früher getroffener Vereinbarungen ist insbesondere dann schon nicht möglich, wenn die betreffende Handlung zwar von den direkt Beteiligten, **nicht** aber von außenstehenden **Dritten**, insbesondere Gerichten, beobachtet werden kann. Man spricht in diesem Falle von mangelnder "**Verifizierbarkeit**" vertraglicher Vereinbarungen[9] und nennt die Vereinbarungen selbst "**nicht umfassend**" oder "**nicht vollständig**" (im engeren Sinne),[10] weil bestimmte As-

---

8 Der Ansatz von *Zender* (1991) weist allerdings eine Reihe von **Problemen** auf, die hier nicht im einzelnen behandelt werden können.

9 Vgl. etwa *Hart/Holmström* (1987), S. 134.

10 Grundsätzlich sind auch Verträge bei bestehenden Informationsasymmetrien stets **unvollständig** in dem Sinne, daß bestimmte Aspekte, etwa das Verhalten der Unternehmensleitung, nicht exakt vertraglich festgelegt werden. Andererseits können derartige Verträge trotzdem **umfassend** sein, und zwar dergestalt, daß **alle** Informationen, die allen (unmittelbar) Beteiligten zugleich verfügbar sind, Grundlage der vertraglichen Vereinbarungen sind. Insofern wären derartige Verträge nur "nicht vollständig" in einem **weiteren**

pekte trotz bestehender Informationssymmetrie der Vertragspartner ungeregelt bleiben.[11] In einem solchen Falle kann die **Zuordnung** von Entscheidungskompetenz selbst bei symmetrischer Informationsverteilung zwischen den Beteiligten zu einer **relevanten** Frage werden. Sofern die von dem zum Entscheidungsträger bestimmten Subjekt in einem zukünftigen Zeitpunkt vorgenommene Wahl den Interessen eines anderen Subjekts **widerspricht**, ist zu prüfen, ob letzterer nicht im Entscheidungszeitpunkt in seinem Sinne die Wahl des Entscheidungsträgers im Wege von (Neu-) Verhandlungen durch das Angebot einer (uno actu mit der Alternativenwahl erfolgenden) **Transferzahlung beeinflussen** kann, was de facto auf einen **Abkauf** der Entscheidungskompetenz hinausliefe. Weil die maximal möglichen Transferzahlungen die **Wertschätzung** des Nichtentscheidenden für eine bestimmte Handlungsalternative ausdrücken, könnte auf diese Weise wieder grundsätzlich die **Irrelevanz** der Allokation von Entscheidungskompetenz resultieren: Das Subjekt mit der **höchsten Wertschätzung** für eine bestimmte Handlungsalternative sorgt direkt oder indirekt (über Transferzahlungen) für deren **Implementierung**. Zusätzlich muß es daher Gründe geben, wieso Transferzahlungen von der einen an die andere Partei nicht die gerade beschriebene Wirkung entfalten. Dies ist dann der Fall, wenn **nicht genügend** monetäre Mittel zur Erbringung der entsprechenden Transferzahlungen vorhanden sind oder wenn die in Zukunft benötigten Transferzahlungen die **Attraktivität** der Vertragsbeziehung aus Sicht der leistenden Partei so weit mindern, daß eine Vertragsbeziehung gar **nicht** erst **begründet** wird. **Ohne** adäquate Verteilung von Entscheidungskompetenz wird es im letzteren Fall somit **unmöglich**, die gewünschte Vertragsbeziehung zu etablieren. **Zusammenfassend** wird die Allokation von Verfügungsrech-

---

Sinne. Der Begriff der **Umfassendheit** von Verträgen geht übrigens auf *Hart* (1988), S. 121, sowie *Holmström* und *Tirole* (1989), S. 68, zurück. Derartige begriffliche Feinheiten brauchen hier jedoch nicht vertieft zu werden.

[11] Allgemeiner kann man davon sprechen, daß **nicht alle** aufgrund der den (unmittelbar) Beteiligten verfügbaren Informationen denkbaren **Sanktionsmöglichkeiten** für Vertragsbrüche genutzt werden. So begründete die **Beschränkung** der Betrachtung auf Fremd- und externe Eigenfinanzierung im Abschnitt 2 des siebenten Kapitels auch eine Art **Vertragsunvollständigkeit**.

ten also vor allem dann zu einem **Entscheidungsproblem**, wenn

1) zwar Informationssymmetrie zwischen den einzelnen Vertragspartnern besteht, aber aufgrund **mangelnder Verifizierbarkeit** von Verträgen durch Außenstehende bindende Vereinbarungen zum (künftigen) Verhalten der Beteiligten nicht stets durchgesetzt werden können,
2) **Interessenkonflikte** zwischen den Parteien in zukünftigen Zeitpunkten vorliegen und
3) **Transferzahlungen** zwischen den Vertragspartnern zur Schaffung eines monetären (Interessen-) Ausgleichs in zukünftigen Zeitpunkten unwirksam sind.

Es wurde schon darauf hingewiesen, daß in der Literatur Fragen der effizienten **Allokation** von Verfügungsrechten seit Ende der achtziger bzw. Beginn der neunziger Jahre vermehrt erörtert werden. Dabei lassen sich im wesentlichen **zwei Forschungsrichtungen** unterscheiden. Der erste Zweig der Literatur geht vornehmlich der Frage nach, wie sich erklären läßt, daß man in der Realität typischerweise die Zuordnung von je **einer** Stimme pro (normiertem) **Beteiligungstitel** beobachten kann. Diese Diskussion geht in erster Linie auf die Arbeiten von *Grossman* und *Hart* (1988) sowie *Harris* und *Raviv* (1988, 1989) zurück und wird im angelsächsischen Raum unter dem Schlagwort "**One share - One vote**" geführt. Begründet wird diese Form der Allokation von Verfügungsrechten auf Beteiligungstitel mit der Möglichkeit, auf diese Weise gesamtwirtschaftlich **ineffiziente Übernahmeversuche** durch andere Unternehmen möglichst am Erfolg zu **hindern**, während der Erfolg gesamtwirtschaftlich **effizienter Übernahmeversuche** bei einer solchen Zuordnung von Verfügungsmacht tendenziell **gefördert** wird. Auf diesen Forschungszweig soll im weiteren **nicht** näher eingegangen werden. Statt dessen werde die zweite Forschungsrichtung etwas vertieft, die an die empirische Tatsache anknüpft, daß die Inhaber der **Beteiligungstitel** die Verfügungsmacht über die Unternehmung grundsätzlich nur im **Insolvenzfall** verlieren. Damit geht es hier also letzten Endes um die **zustandsabhängige Allokation** von Verfügungsmacht auf die Inhaber der Beteiligungstitel oder aber die Inhaber der Forderungstitel und die Frage nach den sich aus dieser Regelung ergebenden **Wohlfahrtswirkungen**. Initiiert wurde die Diskussion zu diesem Themenkomplex hauptsächlich durch einen Beitrag von *Aghion* und *Bolton* aus dem Jahre 1992.[12] Im folgenden Abschnitt 2.2 wird ein einfacher Modellansatz vorgestellt, der sich von der Grundidee her an diesen Beitrag anlehnt.

2.2 Die ökonomische Funktion von Insolvenztatbeständen

Betrachtet werde eine Volkswirtschaft mit risikoneutralen Subjekten ohne differenzierende Zeitpräferenzen über drei Zeitpunkte t = 0, 1, 2 hinweg. Ein mittelloser Unternehmer führe in t = 0 eine Investition durch, die in t = 0 eine Anfangsauszahlung in Höhe von I erfordert und in den Zeitpunkten t = 1 und t = 2 ungewisse Rückflüsse in Höhe von $\tilde{z}_1$ bzw. $\tilde{z}_2$ liefert. Zur Durchführung der Investition benötigt der Unternehmer daher Mittel in Höhe von $\Delta I = I$ in t = 0 von externen Kapitalgebern.

In t = 1 gebe es zwei mögliche Realisationen von $\tilde{z}_1$: Mit der Wahrscheinlichkeit p ergebe sich $z_1^{(1)}$ und mit der Gegenwahrscheinlichkeit $z_1^{(2)} < z_1^{(1)}$. Die Realisation des Zeitpunktes t = 2 hänge vom Rückfluß des Zeitpunktes t = 1 ab: Für $z_1 = z_1^{(1)}$ resultiere in t = 2 ein Wert von $z_2^{(1)}$, für $z_1 = z_1^{(2)}$ hingegen ein Wert von $z_2^{(2)} < z_2^{(1)}$. Ferner sei es möglich, in t = 1 die unternehmerische Tätigkeit durch **Liquidation** zu beenden. Liquidation führe in t = 1 zu (schon aus Sicht von t = 0) **sicheren** zusätzlichen Einzahlungen von ℓ. Einzahlungen in t = 2 fallen bei Liquidation in t = 1 natürlich nicht mehr an. Der Unternehmer ziehe **(nicht-monetären)** Nutzen aus der Leitung der Unternehmung. Dieser kann über das mit der Geschäftsführung für den Unternehmer einhergehende Gefühl von **Macht** und **Prestige** begründet werden und soll sich bei monetärer Bewertung auf $\upsilon > 0$ belaufen. Ein derartiger Nutzen aus der Unternehmensführung im Umfang von $\upsilon > 0$ soll sich jedoch **allein** für den Fall einstellen, daß die Unternehmung bis zum Zeitpunkt t = 2 **fortgeführt** wird. Bei vorzeitiger Liquidation entfalle also für den Unternehmer diese Nutzenkomponente.

---

12 Vgl. hierzu auch *Hart* (1995), S. 96 ff.

Es sei des weiteren $z_2^{(1)} > \ell\text{-}v > z_2^{(2)}$, so daß sich **Liquidation** bei Realisation von $z_1 = z_1^{(2)}$ als **gesamtwirtschaftlich effizient** erweist, nicht aber bei Eintritt von $z_1 = z_1^{(1)}$. Auch im Falle der Liquidation soll es jedoch bei schlechter Ertragsentwicklung der Unternehmung zu **Forderungsausfällen** für die Gläubiger kommen. Zu diesem Zweck wird von $z_1^{(2)} + \ell < I$ ausgegangen. Da $F \geq I$ für das Zustandekommen einer Finanzierungsbeziehung erforderlich ist, ist damit der erwünschte Effekt gegeben.

Zur Beschaffung der für die Anfangsauszahlung erforderlichen Mittel sei lediglich **kurzfristig revolvierende Fremdfinanzierung** möglich. Die Rückflüsse des Zeitpunktes $t = 1$ sollen dabei **nicht** ausreichen, um die in $t = 0$ vereinbarte Forderung F komplett zurückzuzahlen. Für den (ungewissen) Betrag $F\text{-}\tilde{z}_1$ ist deshalb eine **Anschlußfinanzierung** erforderlich. Diese soll dann als **mißlungen** gelten, wenn es dem Unternehmer nicht möglich ist, in $t = 1$ neue Forderungstitel mit aus Sicht des Zeitpunktes $t = 1$ erwarteter Rückzahlung für $t = 2$ im Umfang von $F\text{-}\tilde{z}_1$ gegen einen Mittelerhalt in ebendieser Höhe zu veräußern. Sofern die Anschlußfinanzierung in $t = 1$ mißlingt, erhalten die Gläubiger der Unternehmung mit unerfüllten Forderungen des Zeitpunktes $t = 1$ einen Anspruch auf **alle** aktuellen und künftigen Einzahlungsüberschüsse der Unternehmung. Infolge der gesetzten Prämissen kann die Anschlußfinanzierung höchstens für $z_1 = z_1^{(1)}$ gelingen. Die **Ertragskraft** der Unternehmung sei jedoch so **hoch**, daß bei unterstellter effizienter Liquidationspolitik in $t = 1$ die Mittelbeschaffung in $t = 0$ **möglich** ist. Dazu muß $p \cdot (z_1^{(1)} + z_2^{(1)}) + (1\text{-}p) \cdot (z_1^{(2)} + \ell) \geq I$ gelten.

Schließlich sei angenommen, daß sich Kapitalgeber und Unternehmer in $t = 0$ **nicht** kooperativ auf eine bestimmte Liquidationspolitik verständigen können, die anschließend in $t = 1$ auf jeden Fall durchgesetzt wird. **Damit** wird es wesentlich, wem in $t = 1$ die **Entscheidung** über die Fortführung der Unternehmung zugesprochen wird. Es sei dabei möglich, die Übertragung der Verfügungsmacht vom **Gelingen** einer Anschlußfinanzierung für die in $t = 1$ fälligen, aber nicht aus $\tilde{z}_1$ rückzahlbaren Kredite abhängig zu machen. **Implizit** wird damit angenommen, daß es Dritten wie insbesondere Gerichten zwar kostenlos möglich ist, die **Zahlungsfähigkeit** einer Unternehmung und die **Zuordnung** von Entscheidungskompetenz zu überprüfen, nicht aber die Art der gewählten **Unternehmenspolitik**. Natürlich handelt es sich hierbei um eine überaus grobe Vereinfachung realer Zusammenhänge, doch dürfte diese Modellierung von **Verifikationsproblemen** wenigstens der **Tendenz** nach angemessen sein.

Im weiteren soll nun geprüft werden, wie sich die Situation beurteilen läßt, je nachdem, ob stets der **Unternehmer** über die Fortführung der Unternehmung entscheidet **(Fall 1)** oder aber die **Gläubiger** wenigstens bei Fehlschlagen der Anschlußfinanzierung über die Unternehmensliquidation befinden **(Fall 2)**.

2.2.1 Fall 1: Verfügungsmacht stets beim Unternehmer

Der Unternehmer sieht sich nach Realisation von $\tilde{z}_1$ mit unerfüllten Forderungen in Höhe von F-$\tilde{z}_1$ konfrontiert. Da ihm von den Einzahlungsüberschüssen der Unternehmung nur das nach Bedienung der Forderungstitel verbleibende Residuum zukommt und sich dieses bei Realisation des schlechten Ergebnisses in $t = 1$ in jedem Fall auf Null beläuft, ist die **Liquidation** der Unternehmung bei Eintritt von $z_1^{(2)}$ in $t = 1$ eine denkbar **ungünstige** Verhaltensweise: Der Unternehmer würde sich durch **Fortführung** der Unternehmung in diesem Falle deutlich **besserstellen**, weil er auf diese Weise wenigstens den **nicht-monetären Konsum** $\boldsymbol{v}$ aus der Kontrolle der Geschäftsführung erzielen könnte. Erst recht wird der Unternehmer das Unternehmen bei Realisation von $z_1^{(1)}$ in $t = 1$ **fortführen** wollen. Weil der Unternehmer die Geschäftstätigkeit in **keinem** Falle abbricht, erhalten die Gläubiger aus Sicht des Zeitpunktes $t = 0$ insgesamt erwartete Einzahlungen in Höhe von $p \cdot F + (1-p) \cdot (z_1^{(2)} + z_2^{(2)})$. $F \leq z_1^{(1)} + z_2^{(1)}$ ist dabei hier so zu bemessen, daß sich für die Gläubiger eine erwartete Gesamtrückzahlung von I ergibt. Von **Interesse** ist der Fall, daß **keine** Forderungshöhe F existiert, die bei sicherer Fortführung der Unternehmung zu erwarteten Einzahlungen der Gläubiger von I führt. Dann nämlich ist das **Zustandekommen** einer Finanzierungsbeziehung im hier betrachteten Fall 1 ernsthaft **gefährdet**. Da die Fortführungsentscheidung des Unternehmers in $t = 1$ bei schlechter Ertragslage jedoch insgesamt **ineffizient** ist, muß man noch prüfen, ob nicht durch eine **Ausgleichszahlung** seitens der Gläubiger an den Unternehmer in t = 1 dieser zur Liquidation bewogen werden kann und zugleich die erwarteten Einzahlungen der Gläubiger soweit gesteigert werden, daß es doch noch zur Begründung einer Finanzierungsbeziehung kommt. Die Ausgleichszahlung der Gläubiger muß dabei **mindestens** υ betragen, um den Unternehmer für den Nutzenentgang aus der Liquidation der Unternehmung zu entschädigen. Damit belaufen sich die erwarteten Einzahlungen der Gläubiger bei einer Forderungshöhe von F **maximal** auf $p \cdot F + (1-p) \cdot (z_1^{(2)} + \ell - \upsilon) > p \cdot F + (1-p) \cdot (z_1^{(2)} + z_2^{(2)})$. Im weiteren sei **angenommen**, daß aber auch unter Beachtung derartiger Transferzahlungen die Finanzierungsbeziehung wegen $p \cdot F + (1-p) \cdot (z_1^{(2)} + \ell - \upsilon) < I$ **nicht** zustande kommt.

2.2.2 Fall 2: Verfügungsmacht bei den Gläubigern im Insolvenzfall

Bei Eintritt des ungünstigen Ergebnisses in t = 1 und Scheitern der Refinanzierung werden die **Gläubiger** der Unternehmung für die **Liquidation** plädieren, da sie so höhere Einzahlungen ℓ als im Falle der Unternehmensfortführung realisieren. An der **Fortführung** der Unternehmung bei Eintritt des **guten** Zwischenergebnisses ändert sich natürlich nichts, da der entscheidungsbefugte Unternehmer nach wie vor dafür ist. Die erwarteten Einzahlungen der Gläubiger belaufen sich damit für gegebene Forderung $F \leq z_1^{(1)} + z_2^{(1)}$ auf $p \cdot F + (1-p) \cdot (z_1^{(2)} + \ell)$ und sind demnach ceteris paribus **größer** als im Fall 1. Dies bedeutet aber, daß die **Überlassung** der Mittel I in t = 0 im Fall 2 bereits für eine **geringere** Forderungshöhe F zustande kommt als im Fall 1, wodurch also im Fall 2 (vorteilhafte) Investitionsprojekte **finanzierbar** werden, deren Finanzierung im Fall 1 **mißlingt**. Letztlich ist genau dies das im vorliegenden Kontext relevante **Kernergebnis** zur ökonomischen Funktion von **Insolvenztatbeständen**. Insolvenztatbestände, verstanden als Auslöser für die **Übertragung** der Verfügungsmacht von den Inhabern der Beteiligungstitel auf die Inhaber der Forderungstitel, können damit zur Gewährleistung gesamtwirtschaftlich **effizienter Unternehmensliquidationen** dienen. Diese Erklärung der Funktion von Insolvenztatbeständen setzt lediglich voraus, daß **Zahlungsunfähigkeit** ein Indiz für **mangelnde Fortführungswür-**

digkeit einer Unternehmung ist und Eigentümer-Manager grundsätzlich aus Eigeninteresse allzu sehr an der Unternehmensfortführung interessiert sind. Im Prinzip verbirgt sich hinter diesem allzu ausgeprägten Fortführungsanreiz für Eigentümer-Manager eine Art **Überinvestitionsproblem**: Der **Verzicht** auf die Liquidation stellt die Durchführung einer insgesamt **nachteiligen Investition** dar, die sich für den Eigentümer-Manager nur deswegen lohnt, weil die hieraus resultierenden Ertragsreduktionen größtenteils den **Gläubigern** angelastet werden. Auf diesen Aspekt wird im folgenden Abschnitt noch zurückzukommen sein.

Beispiel 8.2:
Zur Veranschaulichung der allgemein beschriebenen Zusammenhänge sei angenommen, ein Unternehmer benötige in $t = 0$ Mittel in Höhe von $\Delta I = I = 100$ Geldeinheiten (GE) zur Durchführung einer Investition, die mit der Wahrscheinlichkeit $p = 0{,}5$ in $t = 1$ zu einem Einzahlungsüberschuß von 30 GE und (bei Fortführung) in $t = 2$ zu einem Einzahlungsüberschuß von 90 GE führt. Mit der Gegenwahrscheinlichkeit 1-p ergibt sich in $t = 1$ ein Rückfluß von 20 GE und (bei Fortführung) in $t = 2$ eine Einzahlung von 40 GE. Der zusätzliche Erlös im Falle einer Liquidation der Unternehmung in $t = 1$ belaufe sich auf $\ell = 70$ GE. Die Fortführung der Unternehmung von $t = 1$ bis $t = 2$ stifte dem Unternehmer Nutzen, der sich (monetär) bewertet auf $\upsilon = 25$ GE belaufe. **Gesamtwirtschaftlich** ist es damit effizient, die Unternehmung bei Eintritt des schlechten Zwischenergebnisses von 20 GE in $t = 1$ zu liquidieren, **nicht** aber bei Eintritt des guten Zwischenergebnisses von 30 GE in $t = 1$.

Eine solchermaßen effiziente Liquidationspolitik kann auch im Falle **externer Finanzierung** mittels kurzfristig revolvierend plazierter Forderungstitel dadurch gewährleistet werden, daß die **Gläubiger** der Unternehmung im Falle mißlungener Anschlußfinanzierung in $t = 1$ die **Verfügungsmacht** über die Unternehmung erhalten. Konkret sei von einer in $t = 1$ zu erfüllenden Forderungshöhe $F = 110$ GE ausgegangen. Bei Eintritt von $z_1^{(1)} = 30$ GE ist die Refinanzierung der noch ausstehenden 80 GE Verbindlichkeit bis $t = 2$ problemlos möglich. Bei Realisation von $z_1^{(2)} = 20$ GE hingegen ist die Unternehmung in $t = 1$ wegen fehlender Möglichkeit zur Anschlußfinanzierung **zahlungsunfähig**. Die Gläubiger werden in diesem Falle von der auf sie übertragenen Verfügungsmacht dahingehend Gebrauch machen, daß es zur **Liquidation** der Unternehmung kommt. Diese ließe sich dabei selbst dann nicht verhindern, wenn der Unternehmer zu **Transferzahlungen** an die Gläubiger in der Lage wäre,[13] um auf diese Weise die Liquidation abzuwenden. Denn der aus der Liquidation für den Unternehmer entstehende **Schaden** beläuft sich auf 25 GE und markiert zugleich die **Obergrenze** für etwaige Transferzahlungen des Unternehmers an die Gläubiger. Dieser Schaden auf Unternehmerseite ist jedoch **geringer** als die für die Gläubiger aus der Unternehmensfortführung resultierende **Reichtumseinbuße** in Höhe von 70-40 = 30 GE. In **jedem** Fall kommt es deswegen bei Insolvenz der Unternehmung auch zur Liquidation. Die erwarteten Einzahlungen der Gläubiger aus Sicht des Zeitpunktes t = 0 belaufen sich damit auf $0{,}5 \cdot 110 + 0{,}5 \cdot 90 = 100$ GE, so daß die **Mittelüberlassung** tatsächlich **zustande kommt**. Die erwartete **Wohlfahrtsposition** des Unternehmers bemißt sich als $0{,}5 \cdot (10+25) = 17{,}5$ GE.

Hätte hingegen der **Unternehmer** stets die Entscheidungsbefugnis über die Unternehmensfortführung, so käme es für F = 110 GE in **keinem** Fall zur Liquidation. Die erwarteten Einzahlungen für die Gläubiger betrügen damit lediglich $0{,}5 \cdot 110 + 0{,}5 \cdot 60 = 85$ GE. Selbst wenn die Gläubiger durch eine (minimale) **Transferzahlung** von 25 GE an den Unternehmer die Unternehmensfortführung bei schlechtem Zwischenergebnis **abwenden** könnten, beliefen sich ihre erwarteten Gesamteinzahlungen nur auf $0{,}5 \cdot 110 + 0{,}5 \cdot (90-25) = 87{,}5$ GE. Für F = 110 GE käme somit selbst bei Möglichkeiten zu Transferzahlungen **keine** Finanzierungsbeziehung zustande. Erst recht gilt dies für die Vereinbarung **geringerer** Forderungshöhen, da die Gläubiger hierbei schon im Fall einer effizienten Liquidationspolitik nicht auf erwartete Rückflüsse von 100 GE kämen. Damit bliebe nur noch eine Anhebung von F. Als **maximaler** Wert ist dabei F = 120 GE zu betrachten, da die kumulierten Einzahlungsüberschüsse der Unter-

---

[13] Annahmegemäß ist der Unternehmer **mittellos**, so daß es sich hierbei um eine rein fiktive, dennoch aber von ihrem Ergebnis her bemerkenswerte Betrachtung handelt.

nehmung auf keinen Fall diesen Betrag überschreiten. Die maximal zu erwartenden Einzahlungen auf die Forderungstitel betragen demnach (unter Zulassung von Transferzahlungen seitens der Gläubiger an den Unternehmer) $0{,}5 \cdot 120 + 0{,}5 \cdot (90-25) = 92{,}5$ GE < 100 GE. Ohne eine wenigstens zustandsabhängige Übertragung der Verfügungsmacht auf die **Gläubiger** kann damit in dem hier betrachteten Modellkontext die Etablierung einer Finanzierungsbeziehung **nicht** gelingen. □

2.2.3 Diskussion

2.2.3.1 Modellvariationen

Bei näherer Betrachtung der Überlegungen des vorhergehenden Abschnitts 2.2.2 stellen sich wenigstens **zwei** Fragen, auf die zunächst eingegangen werden soll, bevor der präsentierte Ansatz in den größeren Kontext der existierenden finanzierungstheoretischen Literatur **eingeordnet** wird.

Zum einen wird sich mancher Leser sicherlich fragen, ob nicht durch eine **andere** Form der externen Finanzierung die **Notwendigkeit** der partiellen Übertragung von Verfügungsmacht auf externe Kapitalgeber vermieden werden kann. Ohne Anspruch auf Vollständigkeit bietet es sich insbesondere an, den Einsatz von **langfristiger Fremdfinanzierung** oder **externer Eigenfinanzierung** zu prüfen. Langfristige Fremdfinanzierung bedeutet hierbei, daß in $t = 0$ für $t = 1$ und $t = 2$ bestimmte Rückzahlungsverpflichtungen des Unternehmers **fixiert** werden, deren Nichterfüllung (auch unter Berücksichtigung von Möglichkeiten des Unternehmers zur Forderungstitelemission in $t = 1$) erneut Insolvenz zur Folge hat. Insbesondere[14] durch langfristige Fremdfinanzierung können dem

[14] Genaugenommen könnte sich der Unternehmer wenigstens bei Eintritt des guten Zwischenergebnisses auch im Rahmen kurzfristig revolvierender Fremdfinanzierung Mittel für Konsumzwecke in $t = 1$ beschaffen, indem er (in Abweichung vom weiter oben zugrunde gelegten Finanzierungsverhalten) das Volumen der in $t = 1$ emittierten Forderungstitel entsprechend anhebt.

Unternehmer bei einer entsprechend niedrigen Ausgestaltung der Rückzahlungsverpflichtung in t = 1 (und einer demzufolge vergleichsweise hohen in t = 2) für diesen Zeitpunkt Mittel für private Konsumzwecke belassen werden. Genau dies ist aber für seine Fortführungsentscheidung ohnehin **unerheblich**. Entscheidend ist vielmehr die Höhe der für den Zeitpunkt t = 2 noch durch den Unternehmer zu erfüllenden Verbindlichkeit. Da diese bei langfristiger Fremdfinanzierung in keinem Fall niedriger als bei der oben betrachteten kurzfristig revolvierenden Fremdfinanzierung ist, wird man auch in diesem Fall **nicht** ohne eine wenigstens teilweise Übertragung der Verfügungsmacht auf die Gläubiger auskommen können. Ähnliches gilt unter Umständen für den Fall externer Eigenfinanzierung: Der Nutzen aus der Unternehmensfortführung stellt letzten Endes nämlich Nutzen aus dem Konsum von **Perquisites** dar: Der **positive** Effekt aus der Unternehmensfortführung wird hierbei beim Unternehmer **internalisiert**, während die Kosten in Form geringerer Einzahlungsüberschüsse zum Teil auf die externen Beteiligungsgeber entfallen. Natürlich ergibt sich damit auch bei externer Beteiligungsfinanzierung in der Regel ein Anreiz zu einer **zu häufigen** Unternehmensfortführung, also zu einer "**Überinvestition**", seitens des Unternehmers.

Effiziente Fortführungsentscheidungen bei externer Eigenfinanzierung kämen demnach in dem hier diskutierten Kontext allenfalls noch dann in Frage, wenn Teile der Verfügungsmacht auf die **externen** Beteiligungsgeber **verlagert** werden. In der Tat ist es in praxi durch eine entsprechende Zuordnung von **Stimmrechten** auch möglich, die Entscheidungskompetenz hinsichtlich der Unternehmensfortführung in t = 1 auf die externen Beteiligungsgeber zu übertragen. Je nach Fallkonstellation mag auch auf diesem Wege eine effiziente Liquidationspolitik zu gewährleisten sein.

Beispiel 8.3:

Erneut sei die Situation aus Beispiel 8.2 betrachtet. Selbst bei Zugrundelegung einer gesamtwirtschaftlich **effizienten Liquidationspolitik** betragen die insgesamt erwarteten Rückflüsse nur 105 GE. Damit muß bei der Beschaffung von Mitteln im Wege der **externen Beteiligungsfinanzierung** den Kapitalgebern wenigstens eine Beteiligungsquote $\alpha = 100/105 \approx 95{,}2381$ % gewährt werden. Da beim Unternehmer nur noch ein **sehr geringer** Anteil $1-\alpha$ aller Beteiligungstitel verbleibt, ergeben sich für ihn aus der Liquidation der Unternehmung nach Eintritt von $z_1^{(2)} = 20$ GE nur monetäre Zusatzerlöse von $(1-\alpha)\cdot(\ell-z_2^{(2)}) \approx 1{,}43$ GE, die natürlich im Vergleich zum Nutzen aus der Unternehmensfortführung **nicht** ins Gewicht fallen. Sofern die externen Beteiligungsgeber etwa als **"stille Gesellschafter"**[15] ohne Entscheidungskompetenz hinsichtlich der Unternehmensfortführung auftreten, wird die Unternehmung deswegen hierbei **nie** liquidiert, so daß die erforderliche Mittelüberlassung in $t = 0$ gar nicht zustande kommt.

Auch **Transferzahlungen** von seiten der externen Kapitalgeber an den Unternehmer in Höhe von ungefähr $25-1{,}43 = 23{,}57$ GE können das Problem **nicht** lösen, da auch unter diesem Aspekt die ganze Finanzierungsbeziehung für die externen Kapitalgeber aus Sicht des Zeitpunktes $t = 0$ **unvorteilhaft** bleibt.

Anders verhält es sich, wenn den **externen Beteiligungsgebern** die Entscheidungskompetenz hinsichtlich der Unternehmensfortführung übertragen wird. Unter dieser Voraussetzung würde die Unternehmung bei Eintritt von $z_1^{(1)}$ in $t = 1$ **fortgeführt**, und bei Eintritt von $z_1^{(2)}$ **liquidiert**, so daß für dieses Zahlenbeispiel eine effiziente Liquidationspolitik tatsächlich gewährleistet wäre. □

Es kann aber auch sein, daß die vollständige Übertragung der Entscheidungskompetenz auf **externe Beteiligungsgeber** ebenfalls mit **negativen** Konsequenzen verbunden ist. Beispielsweise ist es denkbar, daß externe Beteiligungsgeber in **zu vielen** Fällen liquidieren, als gesamtwirtschaftlich effizient wäre, weil der nichtmonetäre Nutzen υ des Unternehmers aus der Fortführung von ihnen **nicht** berücksichtigt wird und der Unternehmer infolge **fehlender** Mittel auch durch Transferzahlungen die Liquidationspolitik der externen Kapitalgeber **nicht** in seinem Sinne beeinflussen kann.

---

15 Vgl. zu diesem Begriff etwa *Wöhe/Bilstein* (1994), S. 37.

Beispiel 8.4:

In Abwandlung von Beispiel 8.3 sei angenommen, daß sich der Liquidationserlös **nur** noch bei Eintritt des ungünstigen Ergebnisses $z_1^{(2)}$ auf 70 Geldeinheiten (GE) belaufe. Er sei hingegen 110 GE im Falle der Realisation von $z_1^{(1)}$. Damit bleibt die Fortführung der Unternehmung im letzteren Fall zwar gesamtwirtschaftlich effizient, weil $z_2^{(1)}+v = 115$ GE $>$ 110 GE ist, externe Beteiligungsgeber würden aber nun bei Eintritt von $z_1^{(1)}$ für die **Liquidation** der Unternehmung plädieren. Denn für **jede** externe Beteiligungsquote $\alpha \in (0, 1]$ ist $\alpha \cdot z_2^{(1)} < \alpha \cdot 110$ GE. Sofern der Unternehmer in $t = 1$ **keine** hinreichenden Transferzahlungen an die externen Beteiligungsgeber leisten kann, um sie für ihre Mindereinzahlungen im Falle der Fortführung bei Eintritt von $z_1^{(1)}$ zu entschädigen, resultiert eine gesamtwirtschaftlich **ineffiziente Liquidationspolitik** zu Lasten des Unternehmers. □

Ferner mag eine **zustandsunabhängige** Einschränkung der unternehmerischen Verfügungsmacht schon ganz grundsätzlich **Minderungen** des nicht-monetären Nutzens aus der Unternehmensführung auf seiten des Unternehmers bedingen, die etwa bei einem **bloß zustandsabhängigen** Transfer der Verfügungsmacht nicht anfielen. Dieser letztere Aspekt spricht im übrigen **dagegen**, den externen Kapitalgebern im Rahmen einer Fremdfinanzierung **zustandsunabhängig** die Verfügungsmacht zu übertragen, auch wenn dies für die hier betrachteten Zahlenbeispiele im Gegensatz etwa zu externer Eigenfinanzierung **stets** gesamtwirtschaftlich effiziente Liquidationsentscheidungen gewährleisten würde.

Insgesamt stellt sich die Allokation von Verfügungsmacht als ein **komplexes** Problem dar, wobei deren **zustandsabhängige** Ausgestaltung mit einem **Wohlfahrtsgewinn** verbunden sein kann, der sich ansonsten nicht realisieren läßt.

Schließlich kann man sich noch die Frage stellen, wie sich die Situation darstellt, wenn es **keine** nicht-monetäre Nutzenkomponente für den Unternehmer aus der Fortführung der Unternehmung gibt. In diesem Falle wäre **externe Beteiligungsfinanzierung** (wenigstens bei allgemeiner Risikoneutralität) tatsächlich grundsätzlich unter Anreizaspekten auch im Mehr-Perioden-Kontext **problemlos**. **Anders** verhält es sich aber mit **Fremdfinanzierungsmaßnahmen**, und genau im Zusammenhang mit diesen kommt es ja auch in der **Realität** zu zustandsabhängigen Übertragungen von Verfügungsmacht. Das **Grundproblem** kann schnell beschrieben werden. Die im Abschnitt 2 aus dem siebenten Kapitel vorgestellten **Fehlanreize** der Fremdfinanzierung sind tendenziell um so **gravierender**, je **höher** die bestehenden Verbindlichkeiten einer Unternehmung sind. Es sei zur Veranschaulichung nur auf den Fall kurzfristig revolvierender Fremdfinanzierung im Rahmen eines Drei-Zeitpunkte-Modells abgestellt, das von seiner Struktur her aber nicht mit den bisher in diesem Abschnitt 2 zugrunde gelegten Modellen übereinstimmen muß. In jedem Fall führen geringe Einzahlungsüberschüsse in $t = 1$ dazu, daß im Zeitpunkt $t = 2$ eine ceteris paribus um so höhere **(Rest-) Verbindlichkeit** zu begleichen ist. Damit aber nehmen die **Fehlanreize** des Zeitpunktes $t = 1$ aus Fremdfinanzierung grundsätzlich[16] zu. Das bedeutet, daß unter anderem das **Risikoanreizproblem** bedeutsamer wird.[17] Es kann deswegen sinnvoll sein, dem Unternehmer unter diesem Aspekt die **Verfügungsmacht** in $t = 1$ zu **entziehen** und die Entscheidungskompetenz auf die Gläubiger zu übertragen, um **allzu risikoträchtige** Investitionsentscheidungen in $t = 1$ zu **vermeiden**. In diesem Zusammenhang ist es übrigens ebenfalls nicht sinnvoll, den Gläubigern **stets** das Verfügungsrecht zu übertragen, also auch bei guter Ertragslage, weil Fremdkapitalgeber sich aufgrund der Zahlungsstruktur ihrer Forderungstitel tendenziell zu "**risikoscheu**" verhalten.[18] Ähnliche Konflikte bestehen

---

[16] Es sollte nochmals betont werden, daß es sich hierbei nur um eine **Tendenzaussage** handelt, deren Gültigkeit vom jeweils konkret betrachteten Modellkontext abhängen wird.

[17] Ein derartiger Effekt findet sich etwa in einem Ansatz von *Titman* (1992) oder auch in *Breuer* (1998b).

[18] Vgl. hierzu auch die Ausführungen in Fußnote 30 auf S. 184 im siebenten Kapitel, wo darauf hingewiesen wurde, daß im Falle ausfallbedrohter Fremdfinanzierung die erwarteten Einzahlungen $E[e(\tilde{z}_1)]$ auf **Beteiligungstitel** in $t = 1$ mit **wachsendem Risiko** selbst bei **gegebenem** Erwartungswert $E(\tilde{z}_1)$ des gesamten Einzahlungsüberschusses der Unternehmung **zunehmen**. Für $d(\tilde{z}_1)+e(\tilde{z}_1) \equiv \tilde{z}_1$ müssen dann aber die zugehörigen erwarteten Einzahlun-

im Zusammenhang mit anderen Fehlanreizen aus Fremdfinanzierung.[19] Die **Bedeutung** der Darstellung aus Abschnitt 2.2.2 ist also größer, als man zunächst wohl vermutet hätte, so daß es nun an der Zeit ist, diese Überlegungen in den Kontext der existierenden Literatur näher einzuordnen.

2.2.3.2 Literatureinordnung

Auch die Analyse der Ursachen für real zu beobachtende Verfügungsrechtsallokationen dauert an und ist noch weit entfernt von einem Abschluß. Interessant ist dieser Zweig der Literatur dabei vor allem auch deswegen, weil im Unterschied zu den übrigen Kapiteln des vorliegenden Lehrbuchs zum ersten Mal eine partielle **Endogenisierung** der Eigenschaften von Finanzierungstiteln erfolgte. Anders formuliert, wurde bisher stets eine bestimmte Menge **gegebener** Finanzierungstitel betrachtet, die in beliebiger Weise seitens des Unternehmers für Zwecke der Mittelbeschaffung kombiniert werden konnten. In aller Regel bestand die Menge der betrachteten Finanzierungstitel bestenfalls aus idealtypischen Forderungs- und Beteiligungstiteln. **Andere** denkbare Finanzierungsinstrumente wurden hingegen fast gar **nicht** betrachtet, so daß letzten Endes offenblieb, **warum** Beteiligungs- und Forderungstitel in der Realität gerade die Formen annehmen, die zu beobachten sind. Um eine derartige Frage zu beantworten, ist das Problem unternehmerischer Finanzierungsentscheidungen **grundlegender** anzugehen: Man muß letzten Endes im Rahmen gewisser allgemeiner Restriktionen die einzusetzenden Finanzierungsinstrumente auf der Grundlage von Effizienzüberlegungen erst noch **konstruieren**. In den vorhergehenden Abschnitten 2.2.1 und 2.2.2 wurde ein sehr beschränkter **Teilaspekt** dieses Problemkreises,

---

gen auf **Forderungstitel** mit wachsendem Risiko selbst für konstantes $E(\tilde{z}_1)$ **abnehmen**. Auch **risikoneutrale** Gläubiger werden deswegen bei der Einflußnahme auf den unternehmerischen Einzahlungsüberschuß $\tilde{z}_1$ ein hinsichtlich dieser Größe "**risikoscheues**" Verhalten an den Tag legen.

19 Tatsächlich argumentiert *Zender* in seinem Ansatz aus dem Jahre 1991 auch über die verschiedenen Verhaltensanreize für Eigen- und Fremdkapitalgeber, und zwar mit Bezug auf das **Unterinvestitionsproblem**.

nämlich die Zuordnung von **Verfügungsrechten** auf verschiedene Arten von Finanzierungstiteln, bereits angesprochen. Natürlich ist die Reichweite der zu behandelnden Fragestellung viel grundlegender. Man kann deswegen auch von einem eigenständigen Forschungszweig namens "**Wertpapier-Design**"[20] sprechen, dem man sich unter informationsökonomischen Aspekten in der Literatur systematisch genaugenommen erst seit dem Zeitpunkt widmet, ab dem die Untersuchung der Allokation von Verfügungsrechten an Bedeutung gewann. Es sollte einleuchten, daß neben der Zuordnung von Verfügungsmacht zu Finanzierungstiteln vor allem das Problem zu lösen ist, **wieso** Forderungs- und Beteiligungstitel gerade über sehr spezifische, im Überschuß der Unternehmung letztlich **(abschnittsweise) lineare** Zahlungsstrukturen verfügen.[21] In der Tat wurde dieser Frage **vereinzelt** auch schon nachgegangen, bevor Untersuchungen zur Allokation von Entscheidungsbefugnissen veröffentlicht wurden. Wichtige Beiträge gehen auf *Diamond* (1984) sowie *Gale* und *Hellwig* (1985) zurück, die in der Lage waren, als erste ökonomisch gehaltvolle hinreichende Bedingungen für die Optimalität des **alleinigen** Einsatzes von (risikobehafteten) **Forderungstiteln** zum Zwecke der externen Unternehmensfinanzierung herzuleiten. Bei *Gale* und *Hellwig* (1985) zeigte es sich im Rahmen eines Zwei-Zeitpunkte-Modells bei allgemeiner Risikoneutralität und alleiniger Möglichkeit des Unternehmers zur Erbringung von Zahlungen aus dem erwirtschafteten Unternehmensertrag, daß der Einsatz von Forderungstiteln in $t = 0$ dann optimal ist, wenn externe Kapitalgeber nur unter Aufwendung von **Kosten** den erwirtschafteten Einzahlungsüberschuß der Unternehmung in $t = 1$ **beobachten** können. Dies ist im Ansatz von *Gale* und *Hellwig* (1985) deshalb ein Problem, weil der Unternehmer grundsätzlich ein **Interesse** daran hat, den erzielten Ertrag **unbemerkt** durch die externen Kapitalgeber für **eigene** Konsumzwecke zu verbrauchen und man daher seiner Behauptung in $t = 1$ hinsichtlich der Höhe des erreichten Einzahlungsüberschusses zunächst einmal **nicht** ohne weiteres Glauben schenken kann. Aus diesem Grunde müssen letztlich in Abhängigkeit von der mitgeteilten Outputhöhe

---

20 Vgl. hierzu auch die umfassende Monographie von *Laux* (1996).

21 Vgl. hierzu auch die Darstellung aus dem zweiten Kapitel.

Kontrollen seitens der Kapitalgeber zur Prüfung der Richtigkeit der unternehmerischen Aussagen initiiert werden. Sofern dies das einzige existente Problem asymmetrischer Informationsverteilung ist, unterscheiden sich Finanzierungstitel aus Sicht des Zeitpunktes $t = 0$ im wesentlichen **nur** nach der **Höhe** der (erwarteten) Kontrollkosten auf seiten der Kapitalgeber im Zeitpunkt $t = 1$. Anzustreben ist dann natürlich die Finanzierungsform, die den Kapitalgebern die für die benötigte Mittelüberlassung erforderliche Mindesthöhe an erwarteten (Netto-)[22] Rückflüssen bei **minimalen** erwarteten Kontrollkosten gewährt. Genau dies wird durch einen Finanzierungstitel erreicht, der bei Unterschreitung eines Wertes F durch den vom Unternehmer gemeldeten Output die **Kontrolle** des Unternehmensertrags und die Zahlung des **gesamten** ermittelten Outputs an die externen Kapitalgeber vorsieht und bei gemeldeten Outputs jenseits von F eine Zahlung von **genau F** ohne Kontrolle an die Kapitalgeber induziert. Die **Intuition** für die Optimalität dieser Regelung ist einfach: Wenn die Kapitalgeber schon kontrollieren, dann sollten sie für diesen Fall auch **maximale** Rückflüsse erhalten, damit der Nutzen für sie aus der (kostenträchtigen) Kontrolle **größtmöglich** ist. Wenn sie hingegen nicht kontrollieren, ist es **sinnlos**, für verschiedene gemeldete (aber nicht kontrollierte) Outputhöhen unterschiedliche Zahlungen seitens des Unternehmers an die Kapitalgeber vorzusehen. Der Unternehmer würde sonst **immer** denjenigen nicht geprüften Output aus der Menge aller nicht geprüften Outputniveaus vorziehen, der für ihn zu **minimalen** Auszahlungen führt.

Man erkennt leicht, daß der Unternehmer bei Zugrundelegung des gerade beschriebenen Rückzahlungsschemas **keinen** Anreiz hat, einen anderen Output als den erzielten bekanntzugeben. Die Einzahlungen der Kapitalgeber belaufen sich deshalb für unternehmerische Erträge $\tilde{z}_1$ unterhalb von F auf gerade $\tilde{z}_1$, für $\tilde{z}_1 \geq F$ hingegen erhalten sie genau F. Außerdem wird im ersten Fall das Unternehmensergebnis noch kontrolliert. Es sollte unmittelbar einleuchten, daß man den so beschriebenen Finanzierungstitel als einen **idealtypischen Forderungstitel** ("Standardkreditvertrag") ansehen kann, wobei das Ereignis $\tilde{z}_1 < F$ mit der

---

22 **"Netto"** bedeutet hier "nach Abzug der Kontrollkosten".

Zahlungsunfähigkeit der Unternehmung und dem Anfall von (direkten) **Insolvenzkosten** in Form von Kontrollkosten identifiziert werden kann.[23] Die vom Unternehmer noch gehaltenen Finanzierungstitel können dementsprechend als die Gesamtheit aller **Beteiligungstitel** der Unternehmung aufgefaßt werden. Zu beachten ist, daß sich diese Form der Mittelaufnahme **endogen** aus dem Modellansatz ergab und **nicht** unmittelbar vorgegeben wurde.[24]

Ein **weiterer** Beitrag, in dem sich der Einsatz von risikobehafteten **Forderungstiteln** bei Zugrundelegung des klassischen Hidden-action-Problems unbeobachtbaren unternehmerischen **Arbeitseinsatzes** als optimal erweist, geht auf *Innes* (1990) zurück. Woran es allerdings bislang **fehlt**, ist eine überzeugende Begründung für die Optimalität des **simultanen** Einsatzes von ausfallbedrohten[25] Forderungs- und Beteiligungstiteln zur **externen** Finanzierung.[26] Ebenso steckt die simultane Optimierung über die Zahlungsstrukturen **und** die Verfügungsrechte von Finanzierungstiteln noch in den Anfängen. Ein sehr prominenter Beitrag, der die Überlegungen von *Aghion* und *Bolton* (1992) fortführt und dabei auch die Zahlungsstrukturen von Finanzierungstiteln endogenisiert, stammt von *Dewatripont* und *Tirole* (1994). In deren Ansatz erweisen sich abschnittsweise lineare Zah-

---

23 Da es sich um einen reinen Zwei-Zeitpunkte-Ansatz handelt, spielt eine zustandsabhängige Allokation von **Verfügungsmacht** im Zusammenhang mit der unternehmerischen Insolvenz hierbei natürlich keinerlei Rolle.

24 Eine sehr ausführliche Auseinandersetzung mit der Frage der **Robustheit** der Ergebnisse aus *Gale/Hellwig* (1985) findet sich in *Nippel* (1994b).

25 Unter Voraussetzung **nicht ausfallbedrohter** Forderungstitel muß zur Begründung der Optimalität simultaner externer Eigen- und Fremdfinanzierung nur die Optimalität **linearer** Teilungsregeln zwischen Unternehmer und Kapitalgeber nachgewiesen werden. Hierzu gibt es durchaus nennenswerte Beiträge, die bereits im dritten sowie siebenten Kapitel genannt wurden. Vgl. hierzu Fußnote 5 auf S. 38 sowie Fußnote 2 auf S. 157. Natürlich ist die **Abstraktion** von Ausfallproblemen bei Fremdfinanzierung eher als **unbefriedigend** einzustufen.

26 Vgl. zu diesem Problem auch *Breuer* (1998c).

lungsstrukturen von Finanzierungstiteln als **optimal** und können die resultierenden Finanzierungstitel auch von ihren Verfügungsrechten her plausibel als Forderungs- und Beteiligungstitel interpretiert werden. Allerdings sind **fast beliebige** andere Zahlungsstrukturen der Finanzierungstitel bei ihnen ebenfalls optimal,[27] so daß also die besondere Bedeutung abschnittsweise linearer Teilungsregeln hierdurch auch noch **nicht** geklärt werden kann.

Fragen des **Wertpapier-Designs** können als außerordentlich bedeutsam und aktuell aufgefaßt werden. Die Zahl der zu dieser Fragestellung veröffentlichten Beiträge ist dementsprechend in den letzten Jahren stark angestiegen. Natürlich wäre dabei eine simultane Analyse von monetären Rechten und Pflichten einerseits sowie den Einwirkungs- und Gestaltungsrechten andererseits besonders erfreulich. Aber auch Beiträge, die sich aus Gründen der Komplexitätsreduktion nur mit einem der beiden Problemkreise beschäftigen, haben ihre Berechtigung und werden in Zukunft auch weiterhin zu beachten sein.

Die Bedeutung von Beiträgen zum Wertpapier-Design ergibt sich zum einen daraus, daß erst hierdurch ein **tieferes Verständnis** für die Vor- bzw. Nachteile real beobachtbarer Finanzierungstitel erreicht werden kann. Zum anderen kann man auf der Grundlage der Erkenntnisse des (theoretischen) Wertpapier-Designs **konkrete** Handlungsempfehlungen für die **(praktische) Schöpfung** neuer Finanzierungstitel herleiten. Diese gezielte, systematische Suche nach Konstruktionsmöglichkeiten für neue Finanzierungstitel entsprechend den konkreten Finanzierungsbedürfnissen einer Unternehmung wird auch als "**Financial Engineering**" bezeichnet und ist mittlerweile Teil des Dienstleistungsangebots vieler Banken für ihre (Industrie-) Kunden.[28] "Financial Engineering" beschreibt damit eine ganz wesentliche **Nahtstelle** zwischen Finanzierungstheorie und Finanzierungspraxis.

---

27 Genaugenommen werden lediglich zwei Arten von Finanzierungstiteln benötigt, von denen die eine über eine (geeignet) **konvexe** und die andere über eine (geeignet) **konkave** Zahlungsstruktur verfügt.

28 Vgl. zum Begriff näher etwa *Breuer* (1997f).

In Zukunft wird hier noch einiges zu erwarten sein dürfen.[29]

3 Zusammenfassung

Gegenstand dieses Kapitels waren **zwei** Themengebiete, die aktueller Gegenstand intensiver Forschungsanstrengungen sind. Zum einen wurde der Frage nachgegangen, inwiefern Finanzierungsmaßnahmen bei **oligopolistisch** strukturierten Absatzmärkten als Mittel glaubwürdiger Bindung gegenüber **Konkurrenten** an bestimmte Verhaltensweisen seitens des betrachteten Unternehmers dienen können. Es wurde dargelegt, daß unter diesem Aspekt solche Finanzierungsmaßnahmen von Interesse sind, durch die man sich an ein **aggressives** Auftreten auf den Absatzmärkten bindet, weil dies Konkurrenten zum Verfolgen **passiver** Strategien bewegen kann. Dieser **Sekundäreffekt** hinsichtlich des Konkurrenzverhaltens kann so stark sein, daß sich viele der im siebenten Kapitel noch als "Fehlanreize" bezeichneten Auswirkungen unternehmerischer Finanzierungsentscheidungen auf das Verhalten der Unternehmensleitung mit einem Male als **positiv** darstellen können. Grundsätzlich gilt dies für alle "Fehlanreize", die ein "übermäßiges" **Wachstumsstreben** des Managements einer Unternehmung induzieren.

Zum anderen wurde geprüft, welche Konsequenzen sich aus unterschiedlichen **Allokationen** von **Entscheidungskompetenz** auf verschiedene Arten von Finanzierungstiteln ergeben. Konkret wird diese Frage unter dem Aspekt der Verteilung von Verfügungsmacht **innerhalb** der Gruppe der **Beteiligungstitel** und unter dem Aspekt der **(zustandsabhängigen) Allokation** von Verfügungsmacht auf Beteiligungstitel einerseits und Forderungstitel andererseits diskutiert. Letzterer Problemkreis wurde vertieft. Anschaulich formuliert sollte untersucht werden, warum im **Insolvenzfall** die Verfügungsmacht über eine Unternehmung auf die Gläubiger übergeht. Es zeigte sich, daß diese Verfahrensweise als Mechanismus zur Gewährleistung einer **effizienten Liquidationspolitik** der Unternehmung

---

[29] Vgl. für **Anwendungsbeispiele** aus dem Bereich des Financial Engineering etwa *Mason/Merton/Perold/Tufano* (1995).

interpretiert werden kann. **Unternehmer** haben nämlich einen (Fehl-) Anreiz, die Geschäfte selbst dann **fortzuführen**, wenn eine Liquidation die gesamtwirtschaftlich effiziente Lösung wäre. Gläubiger hingegen neigen unter anderem schon aus **Sicherheitsgründen** eher zu einer allzu schnellen, dafür in ihren Konsequenzen aber vergleichsweise **gut abschätzbaren** Liquidation der Unternehmung. Deswegen sollten Gläubiger **genau dann** die Liquidationsentscheidung nach eigenem Ermessen treffen dürfen, wenn eine Liquidation gesamtwirtschaftlich effizient ist. Ansonsten bleibt die Verfügungsgewalt besser beim Unternehmer. Unterstellt man nun des weiteren, daß **Zahlungsunfähigkeit** einer Unternehmung ein **Signal** für Liquidationsvorteilhaftigkeit ist, leuchtet ein, daß Gläubiger im **Insolvenzfall** die Verfügungsgewalt über die Unternehmung erhalten sollten. Im Rahmen der **Diskussion** dieses Ansatzes wurden Möglichkeiten zur **Modellerweiterung** vorgestellt. Alles in allem erwies sich hierbei die adäquate Allokation von Verfügungsmacht als ein recht **komplexes** Problem.

Im Zusammenhang mit der Diskussion von Problemen der Allokation von Verfügungsrechten auf Finanzierungstitel wurde die Thematik in den größeren Zusammenhang der vergleichsweise jungen Forschungsrichtung des **Wertpapier-Designs** eingeordnet, die ebenfalls in den letzten Jahren verstärkt an Bedeutung gewonnen hat und in der letzten Endes die **gesamten** Eigenschaften von Finanzierungstiteln selbst in all ihrer Komplexität erklärt werden sollen. **Praktische** Konsequenzen aus dem finanzierungstheoretischen Wertpapier-Design ergeben sich insofern, als dies die Grundlage einer **neuen Finanzdienstleistung** seitens der Banken für Industriekunden bildet, die mit dem Schlagwort "**Financial Engineering**" umrissen wird und in der es um die **gezielte** Schaffung neuer Finanzierungstitel zur Lösung unternehmerischer Finanzierungsprobleme geht. Hierbei handelt es sich um einen Bereich, der sich zur Zeit **sehr dynamisch** entwickelt.

IX. Ausblick

Zweifellos hat die moderne Finanzierungstheorie mittlerweile einen ganz beachtlichen Erkenntnisstand erreicht. Statt an dieser Stelle eine erneute Zusammenfassung der Inhalte der vorhergehenden Kapitel zu präsentieren, soll deswegen kurz der Frage nachgegangen werden, welche **weiteren Entwicklungsrichtungen** in Zukunft besondere Bedeutung gewinnen könnten. Diese Frage läßt sich einerseits unter einem mehr **grundlagentheoretischen Aspekt** untersuchen. Andererseits kann man erörtern, welche Fortschritte in der **anwendungsorientierten Umsetzung** finanzierungstheoretischen Gedankenguts möglich sind.

Im Rahmen der grundlagentheoretischen Forschung sind sicherlich zum einen die beiden im achten Kapitel skizzierten Entwicklungsstränge weiter auszubauen. Insbesondere Fragen des **Wertpapier-Designs** dürften auch in Zukunft noch stärker in den Mittelpunkt des Interesses rücken. Dabei wird sich dann unter anderem auch zeigen, ob die auf allgemeinem Rationalverhalten fußende ökonomische Theorie tatsächlich zur Erklärung der real beobachtbaren Finanzierungsformen in der Lage ist oder ob nicht vielmehr ein **Paradigmenwechsel** erforderlich wird. Kern eines neuen Paradigmas der ökonomischen Theorie wäre dann die Annahme von Entscheidungssubjekten mit **kognitiven Grenzen**, deren Verhalten folglich nur durch beschränkte Rationalität gekennzeichnet sein kann. Eine derartige Entwicklung scheint sich in manchen Bereichen der ökonomischen Theorie tatsächlich anzudeuten. Sollte sich dieser Trend verstärken, wird er sicherlich letztlich auch auf finanzierungstheoretische Analysen übergreifen.

Neben den im achten Kapitel angesprochenen Entwicklungsrichtungen dürfte es auch von Interesse sein, die Untersuchung von **Anreizwirkungen** verschiedener Formen der Unternehmensfinanzierung stärker als bisher in einen **Kapitalmarktkontext** einzuordnen. Es wurde schon darauf hingewiesen, daß in informationsökonomischen Ansätzen bislang nur vergleichsweise selten der Sekundärmarkthandel von Finanzierungstiteln zugelassen wird. Auch wurde aber gezeigt, daß die Bedeutung von Maßnahmen der Unternehmensfinanzierung ganz entscheidend von der Frage der unternehmerischen Handelsmöglichkeiten abhängt. Die **Integration** informationsökonomischer Überlegungen in Modelle mit Handelsmöglichkeiten auf einem (unvollkommenen) **Sekundärmarkt** dürfte daher ein lohnenswertes Untersuchungsziel sein. Wenn hierbei auch noch die Erfassung von **Primärmarktunvollkommenheiten** und daraus resultierenden Marktunvollständigkeiten gelänge, könnte man eine überzeugende Abbildung der bestehenden **Interdependenzen** zwischen Primär- und Sekundärmarktentscheidungen erreichen. Auch für die Integration informationsökonomischer Ansätze in kapitalmarkttheoretische Totalmodelle existieren bereits erste Ansätze.[1]

Eine **anwendungsorientiert** ausgerichtete Finanzierungstheorie muß sich vor allem mit dem Problem auseinandersetzen, daß für reale Entscheidungsprobleme generell wohl nur gewisse **Tendenzaussagen** mit qualitativem Charakter zum Einsatz verschiedener Finanzierungsmaßnahmen formuliert werden können. Ein sinnvolles, weil nicht völlig utopisches Ziel anwendungsorientierter Finanzierungstheorie dürfte deswegen die **systematische Zusammenstellung** möglicher Finanzierungsformen und deren jeweilige Würdigung unter dem Aspekt der **(situationsabhängigen)** Erfüllung der einzelnen **Funktionen** der Unternehmensfinanzierung sein. In diesem Zusammenhang wäre es erstrebenswert, wenn die Vielzahl der Finanzierungsformen auf einige (wenige) **elementare Bausteine** und deren Kombination zurückgeführt werden könnte, die im Rahmen des grundlagentheoretischen Wertpapier-Designs als relevant identifiziert werden konnten. Endprodukt dieser Entwicklung könnte etwa ein **"Handbuch des Financial Engineering"** sein, in dem eine umfassende Synopse und theoretisch fundierte Würdigung von unternehmerischen Finanzierungsinstrumenten erfolgt.

Natürlich läßt sich heute noch nicht sagen, welche Fortschritte in der Finanzierungstheorie in den nächsten Jahre realisiert werden. In jedem Fall zählt die Finanzierungstheorie jedoch zu den Teilbereichen der Ökonomik mit besonders **stürmischer** Entwicklung. Man mag auf die Zukunft daher gespannt sein.

---

1 Vgl. hierzu etwa den Übersichtsaufsatz von *Duffie/Rahi* (1995).

Literaturverzeichnis

Aghion, P./Bolton, P. (1992): An Incomplete Contracts Approach to Financial Contracting, in: Review of Economic Studies, Vol. 59, S. 473-494.

Akerlof, G. A. (1970): The Market for Lemons: Quality Uncertainty and the Market Mechanism, in: Quarterly Journal of Economics, Vol. 84, S. 488-500.

Allen, F./Gale, D. (1988): Optimal Security Design, in: Review of Financial Studies, Vol. 1, S. 229-263.

Allen, F./Gale, D. (1991): Arbitrage, Short Sales, and Financial Innovation, in: Econometrica, Vol. 59, S. 1041-1068.

Allen, F./Gale, D. (1994): Financial Innovation and Risk Sharing, Cambridge (Massachusetts)/London.

Arrow, K. J. (1985): The Economics of Agency, in: *J. W. Pratt/R. J. Zeckhauser* (Hrsg.), Principals and Agents: The Structure of Business, Boston, S. 37-51.

Aumann, R. J./Sorin, S. (1989): Cooperation and Bounded Recall, in: Journal of Games and Economic Behavior, Vol. 1, S. 5-39.

Bagnoli, M./Khanna, N. (1992): Insider Trading in Financial Signalling Models, in: Journal of Finance, Vol. 47, S. 1905-1934.

Banks, J. S./Sobel, J. (1987): Equilibrium Selection in Signaling Games, in: Econometrica, Vol. 55, S. 647-661.

Banz, R. W./Miller, M. (1978): Prices for State Contingent Claims: Some Estimates and Applications, in: Journal of Business, Vol. 51, S. 653-672.

Barnea, A./Haugen, R. A./Senbet, L. W. (1985): Agency Problems and Financial Contracting, Englewood Cliffs.

Bhattacharya, S. (1980): Nondissipative Signaling Structures and Dividend Policy, in: Quarterly Journal of Economics, Vol. 95, S. 1-24.

Borch, K. (1960): Reciprocal Insurance Treaties, in: ASTIN Bulletin, Vol. 1, S. 170-191.

Brakmann, H. (1993): Aktienemissionen und Kurseffekte, Wiesbaden.

Brander, J. A./Lewis, T. R. (1986): Oligopoly and Financial Structure: The Limited Liability Effect, in: American Economic Review, Vol. 76, S. 956-970.

Brennan, M. J./Kraus, A. (1984): Notes on Costless Financial Signalling, in: *G. Bamberg/K. Spremann* (Hrsg.): Risk and Capital, Berlin usw., S. 33-51.

Brennan, M. J./Kraus, A. (1987): Efficient Financing under Asymmetric Information, in: Journal of Finance, Vol. 42, S. 1225-1243.

Breuer, W. (1993a): Linearität und Optimalität in ökonomischen Agency-Modellen: Eine Anmerkung, in: Zeitschrift für Betriebswirtschaft, 63. Jg., S. 1073-1076.

Breuer, W. (1993b): Finanzintermediation im Kapitalmarktgleichgewicht, Wiesbaden.

Breuer, W. (1994): Kapitalkosten - Begriff, Bedeutung und Ermittlung, in: WISU - das Wirtschaftsstudium, 23. Jg., S. 819-828.

Breuer, W. (1995a): Linearitäten in Anreizverträgen bei groben Informationsstrukturen, Wiesbaden.

Breuer, W. (1995b): Vollständige Finanzplanung, in: WiSt - Wirtschaftswissenschaftliches Studium, 24. Jg., S. 553-556.

Breuer, W. (1995c): Finanzintermediation und Reputationseffekte, in: Kredit und Kapital, 28. Jg., S. 516-534.

Breuer, W. (1997a): Geschichte der Finanzwirtschaftslehre: Finanzierungstheorie, in: WiSt - Wirtschaftswissenschaftliches Studium, 26. Jg., S. 606-612.

Breuer, W. (1997b): Die Marktwertmaximierung als finanzwirtschaftliche Entscheidungsregel, in: WiSt - Wirtschaftswissenschaftliches Studium, 26. Jg., S. 222-226.

Breuer, W. (1997c): Die Wertadditivität von Marktbewertungsfunktionen, in: WISU - das Wirtschaftsstudium, 26. Jg., S. 1148-1153.

Breuer, W. (1997d): Unternehmerische Investitions- und Finanzierungsentscheidungen bei Verfügbarkeit von Devisenforwardgeschäften, in: Zeitschrift für betriebswirtschaftliche Forschung, Sonderheft 38, 49. Jg., S. 191-225.

Breuer, W. (1997e): Kreditgenossenschaften, Managementsteuerung und der Markt für Unternehmenskontrolle, in: Kredit und Kapital, 30. Jg., S. 219-249.

Breuer, W. (1997f): Financial Engineering, in: WISU - das Wirtschaftsstudium, 26. Jg., S. 721.

Breuer, W. (1998a): Kapitalkostenminimierung, in: WISU - das Wirtschaftsstudium, 27. Jg., demnächst.

Breuer, W. (1998b): Zinsswaps als Instrument der Unternehmensfinanzierung, in: *G. Franke/H. Laux* (Hrsg.), Unternehmensführung und Kapitalmarkt, Berlin usw., demnächst.

Breuer, W. (1998c): Beteiligungs- und Forderungstitel als Ergebnis optimalen Wertpapierdesigns, in: Sammelband anläßlich der Wissenschaftlichen Tagung zu Ehren des 100. Geburtstags von *Erich Gutenberg*, *Erich-Gutenberg*-Arbeitsgemeinschaft (Hrsg.), Berlin usw., demnächst.

Büschgen, H.-E. (1997): Internationales Finanzmanagement, 3. Auflage, Frankfurt.

Campbell, T. S./Kracaw, W. A. (1985): The Market for Managerial Labor Services and Capital Market Equilibrium, in: Journal of Financial and Quantitative Analysis, Vol. 20, S. 277-297.

Campbell, T. S./Kracaw, W. A. (1987): Optimal Managerial Incentive Contracts and the Value of Corporate Insurance, in: Journal of Financial and Quantitative Analysis, Vol. 22, S. 315-328.

Cho, I./Kreps, D. M. (1987): Signaling Games and Stable Equilibria, in: Quarterly Journal of Economics, Vol. 102, S. 179-221.

Coenenberg, A. G. (1997): Jahresabschluß und Jahresabschlußanalyse, 16. Auflage, Landsberg/Lech.

Cooney, J. W., Jr./Kalay, A. (1993): Positive Information from Equity Issue Announcements, Journal of Financial Economics, Vol. 33, S. 149-172.

Copeland, T. E./Weston, J. F. (1992): Financial Theory and Corporate Policy, 3. Auflage, Reading (Massachusetts).

DeAngelo, H. (1981): Competition and Unanimity, in: American Economic Review, Vol. 71, S. 18-27.

Dewatripont, M./Tirole, J. (1994): A Theory of Debt and Equity: Diversity of Securities and Manager-Shareholder Congruence, in: Quarterly Journal of Economics, Vol. 109, S. 1027-1054.

Diamond, D. W. (1984): Financial Intermediation and Delegated Monitoring, in: Review of Economic Studies, Vol. 51, S. 393-414.

Diamond, D. W. (1989): Reputation Acquisition in Debt Markets, in: Journal of Political Economy, Vol. 97, S. 828-862.

Diamond, D. W. (1991): Debt Maturity Structure and Liquidity Risk, in: Quarterly Journal of Economics, Vol. 106, S. 709-737.

Diamond, D. W. (1993): Seniority and Maturity of Debt Contracts, in: Journal of Financial Economics, Vol. 33, S. 341-368.

Drukarczyk, J. (1993): Theorie und Politik der Finanzierung, 2. Auflage, München.

Drukarczyk, J. (1996): Finanzierung, 7. Auflage, Stuttgart/Jena.

Duffie, D./Rahi, R. (1995): Financial Market Innovation and Security Design, in: Journal of Economic Theory, Vol. 65, S. 1-42.

Eichberger, J./Harper, I. R. (1997): Financial Economics, Oxford.

Eisenführ, F./Weber, M. (1994): Rationales Entscheiden, 2. Auflage, Berlin usw.

Ewert, R. (1986): Rechnungslegung, Gläubigerschutz und Agency-Probleme, Wiesbaden.

Felderer, B./Homburg, S. (1994): Makroökonomik und neue Makroökonomik, 6. Auflage, Berlin usw.

Fershtmann, C./Judd, K. L. (1987): Equilibrium Incentives in Oligopoly, in: American Economic Review, Vol. 77, S. 927-940.

Flannery, M. J. (1986): Asymmetric Information and Risky Debt Maturity Choice, in: Journal of Finance, Vol. 41, S. 19-37.

Franke, G. (1978): Mittelbarer Parametervergleich als Entscheidungskalkül - Illusionen durch konventionsbedingte Rangordnungen, in: Zeitschrift für betriebswirtschaftliche Forschung, 30. Jg., S. 431-452.

Franke, G. (1987): Costless Signalling in Financial Markets, in: Journal of Finance, Vol. 42, S. 809-822.

Franke, G./Hax, H. (1994): Finanzwirtschaft des Unternehmens und Kapitalmarkt, 3. Auflage, Berlin usw.

Frey, B. S./Osterloh, M. (1997): Sanktionen oder Seelenmassage? Motivationale Grundlagen der Unternehmensführung, in: Die Betriebswirtschaft, 57. Jg., S. 307-321.

Fudenberg, D./Tirole, J. (1991): Game Theory, Cambridge (Massachusetts).

Gale, D./Hellwig, M. (1985): Incentive-Compatible Debt Contracts: The One-Period Problem, in: Review of Economic Studies, Vol. 52, S. 647-663.

Garvey, G. T. (1997): Marketable Incentive Contracts and Capital Structure Relevance, in: Journal of Finance, Vol. 52, S. 353-378.

Gavish, B./Kalay, A. (1983): On the Asset Substitution Problem, in: Journal of Financial and Quantitative Analysis, Vol. 18, S. 21-30.

Gessner, V./Rhode, B./Strate, G./Ziegert, K. A. (1978): Die Praxis der Konkursabwicklung in der Bundesrepublik Deutschland, Köln.

Giammarino, R./Heinkel, R./Hollifield, B. (1994): Corporate Financing Decisions and Anonymous Trading, in: Journal of Financial and Quantitative Analysis, Vol. 29, S. 351-377.

Gillenkirch, R./Velthuis, L. J. (1997): Lineare Anreizverträge für Manager bei systematischen und unsystematischen Risiken, in: Zeitschrift für betriebswirtschaftliche Forschung, 49. Jg., S. 121-140.

Goldberg, V. P. (1990): Aversion to Risk Aversion in the New Institutional Economics, in: Journal of Institutional and Theoretical Economics, Vol. 146, S. 216-222.

Green, R. C./Talmor, E. (1986): Asset Substitution and the Agency Cost of Debt Financing, in: Journal of Banking and Finance, Vol. 10, S. 391-399.

Grossman, S. J./Hart, O. D. (1983): An Analysis of the Principal-Agent-Problem, in: Econometrica, Vol. 51, S. 7-45.

Grossman, S. J./Hart, O. D. (1988): One Share-One Vote and the Market for Corporate Control, in: Journal of Financial Economics, Vol. 20, S. 175-202.

Gürtler, M. (1998): Die Lebesguesche Optionspreistheorie, Wiesbaden.

Gürtler, M./Heesen, R. (1995): Von Hasen und Hamstern, in: Optionsschein-Magazin, 1. Jg., Heft 7, S. 56-59, Heft 8, S. 62-63.

Gutenberg, E. (1987): Grundlagen der Betriebswirtschaftslehre. Band III: Die Finanzen, 8. Auflage, Berlin.

Haley, C. W./Schall, L. D. (1979): The Theory of Financial Decisions, 2. Auflage, New York usw.

Harris, M./Raviv, A. (1979): Optimal Incentive Contracts with Imperfect Information in: Journal of Economic Theory, Vol. 26, S. 231-259.

Harris, M./Raviv, A. (1988): Corporate Governance: Voting Rights and Majority Rules, in: Journal of Financial Economics, Vol. 20, S. 203-235.

Harris, M./Raviv, A. (1989): The Design of Securities, in: Journal of Financial Economics, Vol. 24, S. 255-287.

Hart, O. D. (1988): Incomplete Contracts and the Theory of the Firm, in: Journal of Law, Economics and Organization, Vol. 4, S. 119-139.

Hart, O. D. (1995): Firms, Contracts and Financial Structure, Oxford.

Hart, O. D./Holmström, B. (1987): The Theory of Contracts, in: *T. F. Bewley* (Hrsg.), Advances in Economic Theory, Fifth World Congress, Cambridge usw., S. 71-155.

Hart, O. D./Moore, J. (1995): Debt and Seniority: An Analysis of the Role of Hard Claims in Constraining Management, in: American Economic Review, Vol. 85, S. 567-585.

Hartmann-Wendels, T. (1986): Dividendenpolitik bei asymmetrischer Informationsverteilung, Wiesbaden.

Hartmann-Wendels, T. (1990): Zur Integration von Moral Hazard und Signalling in finanzierungstheoretischen Ansätzen, in: Kredit und Kapital, 23. Jg., S. 228-250.

Hartmann-Wendels, T. (1991): Rechnungslegung der Unternehmen und Kapitalmarkt, Heidelberg.

Haugen, R. A./Senbet, L. W. (1978): The Insignificance of Bankruptcy Costs to the Theory of Optimal Capital Structure, in: Journal of Finance, Vol. 33, S. 383-393.

Hax, H. (1979a): Zur Bedeutung der Körperschaftsteuerreform von 1977 für die Dividendenpolitik von Aktiengesellschaften, in: Zeitschrift für betriebswirtschaftliche Forschung, 31. Jg., S. 322-334.

Hax, H. (1979b): Anwendung der Teilsteuerrechnung zur Vorbereitung von finanzwirtschaftlichen Entscheidungen, in: Betriebswirtschaftliche Forschung und Praxis, 31. Jg., S. 309-324.

Hax, H. (1980): Kapitalmarkttheorie und Investitionsentscheidungen, in: *G. Bombach* u.a. (Hrsg.), Neuere Entwicklungen in der Investitionstheorie und -politik, Tübingen, S. 421-449.

Hax, H. (1982): Finanzierungs- und Investitionstheorie, in: *H. Koch* (Hrsg.), Neuere Entwicklungen in der Unternehmenstheorie und -politik, Wiesbaden, S. 49-68.

Hax, H. (1993a): Finanzierung, in: *M. Bitz* u.a. (Hrsg.), Vahlens Kompendium der Betriebswirtschaftslehre, Band 1, 3. Auflage, München, S. 397-455.

Hax, H. (1993b): Finanzierungstheorie, in: *W. Wittmann* u.a. (Hrsg.), Handwörterbuch der Betriebswirtschaftslehre, 5. Auflage, Band 1, Stuttgart, Sp. 1074-1091.

Hax, H. (1993c): Investitionstheorie, 5. Auflage, Heidelberg.

Hax, H./Hartmann-Wendels, T./v. Hinten, P. (1988): Moderne Entwicklung der Finanzierungstheorie, in: *F. W. Christians* (Hrsg.), Finanzierungshandbuch, 2. Auflage, Wiesbaden, S. 689-713.

Hax, H./Neus. W. (1995): Kapitalmarktmodelle, in: *W. Gerke* u.a. (Hrsg.), Handwörterbuch des Bank- und Finanzwesens, Stuttgart, Sp. 1165-1178.

Heinkel, R. A. (1982): A Theory of Capital Structure Relevance under Imperfect Information, in: Journal of Finance, Vol. 37, S. 1141-1150.

Holmström, B./Milgrom, P. (1987): Aggregation and Linearity in the Provision of Intertemporal Incentives, in: Econometrica, Vol. 55, S. 303-338.

Holmström, B./Tirole, J. (1989): The Theory of the Firm, in: *R. Schmalensee/R. D. Willig* (Hrsg.), Handbook of Industrial Organization, Vol. 1, Amsterdam usw., S. 61-133.

Innes, R. D. (1990): Limited Liability and Incentive Contracting with Ex-ante Action Choices, in: Journal of Economic Theory, Vol. 52, S. 45-67.

Jensen, M. C. (1986): Agency Costs of Free Cash Flow, Corporate Finance and Takeovers, in: American Economic Review, Papers and Proceedings, Vol. 76, S. 323-329.

Jensen, M. C. (1989): Eclipse of the Public Corporation, in: Harvard Business Review, Vol. 67 (Heft 5), S. 61-74.

Jensen, M. C./Meckling, W. H. (1976): Theory of the Firm: Managerial Behavior, Agency Costs and Ownership Structure, in: Journal of Financial Economics, Vol. 3, S. 305-360.

Jonas, M. (1993): Kapitalerträge aus Optionsgeschäften? Zur Besteuerung synthetischer Zero-Bonds, in: Betriebs-Berater, 48. Jg., S. 2421-2423.

Kalay, A. (1980): Signaling, Information Content, and the Reluctance to Cut Dividends, in: Journal of Financial and Quantitative Analysis, Vol. 15, S. 855-869.

Krahnen, J. P./Meran, G. (1991): Lohn, Pension und Besteuerung, in: Zeitschrift für betriebswirtschaftliche Forschung, 43. Jg., S. 119-129.

Kraus, A./Litzenberger, R. H. (1973): A State-Preference Model of Optimal Financial Leverage, in: Journal of Finance, Vol. 28, S. 911-922.

Kreps, D. M./Wilson, R. (1982): Sequential Equilibria, in: Econometrica, Vol. 50, S. 863-894.

Kruschwitz, L. (1995a): Investitionsrechnung, 6. Auflage, Berlin/New York.

Kruschwitz, L. (1995b): Finanzierung und Investition, Berlin/New York.

Landfermann, H.-G. (1995): Der Ablauf eines künftigen Insolvenzverfahrens, in: Betriebs-Berater, 50. Jg., S. 1649-1657.

Laux, C. (1996): Kapitalstruktur und Verhaltenssteuerung, Wiesbaden.

Laux, H. (1990): Die Irrelevanz erfolgsorientierter Anreizsysteme bei bestimmten Kapitalmarktbedingungen: Der Einperiodenfall, in: Zeitschrift für Betriebswirtschaft, 60. Jg., S. 1341-1358.

Laux, H. (1991): Zur Irrelevanz erfolgsorientierter Anreizsysteme bei bestimmten Kapitalmarktbedingungen: Der Mehrperiodenfall, in: Zeitschrift für Betriebswirtschaft, 61. Jg., S. 477-488.

Laux, H. (1993): Entscheidungstheorie II, 3. Auflage, Berlin usw.

Laux, H. (1995): Entscheidungstheorie, 3. Auflage, Berlin usw.

Leland, H. E./Pyle, D. H. (1977): Information Asymmetries, Financial Structure, and Financial Intermediation, in: Journal of Finance, Vol. 32, S. 371-388.

Lemaire, J. (1990): Borch's Theorem: A Historical Survey of Applications, in: *H. Loubergé* (Hrsg.), Risk, Information and Insurance, Boston usw., S. 15-36.

Lintner, J. (1965): The Valuation of Risk Assets and the Selection of Risky Investments in Stock Portfolios and Capital Budgets, in: Review of Economics and Statistics, Vol. 47, S. 587-615.

Madan, D./Soubra, B. (1991): Design and Marketing of Financial Products, in: Review of Financial Studies, Vol. 4, S. 361-384.

Mag, W. (1977): Entscheidung und Information, München.

Mag, W. (1990): Grundlagen der Entscheidungstheorie, München.

Makowski, L. (1983): Competition and Unanimity Revisited, in: American Economc Review, Vol. 73, S. 329-339.

Makowski, L./Pepall, L. (1985): Easy Proofs of Unanimity and Optimality without Spanning: A Pedagogical Note, in: Journal of Finance, Vol. 40, S. 1245-1250.

Maksimovic, V. (1995): Financial Structure and Product Market Competition, in: *R. A. Jarrow* u.a. (Hrsg.), Handbooks in Operations Research and Management Science, Vol. 9: Finance, Amsterdam usw., S. 887-920.

Martens, K. (1996): Ankündigungseffekte von Aktienemissionen: Der Myers/Majluf-Effekt, in: WiSt - Wirtschaftswissenschaftliches Studium, 25. Jg., S. 299-303.

Mason, S./Merton, R./Perold, A./Tufano, P. (1995): Cases in Financial Engineering. Applied Studies of Financial Engineering, Englewood Cliffs.

Miller, M. H. (1977): Debt and Taxes, in: Journal of Finance, Vol. 32, S. 261-275.

Miller, M. H./Rock, K. (1985): Dividend Policy under Asymmetric Information, in: Journal of Finance, Vol. 40, S. 1031-1051.

Modigliani, F./Miller, M. H. (1958): The Cost of Capital, Corporation Finance and the Theory of Investment, in: American Economic Review, Vol. 48, S. 261-297.

Modigliani, F./Miller, M. H. (1963): Corporate Income Taxes and the Cost of Capital: A Correction, in: American Economic Review, Vol. 53, 433-443.

Mossin, J. (1966): Equilibrium in a Capital Asset Market, in: Econometrica, Vol. 34, S. 768-783.

Mülhaupt, L. (1966): Der Bindungsgedanke in der Finanzierungslehre unter besonderer Berücksichtigung der holländischen Finanzierungsliteratur, Wiesbaden.

Muth, J. F. (1961): Rational Expectations and the Theory of Price Movements, in: Econometrica, Vol. 29, S. 315-335.

Myers, S. C. (1977): Determinants of Corporate Borrowing, in: Journal of Financial Economics, Vol. 5, S. 147-176.

Myers, S. C./Majluf, N. S. (1984): Corporate Financing and Investment Decisions when Firms Have Information that Investors Do not Have, in: Journal of Financial Economics, Vol. 13, S. 187-221.

Neus, W. (1989): Ökonomische Agency-Theorie und Kapitalmarktgleichgewicht, Wiesbaden.

Neus, W. (1995): Zur Theorie der Finanzierung kleinerer Unternehmungen, Wiesbaden.

Neus, W./Nippel, P. (1991): Investitionsvolumen und Risikoallokation, in: Kredit und Kapital, 24. Jg., S. 85-106.

Neus, W./Nippel, P. (1992): Investitionsvolumen und Risikoallokation: Einige Anmerkungen, in: Kredit und Kapital, 25. Jg., S. 406-415.

Nippel, P. (1992): Reputation auf Kreditmärkten, in: Zeitschrift für betriebswirtschaftliche Forschung, 44. Jg., S. 990-1011.

Nippel, P. (1994a): Rezension zu *W. Kürsten*: Finanzkontrakte und Risikoanreizproblem, in: Zeitschrift für betriebswirtschaftliche Forschung, 46. Jg., S. 885-887.

Nippel, P. (1994b): Die Struktur von Kreditverträgen aus theoretischer Sicht, Wiesbaden.

Nippel, P. (1995): Erwiderung zur Stellungnahme von *W. Kürsten*, in: Zeitschrift für betriebswirtschaftliche Forschung, 47. Jg., S. 370-372.

Nippel, P. (1997): Strategische Investitionsplanung und Finanzierung, Heidelberg.

Rasmusen, E. (1994): Games and Information, 2. Auflage, Cambridge (Massachusetts).

Rose, G. (1973): Die Steuerbelastung der Unternehmung, Wiesbaden.

Rose, G. (1993): Die Substanzsteuern, 9. Auflage, Wiesbaden.

Rose, G. (1997): Die Ertragsteuern, 15. Auflage, Wiesbaden.

Ross, S. A. (1977): The Determination of Financial Structure: The Incentive-Signalling Approach, in: Bell Journal of Economics, Vol. 8, S. 23-40.

Rubinstein, A. (1985): Finite Automata Play the Repeated Prisoner's Dilemma, in: Journal of Economic Theory, Vol. 39, S. 83-96.

Rubinstein, A. (1996): Lectures on Modeling Bounded Rationality, Louvain-la-Neuve.

Rudolph, B. (1979): Kapitalkosten bei unsicheren Erwartungen, Berlin usw.

Rudolph, B. (1984): Kreditsicherheiten als Instrumente zur Umverteilung und Begrenzung von Kreditrisiken, in: Zeitschrift für betriebswirtschaftliche Forschung, 36. Jg., S. 16-43.

Schall, L. D. (1972): Asset Valuation, Firm Investment, and Firm Diversification, in: Journal of Business, Vol. 45, S. 11-28.

Schmalenbach, E. (1915): Finanzierungen, Leipzig.

Schmidt, R. H. (1981): Grundformen der Finanzierung: Eine Anwendung des neo-institutionalistischen Ansatzes der Finanzierungstheorie, in: Kredit und Kapital, 14. Jg., S. 186-221.

Schmidt, R. H./Terberger, E. (1997): Grundzüge der Investitions- und Finanzierungstheorie, 4. Auflage, Wiesbaden.

Schneider, D. (1992): Investition, Finanzierung und Besteuerung, 7. Auflage, Wiesbaden.

Schweizer, T. (1996): Insiderverbote, Interessenkonflikte und Compliance, Berlin.

Scott, J. H., Jr. (1977): Bankruptcy, Secured Debt, and Optimal Capital Structure, in: Journal of Finance, Vol. 32, S. 1-19.

Scott, J. H., Jr. (1979): Bankruptcy, Secured Debt, and Optimal Capital Structure: Reply, in: Journal of Finance, Vol. 34, S. 253-260.

Senbet, L. W./Seward, J. K. (1995): Financial Distress, Bankruptcy and Reorganization, in: *R. A. Jarrow* u.a. (Hrsg.), Handbooks in Operations Research and Management Science, Vol. 9: Finance, Amsterdam usw., S. 921-961.

Sharpe, S. A. (1991): Credit Rationing, Concessionary Lending, and Debt Maturity, in: Journal of Banking and Finance, Vol. 15, S. 581-604.

Sharpe, W. F. (1964): Capital Asset Prices: A Theory of Market Equilibrium under Conditions of Risk, in: Journal of Finance, Vol. 19, S. 425-442.

Sklivas, S. D. (1987): The Strategic Choice of Managerial Incentives, in: RAND Journal of Economics, Vol. 18, S. 452-458.

Smith, C. W., Jr./Warner, J. B. (1979a): Bankruptcy, Secured Debt, and Optimal Capital Structure: Comment, in: Journal of Finance, Vol. 34, S. 247-251.

Smith, C. W., Jr./Warner, J. B. (1979b): On Financial Contracting, in: Journal of Financial Economics, Vol. 7, S. 117-161.

Spear, S. (1989): Learning Rational Expectations under Computability Constraints, in: Econometrica, Vol. 57, S. 889-910.

Spence, A. M. (1973): Job Market Signaling, in: Quarterly Journal of Economics, Vol. 87, S. 355-374.

Spremann, K. (1987): Agent and Principal, in: *G. Bamberg/K. Spremann* (Hrsg.), Agency Theory, Information, and Incentives, Berlin usw., S. 3-37.

Spremann, K. (1988): Profit-Sharing Arrangements in a Team and the Cost of Information, in: Taiwan Economic Review, Vol. 16, S. 41-57.

Spremann, K. (1996): Wirtschaft, Investition und Finanzierung, 5. Auflage, München/Wien.

Stiglitz, J. E. (1974): On the Irrelevance of Corporate Financial Policy, in: American Economic Review, Vol. 64, S. 851-866.

Stulz, R. M. (1990): Managerial Discretion and Optimal Financing Policies, in: Journal of Financial Economics, Vol. 26, S. 3-27.

Stützel, W. (1960): Aktienrechtsreform und Konzentration, in: *H. Arndt* (Hrsg.), Die Konzentration in der Wirtschaft, Band 2: Ursachen der Konzentration, Berlin, S. 907-987.

Sung, J. (1995): Linearity with Project Selection and Controllable Diffusion Rate in Continuous-Time Principal-Agent Problems, in: RAND Journal of Economics, Vol. 26, S. 720-743.

Swoboda, P. (1982): Heterogene Information und Kapitalstruktur der Unternehmung, in: Zeitschrift für betriebswirtschaftliche Forschung, 34. Jg. (1982), S. 705-727.

Swoboda, P. (1994): Betriebliche Finanzierung, 3. Auflage, Heidelberg.

Swoboda, P./Zechner, J. (1995): Financial Structure and the Tax System, in: *R. A. Jarrow* u.a. (Hrsg.), Handbooks in Operations Research and Management Science, Vol. 9: Finance, Amsterdam usw., S. 767-792.

Titman, S. (1992): Interest Rate Swaps and Corporate Financing Choices, in: Journal of Finance, Vol. 47, S. 1503-1516.

van Damme, E. (1991): Stability and Perfection of Nash Equilibra, 2. Auflage, Berlin usw.

Varian, H. R. (1995): Grundzüge der Mikroökonomik, 3. Auflage, München/Wien.

Wagner, F. W. (1987): Ausschüttungszwänge und Kapitalentzugsrechte als Instrumente marktgelenkter Unternehmenskontrolle?, in: *D. Schneider* (Hrsg.), Kapitalmarkt und Finanzierung, Berlin, S. 409-425.

Warner, J. (1977): Bankruptcy Costs: Some Evidence, in: Journal of Finance, Vol. 32, S. 337-347.

Wenger, E. (1987): Managementanreize und Kapitalallokation, in: *E. Böttcher* u.a. (Hrsg.), Jahrbuch für Neue Politische Ökonomie, Band 6, Tübingen, S. 217-240.

Wilhelm, J. (1983): Marktwertmaximierung - Ein didaktisch einfacher Zugang zu einem Grundlagenproblem der Investitions- und Finanzierungstheorie, in: Zeitschrift für Betriebswirtschaft, 53. Jg., S. 516-534.

Williamson, S. D. (1986): Costly Monitoring, Financial Intermediation, and Equilibrium Credit Rationing, in: Journal of Monetary Economics, Vol. 18, S. 159-179.

Winton, A. (1995): Costly State Verification and Multiple Investors: The Role of Seniority, in: Review of Financial Studies, Vol. 8, S. 91-123.

Wöhe, G. (1996): Einführung in die Allgemeine Betriebswirtschaftslehre, 19. Auflage, München.

Wöhe, G./Bilstein, J. (1994): Grundzüge der Unternehmensfinanzierung, 7. Auflage, München.

Wohlschieß, V. (1996): Unternehmensfinanzierung bei asymmetrischer Informationsverteilung, Wiesbaden.

Zender, J. F. (1991): Optimal Financial Instruments, in: Journal of Finance, Vol. 46, S. 1645-1663.

Stichwortregister